"十二五"职业教育国家规划教材
经全国职业教育教材审定委员会审定

高等职业学校旅游类专业教材

酒店营销与策划

（第二版）

主　编　伍剑琴
副主编　范智军　郑　鑫　陈海山

中国轻工业出版社

图书在版编目（CIP）数据

酒店营销与策划／伍剑琴主编．—2版．—北京：中国轻工业出版社，2024.1

高等职业学校旅游类专业教材

ISBN 978-7-5184-0794-1

Ⅰ．①酒… Ⅱ．①伍… Ⅲ．①饭店—市场营销学—高等职业教育—教材 Ⅳ．① F719.2

中国版本图书馆CIP数据核字（2015）第307799号

责任编辑：史祖福　　责任终审：劳国强　　整体设计：锋尚设计

策划编辑：史祖福　　责任校对：吴大朋　　责任监印：张　可

出版发行：中国轻工业出版社（北京鲁谷东街5号，邮编：100040）

印　　刷：河北鑫兆源印刷有限公司

经　　销：各地新华书店

版　　次：2024年1月第2版第6次印刷

开　　本：787×1092　1/16　印张：12

字　　数：313千字

书　　号：ISBN 978-7-5184-0794-1　定价：32.00 元

邮购电话：010-85119873

发行电话：010-85119832　010-85119912

网　　址：http://www.chlip.com.cn

Email：club@chlip.com.cn

240118J2C206ZBQ

PREFACE 前言

本教材第一版自2011年出版以来，因其较好地体现了我国高职教育“以职业活动为导向，以职业能力为核心”的指导思想，突出了酒店职业的特色；结构上，针对酒店营销活动的领域，按照项目的方式进行编写，有利于课堂上老师的教学组织和学生的系统学习，受到了师生的一致好评。为使本教材更加完善，进一步适应酒店市场快速发展的要求，准确反映酒店业最新发展状况，经过广泛的调研，我们在本教材第一版的基础上进行了修订，保留了原书的框架体系和主要特色，对局部章节进行了必要的修订，增加了最新的阅读资料。

本教材可作为高职院校旅游管理、酒店管理专业的教材或参考书，也可作为酒店行业管理营销人员的培训用书。

本教材的修订主要由伍剑琴担任主编，范智军、郑鑫、陈海山担任副主编，在本教材的编写、修订过程中，参考了国内外同行的许多文献和著作，在此一并表示感谢。

由于编写时间仓促和作者水平有限，书中疏漏之处在所难免，请广大读者批评指正，以便进一步修改和完善。

编者

2015年7月

CONTENTS 目录

项目一 酒店营销概述……………………7

任务1 酒店营销的含义…………………… 8

任务2 酒店营销观念的发展阶段…………15

任务3 营销理论在酒店行业中的应用……19

项目二 酒店业市场分析和选择…………28

任务1 酒店营销环境分析…………………29

任务2 酒店消费者购买行为分析…………35

任务3 酒店竞争环境和内部分析…………41

项目三 酒店目标市场的调研与选择……47

任务1 调研和预测市场需求………………48

任务2 酒店营销的市场细分………………57

任务3 酒店营销目标市场的选择…………62

任务4 酒店市场定位………………………64

项目四 酒店产品营销策略………………69

任务1 酒店产品组合策略…………………70

任务2 酒店产品的生命周期策略…………75

任务3 酒店CIS战略 ………………………80

任务4 酒店品牌化策略……………………83

项目五 酒店的定价策略…………………90

任务1 定价目标和定价策略………………91

任务2 定价方法和价格调整………………97

项目六　酒店营销渠道策略 …………… 106
任务1　酒店营销渠道 …………………… 107
任务2　酒店营销渠道管理 ……………… 114
任务3　酒店营销渠道的合作与冲突 …… 115

项目七　酒店促销策略 …………………… 120
任务1　促销组合的选择 ………………… 121
任务2　酒店广告促销策略 ……………… 125
任务3　酒店人员促销策略 ……………… 131
任务4　酒店营业推广策略 ……………… 136
任务5　酒店公共关系策略 ……………… 138

项目八　酒店营销模式的创新 ………… 145
任务1　酒店关系营销 …………………… 146
任务2　酒店网络营销 …………………… 153
任务3　酒店绿色营销 …………………… 159

项目九　酒店营销策划方案 …………… 163
任务1　酒店营销策划概述 ……………… 165
任务2　酒店营销策划的程序 …………… 170
任务3　酒店营销策划书的编写 ………… 179

参考文献 ………………………………… 192

项目一

酒店营销概述

■ 项目学习目标

本项目为学生构建系统的酒店市场营销思维体系，使学生初步掌握酒店市场营销的基础知识。

■ 项目学习任务

❶ 了解营销的内涵
❷ 理解酒店营销的观念
❸ 掌握酒店营销的特点和应用
❹ 能够运用正确的酒店营销观念去分析评价酒店的经营状况

■ 重点概念

酒店营销　酒店营销观念　酒店营销管理　酒店全员营销　酒店营销组合

【案例导入】

— 假日酒店——改变了世界酒店业的发展史 —

第一家假日酒店创建于1952年。创始人威尔逊先生第一个将特许经营方式引入酒店业，在不到20年的时间里把假日酒店开到了1000多家，业界评价他“改变了世界酒店业的发展史”。尽管假日酒店现已归属于英国BASS集团，但它却是第一家经营规模达到10亿美元的酒店集团，并以持续创新的形象铭刻在酒店业的发展史上。

假日酒店一开业就充满了创新之举。首先，它定位于中等价位并提供高标准服务，为旅行的人们提供了一个有着家一般感觉的休闲场所，使他们不必面对汽车旅馆要么昂贵要么肮脏的两难选择。在酒店内部，开设了餐厅、游泳池，并提供会议设施，客房里安装电话、电视和空调，停车场免费提供、儿童免费入住，这一系列前所未有的举措令当时的美国酒店业耳目一新。

20世纪50年代末，威尔逊先生发现仅靠他个人的力量不足以实现大规模扩张，于是他采用特许经营方式出让品牌使用权让投资者自行兴建酒店并经营，这给酒店业的发展提供了一条全新的思路。假日酒店借美国当时洲际高速公路系统向全国伸展的东风，利用特许经营的方式在美国各地开办连锁店，并走向世界。一个世界级的酒店集团从此迅速成长。

20世纪60年代，威尔逊成立“酒店服务中心”，鼓励受许方到服务中心购买装修材料以实现酒店装潢上的统一。假日酒店还率先采用电脑联网预订系统，随后同行纷纷效仿，又一次引领了酒店业潮流。

20世纪70年代，假日酒店在电话局买下“1-800”特别号，为所有拨打这一号码的电话集中付费，将其服务水准提升到一个新的高度。从此，免费电话800由假日酒店开始向全世界推广，并在今天成为衡量服务周到与否的一个标准。

进入20世纪80～90年代，假日酒店利用高新技术创新，一次次带动酒店业发展的脚步。他们第一个使用佣金集中付款系统、LANmark综合酒店电脑管理系统，并提供互联网预订服务。在服务设施方面，假日酒店首先开设了室内娱乐中心、电子游戏厅和儿童套房等。

假日酒店的持续创新给了它永久的活力和极高的声誉，在酒店业中传为佳话。

任务1 酒店营销的含义

营是经营市场，销是销售产品。市场营销是酒店经营管理的核心，也是决定酒店经济效益与市场竞争实力大小的关键。它是一门建立在经济学、管理学、行为科学、心理学和价格学等学科的理论基础上，专门研究现代酒店市场营销活动规律的综合性应用科学。正确掌握酒店营销学，对酒店的生存与发展起着决定性的作用。营销学的发展是从销售到市场，需清晰地研究客户需求再制定产品。当前酒店业竞争激烈，部分酒店客房出租率连年下滑，利润大幅下降，经济效益持续滑坡。酒店在价格制定上较为被动，在市场中没有太多主导地位，决定不了价格，也没有足够的吸引力，普遍感到难以掌控的是酒店的客源问题，与此相比，经营管理上的问题就次之了。另外，酒店客源不均衡，旺季忙、淡季闲，客源有着明显的季节性问题也尤为突出。如何开拓酒店客源，使全年的客源较均衡地分布，是酒店管理者真正应思考的问题。

酒店经营的前途和命运，不是取决于酒店的星级，也不是取决于酒店有多少客房、多少餐位、多少娱乐设施，而是主要取决于酒店能否把这些客房、餐位、娱乐设施的使用权销售出去。销售越多，越快越好，只有经济效益好的酒店才会有良性循环。

“客源是酒店的衣食父母”，酒店的钱归根结底来源于顾客。国际上大型酒店之所以成为一流的酒店集团，就在于其销售成功、客源丰富。不论是香格里拉酒店集团、假日酒店集团还是希尔顿酒店集团，都知道如何迅速有效地吸引新老顾客的光临，为了酒店的生存和发展，都有专业精干的销售队伍和广泛的销售渠道。因此，我们在酒店的经营哲学中也必须要树立“销售创造价值”的经营理念，强化酒店销售工作的重要性。酒店的管理人员应把主要的精力和时间用到营销工作上来，在营销中由总经理做出策划，如酒店的营销政策、策略，营销队伍的建设和管理（营销中有许多问题也需要总经理亲自去处理，如大客户的接待与洽谈，重要客户的礼节性拜访等），在日常工作中对入住宾客的迎送和问候等。加强酒店高层管理人员与客户、宾客的接触，给宾客留下好的口碑（因为高层管理人员在大堂等其他公共场所与客人寒暄，与大堂副理或前厅部经理给客人留下的印象和口碑是不一样的）。国际酒店的高级经理必须坚持了解酒店每月、每周、每日的营销情况，并与一线营销人员共同分析营销形势，评估营销业绩，根据每日、每周、每月的信息反馈，及时发布指令，合理、科学、有效地调整营销方向，做好对宾客的服务工作，确保酒店营销的竞争力。

一、酒店营销的理论基础及其发展

酒店营销的理论基础是市场营销理论。市场营销学，译自英语marketing，是20世纪发源于美国的一门新兴学科。市场营销学是商品经济发展到一定阶段的产物，它概括了20世纪以来，西方发达资本主义国家工商企业市场营销实践的经验和教训。市场营销学是一门应用性很强的学科，几十年来已成为各行业进行经营管理的重要理论和方法。随着科学技术和社会经济的发展，现代市场营销学已同经济学、心理学、社会学、哲学、管理学等学科密切结合，成为一门综合性的经营管理学科（图1–1）。

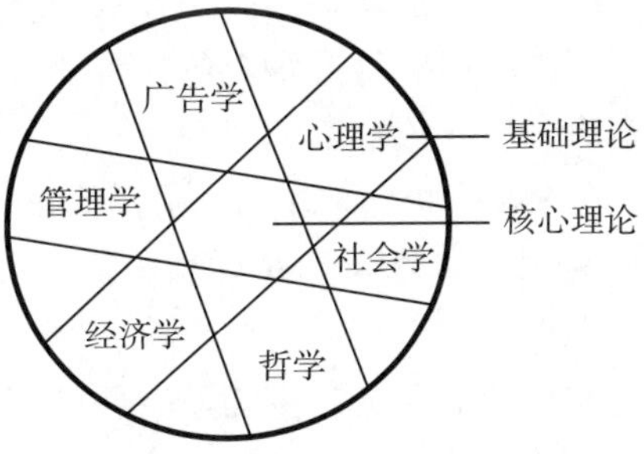

图1–1　市场营销学涉及的学科

营销又不同于酒店的其他职能，它直接与顾客打交道。创造顾客价值并使顾客满意，是酒店业营销的核心。尽管许多因素影响着酒店经营的成败，但今天所有成功的酒店，不管大小，有一点是共同的——它们都有很强的顾客导向意识，并极其重视营销工作。例如，丽思·卡尔顿（Ritz-Carlton）酒店向顾客承诺提供真正“值得回味的体验”。

经过多年的发展，市场营销理论不断有新的进展，共经历了以下四个阶段。

（1）初创阶段　市场营销于19世纪末到20世纪20年代在美国创立，源于工业的发展。这时市场营销学的研究特点是：①着重推销和广告，没有出现现代市场营销的理论、概念和原则；②营销理论还没有得到社会和企业界的重视。

（2）应用阶段　20世纪20年代至第二次世界大战结束为应用阶段，此阶段市场营销理论的发展表现在应用上。市场营销理论研究开始走向社会，被广大企业界所重视。

（3）形成发展时期　20世纪50年代至80年代为市场营销学的发展阶段，市场开始出现供过于求的状态。

（4）成熟阶段　20世纪80年代至今，为市场营销学的成熟阶段，表现在：①与其他学科关联；②开始形成自身的理论体系。20世纪80年代是市场营销学的革命时期，开始进入现代营销领域；使市场营销学的面貌焕然一新。

二、酒店营销的定义

（一）市场营销的定义

美国市场营销协会（AMA）对市场营销的定义是：市场营销是创造、沟通与传送价值给顾客并经营顾客关系以便让组织与其利益关系人受益的一种组织功能与程序。

美国营销学家菲利普·科特勒（Philip Kotler）强调营销的价值导向，即市场营销是个人和集体通过创造并同他人交换产品和价值以满足需求和欲望的一种社会和管理过程。

Phillip Kotler于1984年对市场营销下了定义，即市场营销是指企业的这种职能：认识目前未满足的需要和欲望，估量和确定需求量大小，选择和决定企业能最好地为其服务的目标市场，并决定适当的产品、劳务和计划（或方案），以便为目标市场服务。

麦卡锡（E.J.Mccarthy）于1960年也对微观市场营销下了定义：市场营销是企业经营活动的职责，它将产品及劳务从生产者直接引向消费者或使用者以便满足顾客需求及实现公司利润，同时也是一种社会经济活动过程，其目的在于满足社会或人类需要，实现社会目标（《基础市场学》第19页）。这一定义虽比美国市场营销协会的定义前进了一步，指出了满足顾客需求及实现企业赢利是公司的经营目标，但这两种定义都说明，市场营销活动是在产品生产活动结束时开始的，中间经过一系列经营销售活动，当商品转到用户手中就结束了，因而把企业营销活动仅局限于流通领域的狭窄范围，而不是视为企业整个经营销售的全过程，即包括市场营销调研、产品开发、定价、分销广告、宣传报道、销售促进、人员推销、售后服务等。

美国市场营销协会（AMA）于1985年重新修订了市场营销的定义，修订后的定义也就是当今见到的关于市场营销最普遍的定义：市场营销是计划和执行关于商品、服务和创意的观念、定价、促销和分销，以创造符合个人和组织目标的交换的一种过程。

总而言之，营销是企业为了实现利润目标，主动适应环境和改造环境，综合运用“6P”策略，努力满足客户需要和创造客户需要的综合性经营活动和管理过程。

（二）酒店营销的内涵

1. 营销的中心任务是发现需求、满足需求和创造需求

需求，在市场经济条件下即是人们有能力和有意愿消费。人们的欲求几乎无穷无尽，但因为受购买力的限制，一般选择购买力范围内的产品或服务。不同的顾客有不同的需求，任何一家酒店都不可能满足所有顾客的需求，只能是有选择地去满足。就如五星级酒店服务的顾客一定和经济型酒店不同，作为如家、锦江之星、7天等经济型连锁酒店，它们是以提供基本的住宿条件、价格低廉、服务快捷来吸引一般商务客人和自助旅游者；而丽思·卡尔顿、香格里拉等酒店则是舒适、豪华和地位的象征。当人们的欲求和购买力一定时，他们会选择那些能最大限度满足其需求的产品。因此，营销的首要任务是通过一系列市场的调研，确定酒店目标顾客的需求，然后通过各种方式和手段提供让顾客获得最大满足的产品。营销学的第一步就是如何通过有效的方式去明确酒店的服务对象。

创造需求，就是市场主体采取各种经营手段（包括物流、营销等手段），来使人们的潜在需求得到激发，最终得到满足。

需求创造原则是支撑市场营销的诸原则中的核心原则。该原则认为，需求并非固定或有一定限度，而是可以通过企业的努力去扩大和创造。需求创造原则要求酒店明确需求的可创造性。

其一，需求具有多样性、发展性和层次性等特点。它会随社会和科技进步以及经济发展而变化。

其二，有些需求实际存在，却没被酒店发现或者酒店对其不予关注。

其三，连顾客自己也不知道是否存在的需求，即潜在需求，要靠酒店去挖掘、诱导。例如，自古以来，中国等东方国家的人并无喝咖啡的习惯，近代以来除了少数留洋的知识分子及新潮的年轻人喝咖啡外，并没形成风气；咖啡馆在大陆真正风行起来，是在咖啡被包装和宣传成为有品位生活的象征后，年轻人把喝咖啡当成一种西方浪漫的情调生活，咖啡文化才真正开始了在中国的征服之旅，可以说这种需求就是创造出来的。

需求创造原则要求酒店懂得如何创造需求，即发现、创造、提供什么样的价值。现在最重要的是，酒店必须提供顾客认为最有价值的利益，即真正解决顾客问题和满足顾客需求的产品和服务。酒店发展到现在这个阶段，作为高星级的酒店已不满足于把自己的产品仅仅定位于为了满足顾客衣、食、住、行的需求，正如丽思·卡尔顿酒店认为它应该为每一位住店客人提供的是一次难忘的奢华体验，每个酒店都应该找到自己最重要的价值。

创造需求第一步要做的是品牌需求健康检查。品类趋势在什么地方？顾客的需求怎样？酒店的愿景在哪里等？要经过一系列问题了解现在的品牌位置在哪里，希望未来的品牌愿景在哪里。一个有洞察力、有愿景的酒店才能创造出顾客的需求，像如家酒店就是一个典型的例子。第二步则是发展品牌策略。检查品牌资产在哪里？消费者的趋势往哪走？消费文化是怎样的？每一个市场都存在一个文化根据，支持消费者产生行为。必须重视一点，所有的品牌和当地的文化是有关系的。第三步是需求点子，找出能够触动顾客的需求欲望。第四步是思考如何与消费者做互动参与（Engagement）。现在消费者每天面对成千上万个媒介的轰炸，由于互联网的兴起，加上消费意识的抬头，传播方式必须能够引起他们的共鸣，能让他们一起参与才能形成一个有效的传播。但这并不是传播的终点，而是一个循环的过程，有了消费者的反馈，传播必须做出调整来引起消费者的另一波反馈，如此反复进行，才可以真正地牢牢抓住消费者，培养

顾客的忠诚度。第五步才是创意内容本身。像电视、平面、广播、互联网、户外、店头设计物等。创造需求是一项系统的工程，不是零碎简单的思维，需要一连串缜密的思考流程。

2. 营销是综合性的经营活动

市场营销因素很多，有一部分是不可控因素，不是酒店自身所能调动和决定的，如像外部环境因素，它包括竞争者、供应商等微观环境因素，人口、政治、经济、文化、法律、社会变化等宏观环境因素。以上因素，酒店营销人员和上层管理人员是无法控制的，只能设法适应它，并随着外界环境的变化及时调整自己的经营方针和策略，做到与之协调。

市场营销因素中另一部分则是可控因素，是酒店可选择、运用的自身经营条件和各种手段。可控的营销因素多种多样，可以进行多种营销组合，目前两种世界通用的方案如下。

（1）麦卡锡的"4P"方案　它在世界酒店业中得到广泛应用。"4P"是指四类因素，它们英文单词的第一个字母均为"P"。产品（Product）：酒店可以选择、决定开发什么样的产品和服务方向，向目标市场提供能满足其需求的产品和服务。分销渠道（Place）：酒店经营管理者研究、选择决定如何把适销的产品送到目标市场，并在何时何地、由谁来向目标市场的消费者提供产品和服务。促进销售（Promotion）：指酒店如何向目标市场提供信息，使消费者了解其产品和服务，促进消费者购买。价格（Price）：酒店制定的产品和服务价格，它应该对目标市场有很强的吸引力。美国学者科里尔和格雷厄姆又对"4P"方案作了补充，认为还应加上一个"P"，即人（People），使之成为"5P"。人是指酒店的服务人员，他们也是可以控制的变动因素，并对酒店经营目标的实现起着非常重要的作用。

（2）考夫曼方案　美国著名酒店营销学家考夫曼认为，酒店的营销因素组合，应由以下因素组成：①产品计划；②定价；③同号；④分销渠道；⑤人员推销；⑥广告；⑦促销；⑧包装；⑨陈列展示；⑩服务；⑪储存；⑫市场调研。

他又把以上因素概括为"6P"，即：①人（People）：指顾客或市场。酒店通过市场调研，选定目标市场即本酒店的消费者，了解消费者的需求和愿望。②产品（Product）：指酒店的建筑、设施、设备和服务。③价格（Price）：酒店制定的产品和服务价格，它一方面要实现顾客的愿望，另一方面要使得顾客获得利润。④促销（Promotion）：酒店要使顾客深信它的产品是他们所需要的，并促使其购买。⑤实施（Performance）：指产品的传递，即支付产品的服务给顾客，满足顾客的需求和愿望，使在店顾客最大限度地消费，并在离店后为本酒店作宣传。⑥包装（Package）：指酒店的外观、外景、内部布置装饰、维修保养、清洁卫生、服务人员的态度和仪表等应在顾客心目中留下独特印象。

营销因素组合，就是酒店为了在目标市场中实现预期的目标，而对可控制的各类营销因素的特殊组合和综合运用。如美国的克雷斯托大酒店就专门设有妇女客房，房间内是女性化的装饰和设施，有穿衣化妆镜，华贵的成套化妆用具，淋浴用的芳香泡沫剂，电吹风以及妇女阅读的杂志等。香港五星级的丽晶酒店为了吸引女顾客，推出即日洗衣服务和一小时熨衣服务，美容室一年365天都正常营业。而雅加达和新加坡的希尔顿酒店对女顾客开设特别安全服务，他们把女客人尽量安排在靠近电梯的房间，若女顾客的房间较为僻静，则安排专门的护卫员送她们回房间等。

营销因素组合是一种动态组合，不是固定不变的。产品、价格、分销和促销四类因素又各包含着许多内容，如促销本身又由人员推销、广告、公共关系等变动因素组成。

营销因素组合中的四类因素都是变数，酒店要根据市场需求的变化和内外环境的变动，对营销组合做出相应的调整。调整可以是全面的，也可以只调整组合中一个方面或两三个方面的因素。只要组合中某因素发生变动，就会影响其他因素随之变动，从而使整个组合转化成另一个全新的组合。

概括起来，就是一个营销人员必须精通产品、地点（渠道）、价格和促销这四个方面。为了做到这一点，必须先做好调查、分割、优先和定位，最后是权利，公共关系和人。

3．营销要兼顾酒店、顾客、社会三者利益

提倡营销道德，在营销活动中做到兼顾酒店、顾客、社会三者的利益（图1-2），有利于赢得目标顾客的信任与认可，建立良好的关系，树立良好的企业信誉、形象和口碑等。有研究表明，留住一个老顾客的成本仅为吸引一个新顾客的五分之一，而且在现今这个信息爆炸的时代，要吸引消费者仍是件十分困难的事情。关系营销的顺利开发对于巩固提高酒店的竞争力、实现长远发展十分有利。同时，良好的口碑宣传还是酒店低成本、高效果的竞争手段，远胜于酒店自身所做的宣传。这些都是酒店长期的无形资产，也是竞争对手难以模仿的优势所在。另外，兼顾三者利益不一定就会减少酒店当期的利益，酒店若是处理得当，二者兼得是可以做到的。比如，现在提倡的“绿色营销”，要求酒店生产和销售对环境无污染、没有负面影响的绿色产品，实现社会的可持续发展。越来越多的顾客愿意多支付金钱来购买绿色产品，而不会因为省钱或图方便买不利于环保的产品。保护环境、承担社会责任的酒店在消费者心中会留下良好印象，有利于提高美誉度，吸引更多的顾客。一个任何企业都遵守营销道德的市场，必然是规范而又有序的，交易成本可大大降低，在公平的竞争环境下每个企业都可以各显其能，充分发挥自己的优势，整个行业也能得到持续、快速、健康的发展。

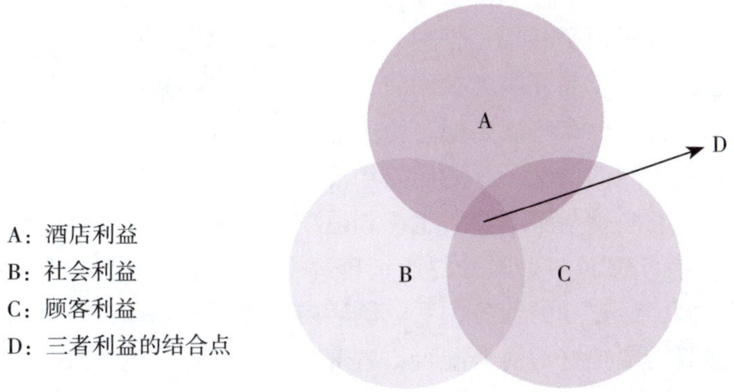

图1-2　酒店、社会、顾客利益

三、营销管理

酒店的营销活动范围十分广泛，要让每一个营销员和每一项营销活动都充分发挥其作用，并在全体员工中树立营销观念，就必须进行有效的营销管理。酒店的营销管理，就是对酒店营销活动进行分析、计划、组织、执行和控制。分析方面的工作主要包括：市场分析，消费者购买意愿和消费行为的分析，酒店营销环境的分析，酒店产品和服务的分析，同行竞争的分析，本酒店的优势和劣势的分析等。计划方面的工作主要包括：制订营销目标和策略，短期和长期的营销计划，产品销售预测等。组织和执行方面的工作主要包括：建立、健全营销部门，选择、配备和培训合格的营销人员，在全体员工中灌输酒店营销观念，开展各种促销活动，与酒店其他部门协调配合，建立营销信息版权法，制定价格，建立销售渠道等。控制方面包括：酒店营销数据的分析与总结，把酒店经营的实际状况与原计划和预测相比较，评价经营效果，分析各种促销手段的有效性，及时采取纠正措施等。

酒店的营销管理工作由谁负责呢？国外大型酒店和大多数中型酒店，通常由设在总经理直接领导下的营销部门具体负责，有的也叫营销部，很多酒店则称作销售部，也有的称营业部。规模小的酒店一般则在业务部门内设专职人员负责。

大型酒店的销售部设经理一人，负责主持本部门的工作（有的酒店由一名副总经理主持）。销售部经理的主要职责如下。

（1）深入透彻地了解客源市场状况和发展趋势，对本酒店的硬件、软件情况做到了如指掌，并积极去争取客源。

（2）做好调研和预测工作，并在掌握市场状况的基础上，制订出季度、年度营销计划。

（3）与重要客户进行谈判和签订合同，积极参与价格策略的制定，控制售价优惠的标准和幅度。

（4）参与整个酒店营销预算的制订，做好与其他部门的协调配合工作。

（5）访问接待重要客户，要经常访问各旅行社、航空公司、船务公司、大社团和大商行等有关机构和人员，以保持良好的合作关系。

（6）负责本部门员工工作的检查、考核与评价　经理之下，一般会设有几名助理经理，助理经理分别负责以下工作内容：①负责团体、会议业务销售，招揽会议和团体宾客；②负责招揽本地企业、团体将带来餐饮生意的集会和各种宴会，如婚礼婚宴、舞会、鸡尾酒会、午餐会等；③负责宣传促销，其职责是利用广告牌、广播、电视广告、报刊广告，各种印刷品，让顾客和潜在顾客了解本酒店的产品和服务；同时也负责公共关系和一般对外宣传工作，使酒店在公众中树立起良好的形象。也有些酒店把宣传促销与公共关系分开，并列为两个机构。

在酒店业竞争日趋激烈的情况下，酒店营销部门的营销活动和营销策划，是不能与宾馆酒店的其他部门分离的，它必须与整个酒店组织相适应，如果销售部招揽了大量的业务，而其他部门却无力接待，后果可想而知。国外酒店销售部不仅致力于积极从外部招揽新业务、新顾客，而且还从内部巩固已经建立的业务关系。酒店内销售部与前厅部、客房部、餐饮部等部门的关系非常密切，尤其需要很好地协调配合，各部门通过各自出色的服务，使宾客更多次地选择光顾该酒店。

任务2 酒店营销观念的发展阶段

营销是酒店经营管理最重要的职能之一，在酒店业竞争日趋激烈的情况下，其地位越来越重要。迎合顾客需求，开拓客源，是现代酒店经营之本。国外经营得好的酒店，都把市场营销观念作为自己的经营指导思想，并把这种观念贯穿于酒店经营管理的每个环节，灌输给每位员工。国外酒店业的经营管理思想，并不是一开始就以顾客为中心，它也有一个演变的过程。市场营销观念的演变与发展，共经历了六个阶段，即生产观念、产品观念、推销观念、市场营销观念、社会市场营销观念和绿色营销观念。

1. 生产观念

生产观念是指导销售者行为的最古老的观念之一。这种观念产生于20世纪20年代前。在生产导向阶段，宾馆酒店是以生产观念作为经营管理的指导思想，酒店所有的经营活动都围绕着生产来进行。在以生产为中心的思维指导下，酒店经营管理人员认为顾客的购置、消费行为，是由酒店是否供应某种产品，以及产品的价格是否低廉决定的。这是一种“生产什么就卖什么”的观念，对产品的销售、广告和促销等都不重视。酒店的经营管理人员考虑的是怎样生产更多的产品，扩大接待能力，控制客房用品的消耗和餐饮成本等，而根本就不考虑顾客的需求变化和本酒店的产品如何去适应不断变化的市场状况。美国汽车大王亨利·福特曾傲慢地宣称：“不管顾客需要什么颜色的汽车，我只有一种黑色的。”这也是生产观念的典型表现。显然，生产观念是一种重生产、轻市场营销的商业哲学。

2. 产品观念

它也是一种生产导向的经营观念。产品观念认为，消费者最喜欢高质量、多功能和具有某种特色的产品，酒店应致力于生产高值产品，并不断加以改进。它产生于市场产品供不应求的“卖方市场”形势下。最容易滋生产品观念的情形，莫过于当酒店发明一项新产品时。此时，企业最容易导致“市场营销近视”，即不适当地把注意力放在产品上，而不是放在市场需求上，在市场营销管理中缺乏远见，只看到自己的产品质量好，看不到市场需求在变化，致使酒店经营陷入困境。一些名气大、历史悠久的酒店最容易犯这种错误，他们过于迷恋以往的业绩而认为自己的产品是最好的，忽略了自己顾客的变化，也没有注意（或者说是不以为然）竞争对手的挑战，最终被顾客所抛弃。

3. 推销观念

推销观念（或称销售观念）产生于20世纪20年代末至50年代前，是为许多企业所采用的另一种观念，表现为“我卖什么，顾客就买什么”。推销观念产生于资本主义国家由“卖方市场”向“买方市场”过渡的阶段。在1920—1945年，由于科学技术的进步，科学管理和大规模生产的推广，产品产量迅速增加，逐渐出现了市场产品供过于求，卖主之间竞争激烈的新形势。尤其在1929—1933年的特大经济危机期间，大量产品销售不出去，因而迫使企业重视采用广告与推销去销售产品。许多企业家感到即使有物美价廉的产品，也未必能卖得出去；企业要在日益激烈的市场竞争中求得生存和发展，就必须重视推销。推销观念仍存在于当今的企业营销活动中，如对于顾客不愿购买的产品，往往采用强行的推销手段。它认为，消费者通常表现出一种购买惰性或抗衡心理，如果任其自然的话，消费者一般不会足量购买某一企业的产品，因此，企业必须积极推销和大力促销，以刺激消费者大量购买本企业产品。在推销观点指导下的销售导向阶段，酒店业管理人员重视销售环节。为了吸引顾客上门而不是坐等顾客上门，酒店运用推销术，纷纷组织起推销队伍，使用多种推销手段，展开大规模的推销活动，以争取客源。这对于酒店产品的销售和酒店的经营起了很大的作用。以上方法只是注重酒店现有产品的推销，而不注重市场调查研究，不了解不断变化的市场对酒店产品需求的变化，只是漫无目的地去进行销售活动。

推销观念在现代市场经济条件下大量用于推销那些非渴求物品，即购买者一般不会想到要去购买的产品或服务。许多企业在产品过剩时，也常常奉行推销观念。

这种观念虽然比前两种观念前进了一步，开始重视广告及推销，但其实质仍然是以生产为中心。推销观点与生产观点的区别在于，前者认为消费者不会因自身的需要与愿望就来主动购买产品，消费者的购买行为是通过“销售刺激”来实现的。这种观点和生产观点一样都忽视了市场需求的变化，因而以上经营管理思想都不能保证酒店业的长期生存和发展。

4．市场营销观念

市场营销观念是作为对上述诸观念的挑战而出现的一种新型的企业经营哲学。这种观念是以满足顾客需求为出发点，即“顾客需要什么，就生产什么”。尽管这种思想由来已久，但其核心原则直到20世纪50年代中期才基本定型，当时社会生产力迅速发展，市场趋势表现为供过于求的买方市场，同时广大居民个人收入迅速提高，有可能对产品进行选择，企业之间为实现产品的竞争加剧，许多企业开始意识到必须转变经营观念，才能求得生存和发展。市场营销观念认为，实现企业各项目标的关键，在于正确把握目标市场的需求和欲望，并且比竞争者更有效地传送目标市场所期望的物品或服务，进而比竞争者更有效地满足目标市场的需求和欲望。市场营销观念的出现，使企业经营观念发生了根本性变化，也使市场营销学发生了一次革命。市场营销观念同推销观念相比具有重大的差别。

西奥多·莱维特曾对推销观念和市场营销观念做过深刻的比较，指出：推销观念注重卖方需求；市场营销观念则注重买方需求。推销观念以卖主需求为出发点，考虑如何把产品变成现金；而市场营销观念则考虑如何通过制造、传送产品以及与最终消费产品有关的所有事物，来满足顾客的需求。可见，市场营销观念的4个支柱是：市场中心 、顾客导向、协调的市场营销和利润。推销观念的4个支柱是：企业、产品导向、推销、赢利。从本质上说，市场营销观念是一种以顾客需求和欲望为导向的哲学，是消费者主权论在企业市场营销管理中的体现。

市场营销观念是一种新的经营思想，它以顾客为中心，以顾客需求为导向。酒店要实现其经营目标，关键要选择和确定目标市场，了解顾客的需要和愿望，并使酒店产品去适应和满足顾客的需求。酒店业的竞争日益尖锐复杂，世界上越来越多的酒店，纷纷引进市场营销学原理，转变经营思想，于是，酒店业就进入了营销导向阶段。营销概念与单纯的销售概念有很大区别。第一，前者比后者包含更多的内容，销售活动是营销活动的一个重要组成部分，但不是营销活动的唯一内容。第二，推销观念强调的是卖方的需求，注重的是酒店现有产品，采取的是劝说性的推销手段来扩大销售量，从而获取利润。营销观点强调的是使酒店自己的产品去适应和满足顾客的需求，然后从满意顾客的需求中获取利润。

在酒店营销概念中，包括如下内容。

（1）市场研究　要从顾客需求出发，就必须对市场需求进行调查研究，选定目标市场，了解作为目标市场的顾客需要什么。

（2）产品组合　根据顾客需求，提供对路的、能使顾客满意的产品和服务。

（3）广告和促销　用各种方法和手段告诉顾客酒店的产品和服务情况，使顾客能够了解和接受。

（4）营销结果　满足顾客需求，为的就是使酒店的经营目标得以实现。经营目标可以是利润的增长，市场占有率的提高，或销售量的增加等。做到顾客满意，酒店得益。

5. 社会市场营销观念

社会市场营销观念是对市场营销观念的修改和补充，产生于20世纪70年代西方资本主义出现能源短缺、通货膨胀、失业增加、环境污染严重、消费者保护运动盛行的新形势下。因为市场营销观念回避了消费者需求、消费者利益和长期社会福利之间隐含着冲突的现实。社会市场营销观念认为，企业的任务是确定各个目标市场的需求、欲望和利益，并以保护或提高消费者和社会福利的方式，比竞争者更有效、更有利地向目标市场提供能够满足其需求、欲望和利益的物品或服务。社会市场营销观念要求市场营销者在制定市场营销政策时，要统筹兼顾三方面的利益，即企业利润、消费者需求的满足和社会利益。这有别于单纯的市场营销，一是不仅要迎合消费者已有的需求和欲望，而且还要发掘潜在需求，兼顾长远利益；二是要考虑社会的整体利益。因此不能只顾满足顾客的需求，还必须考虑个人和社会的长远利益，如是否有利于顾客身心健康，是否可防止环境污染和资源浪费，是否有利于社会的发展和进步等。

6. 绿色营销观念

英国威尔斯大学肯·毕提教授在其所著的《绿色营销——化危机为商机的经营趋势》一书中指出："绿色营销是一种能辨识、预期及符合消费的社会需求，并且可带来利润及永续经营的管理过程。"绿色营销观念认为，企业在营销活动中，要顺应时代可持续发展战略的要求，注重地球生态环境保护，促进经济与生态环境协调发展，以实现企业利益、消费者利益、社会利益及生态环境利益的协调统一。从这些界定中可知，绿色营销是以满足消费者和经营者的共同利益为目的的社会绿色需求管理，以保护生态环境为宗旨的绿色市场营销模式。

因此，绿色营销就是指企业在生产经营过程中，将企业自身利益、消费者利益和环境保护利益三者统一起来，以此为中心，对产品和服务进行构思、设计、销售和制造。绿色营销观念一经提出就在酒店业中引起反响。传统的酒店业是资源消耗型行业，大量使用的一次性用品、每天更换的床上用品、24小时空调环境，这一切和绿色营销观念是不相符的。在环保观念日渐深入人心的大环境下，酒店也在不断地推出相应的措施：减少或取消一次性用品、续住房不换床单、使用节能材料等。

【阅读资料】

—酒店营销未来10大发展趋势—

单个利用酒店发展趋势并不能改变酒店发展竞争环境，只有将这些酒店发展趋势综合利用，才能改变旅游酒店业的竞争格局。以下为10大未来酒店营销和旅游技术发展趋势，可让酒店更好地利用未来旅游酒店业的新营销和新技术。

1. 新内容模式不断挑战酒店营销

传统的酒店营销模式不断受到新的营销模式的冲击。例如，个人云技术让用户可以随时随地获取信息。物联网技术对旅游消费者影响巨大，可以实时追踪行李信息、天气情况等。

无处不在的网络让最不起眼的小酒店也可以与客人进行实时沟通，不用通过全球分销系统就可以从多种渠道获得旅游消费者信息。

2. 客人的选择越少越好

在线旅游经销商（OTA）过去一般都为客人提供多个选择。客人面临的选择越多，他们对服务的满意度就越低。

今天，我们面临的主要消费者是“80后”“90后”和“00后”，他们希望能够获得个性化的体验和服务，所以旅游酒店业产品和服务也要更加有针对性和个性化。

在移动营销领域，精准营销变得越来越重要，不仅要提供高效的服务，还要提供优质的个性化体验。

3. 社交媒体技术改变着旅游方式

仅Facebook就有超过10亿的用户，一般社交媒体的用户都达到了全球互联网用户人数的85%以上。但是，酒店业并没能真正释放社交媒体的巨大潜力。酒店应当把社交媒体看作一种与目标客户沟通交流的方式。未来5～10年，社交媒体将极大地改变旅游酒店业的发展。

4. 新科技将不断提升消费者体验

由于消费者对旅游酒店业的服务要求不断提高，新科技的出现使得酒店的服务成本逐渐降低。酒店必须考虑如何利用高新科技提升客户体验，酒店今天在技术方面的成本节省可能让酒店在未来竞争中得不偿失。酒店应当探索如何在增加新技术投入的同时降低服务成本。

5. 交互平台数据让客人不断参与互动

现在，消费者已经可以在任何设备、任何平台上获取他们所需要的信息。

交互平台数据获取要求酒店不断追踪用户界面模式变化并提供相应的服务。由于新技术不断发展，这将是一个持续的过程。酒店对员工使用的办公设备限制也越来越小，未来能够提供优质用户体验界面的酒店将会占领更大的市场份额。

酒店要不断改进提升酒店APP、移动网站的功能和用户体验，这将是一个长期的过程。

6. 云技术——信息技术的未来

云技术已经越来越先进，不仅降低了IT成本，加快了产品上市时间，而且让旅游中介机构的服务日益集成化，让客户可以同时预订酒店客房与机票。

云技术反映了市场关系的变化，谁拥有更为庞大的数据规模，谁就可以提供更广更深的信息和服务。

7. 旅游中介机构需要利用新技术为游客提供全新体验

旅游酒店业要帮助消费者在海量的数据信息中获取客人想要的信息。不仅要向客户出售最优惠的机票，还要向客户提供价廉物美的旅游体验。这要求旅游酒店业在技术、培训以及客服方面要加大投入。

8. 大数据让旅游更加智能化

有效地利用大数据可以增加财务业绩，让酒店竞争真正实现差异化。酒店不应将重心集中在具体的预订活动，而应重点利用数据分析了解酒店客人如何预订、何时何地预订以及客人为什么预订。

精选国际酒店集团就建立了一个酒店客人数据库，专门记录酒店客人预订入住信息，以及酒店客人如何选择酒店及餐饮。虽然这项工作成本很高也较难以执行，但是酒店可以根据客人喜好有针对性地提供服务，提升酒店客人忠诚度。根据精选酒店集团数据统计，这项忠诚计划增加了集团1/3的收入。

9. 通过预测分析更好地进行差旅管理活动

酒店集团需要优化营销渠道和数据采集流程，以便做出正确的决策。这包括利用恰当的工具、建立合适的业务流程和管理结构，监测分析营销渠道信息。

10. 短程通信技术提升入住体验

很多人都熟悉蓝牙，但是很少人知道射频识别和近场通信技术，这3项技术都属于短程通信技术。

酒店集团才刚刚开始将射频识别和近场通信技术用于客房门禁和支付领域。未来的运用将存在于酒店客房访客监测领域。

任务3 营销理论在酒店行业中的应用

一、营销在酒店中的重要性

旅游酒店业是世界上最主要的产业之一。联合国世界旅游机构预测，2020年中国有可能超越法国跃居世界旅游酒店业首位。中国经济的强大发展后劲所创造出来的巨大需求吸引了世界上所有著名的酒店集团的眼光，其先后密集地在中国各大城市开疆拓土。世界旅游组织早在1997年就预测“到2020年，中国将成为世界上第一位旅游接待国和第四位客源输出国”。

在中国，伴随全球化经济的快速发展，高流量的国际客流，高增长的国内旅游需求，促成了酒店业的迅速发展。在这种供需两旺的市场前景刺激下，中国酒店业发展异常迅速，大量涌现的新酒店使行业接待能力大大提升，也在酒店业中引发激烈的竞争。

营销是酒店经营的龙头，也是酒店经营最重要的环节，它带有全员和全方位性，与每个员工、每个岗位有直接或间接的关系。作为现代酒店营销，不仅是简单的一般产品的推销，设法把已经准备好的产品销售出去，而是比推销更广泛，涉及酒店辐射区的市场调查，酒店产品设计、开发和定价，产品推销和流通等诸多方面。可以看出，现代酒店营销是酒店各部门共同组织和完成的经营活动。酒店营销的地位随着我国饭店业日益发展，酒店营销意识在我国酒店业中得到增强，成功的营销是酒店在激烈的市场竞争中处于不败之地的有效保证。

二、酒店业营销服务的五个特征

（一）无形性

与有形产品不同，酒店的销售员在做销售访问时，是无法将客房随身带着的。当客人离店时，他们除了能出示一张收据外别无他物。当然，随着现代媒体技术的发展，传统的酒店销售人员从随身带着一本本的印有酒店简介和各项服务设施图片的宣传小册子，变成随时可演示的实景多媒体DV，但是客人还是必须到了酒店住进客房才能真正了解这个产品带给他的真实感受。为了减少由于服务的无形性所造成的不确定性，购买者会搜索能够提供有关服务的信息和能形成对服务的依赖的各种有形证据。到酒店的客人一般最先看到的是酒店的外表，大堂的地面环境和整洁程度，这提供了判断酒店管理状况的线索。各种有形的因素是展示无形服务的质量信号。香港丽晶饭店（Regent Hotel）特别重视饭店所有着制服和便装的员工都能给人以高雅而专业的印象。员工的外表是酒店有形象征的一部分。作为酒店产品，最重要的是能够创造令顾客难以忘怀的体验，让其拥有可以和他人分享的记忆。

（二）不可分割性

在酒店产品中，服务是其核心部分，在服务（生产）过程中，客人是在现场的，顾客与服务员的直接接触构成了产品的一部分。酒店的环境可能很优美，但如果服务态度恶劣或服务有疏忽，顾客就会对整个酒店体验给予不好的评价。同时，顾客也是产品的一部分。假若一位客人选择了酒店的产品，他住的房间外的走廊人声嘈杂，或者当他坐在餐厅用餐时，一个吵嚷的会议团队也坐在同一个地方就餐，这位客人会不胜其扰而对酒店失望。管理人员必须对顾客施加管理，这样才能避免顾客做出令其他顾客不满的事情来。

（三）变动性

服务是高度易变的。服务的质量与提供服务的人员、时间和地点密切相关。引起服务变动的原因有很多。服务的生产与消费是同时进行的，这使质量控制变得很难操作；需求的波动使服务高峰时间里的产品质量难以保持一致；服务者与顾客之间的高度联系意味着产品质量的均衡离不开服务技巧，也离不开交易时的具体行为。一位客人某一天可能得到了出色的服务，但在另一天从同一个人那里却可能得到很一般的服务。发生这种情况的原因可能是服务员的情绪不好。缺少沟通以及顾客期望的巨大差异是引起服务不稳定的另外一个原因。一位准备入住某五星级酒店的顾客期待的是一间有优美室外景观的客房，最终发现房外是陈旧杂乱的房子；一位兴冲冲的客人走进酒店大堂，前台服务员却让客人站在柜台前等了5分钟才为他办理入住登记手续。为了解决由于这类原因引起的服务不稳定问题，酒店定出了系列的标准。如景观房客人需支付较高的房费，非景观房则可享受一定的折扣；客人入住登记等待的时间应控制在3分钟以内等。服务缺乏一致性在酒店业中是引起顾客不满的最主要因素。

（四）不可储存性

服务是不能被储存起来的。一个有100间客房的饭店，如果在某一天晚上只销售出60间，是不可能把没有销售出去的40间客房储存起来留待次日销售的，因这没有销售掉的40间客房所造成的损失永远无法弥补。因此，酒店的销售人员必须尽量将每天的客房卖出去，主要通过多种销售渠道：如网络、旅行社、航空公司等。

（五）差异化的难度大

酒店提供的核心产品是服务，在当今酒店数量急速增长、价格竞争极其激烈的情况下，酒店之间的差距在不断缩小，因为缺少像工业企业一样的专利权的保护，酒店的创新竞争难度是极大的。但要在激烈的竞争下生存并脱颖而出，就必须依靠提供差异化的服务。这种差异化服务可能包括各种足以将本酒店的服务与竞争者的服务区别开来的创新性的特征。例如，为VIP提供印有客人姓名祝语的特色菜单、为到酒店餐厅就餐的儿童提供一次性的儿童用餐围兜等。当然，这些服务创新都是很容易被抄袭的。

酒店进行差异化服务有三条途径：通过人、物质环境和流程的差异化来实现。酒店可以聘用更有能力、更有责任心的服务人员来使自己的服务不同于竞争酒店。或者，酒店可以创建一种独特的物质环境，服务就在这样的环境中进行。最后，酒店还可以设计一个独特的服务流程，让客人有独特的感受。

三、酒店营销的任务

一家酒店短期营销工作是否成功可以用客房出租率或营业收入来衡量，但是长期来看则应看其回头客的比率。一家酒店的回头率高不只意味着顾客对酒店产品和服务的认可度高，从成本效益的角度来看，酒店保持一位老顾客的成本只有吸引一位新顾客成本的20%。因此，两家有着同样的客房出租率的酒店，并不意味着相同或相似的经营效益，从营销的角度来看，有较高回头率的酒店要比另一家有较好的经营效益。

（一）通过质量让顾客满意

现在的顾客可以在众多的酒店中进行选择，酒店必须提供可接受的、有竞争力的产品，否则，顾客很快会转向其他竞争者。如今的顾客受教育程度较高，要求也更高。他们对产品质量的期望值也因一些优秀的酒店（如丽思·卡尔顿酒店、四季酒店等）的卓越实践而不断提高。许多酒店认为，吸引顾客是营销部门的工作，如果酒店的客房销售不理想，或是宴会使用率低，只能说明营销人员不称职。但是，按照酒店营销的观点，仅仅靠营销部是做不好工作的。酒店在吸引和保持顾客的工作中，营销仅仅是其中的一部分。即使是世界上最优秀的营销部门，也无法成功销售提供劣质服务的酒店产品。只有当酒店所有部门和员工相互合作、共同完成一套服务系统时，营销部门才能有效地展开工作。

（二）通过服务让顾客满意

酒店的产品是服务，通过酒店的员工，以客房、食品等为载体提供给到店客人。酒店服务是一项系统工程，服务过程环环相扣，从顾客订房、机场迎接到进入酒店后的迎宾、开房、送行李、餐饮服务等，需要井然有序的运转，要让顾客感受到标准规范、连贯完整的服务。相反，服务不规范、不完整的酒店将会给顾客带来不满，甚至是抱怨。在酒店业竞争日益激烈的情况下，酒店间的差别越来越小，服务标准在不断提高，星级酒店追求的是通过向客人提供个性化的服务来实现顾客满意。为了提供优质的个性化服务，酒店应事先预测顾客各种各样的需求，并对顾客的需求作出全方位的反应。也就是说，顾客的任何需求都应该在顾客向你提出之前为他想到并准备好。它的内容包罗万象，如修鞋补裤、雨天借伞、托管婴儿、照看宠物、充当导游、承办宴会、助客理财、提供无烟客房、客房用餐、商务秘书、网络服务、旅游信息等。传统的酒店力求提供100%的满意，但是现代酒店的营销理论认为：即使顾客达到完全满意后，由于求奇求新的心理，顾客仍有很大的可能去转换酒店的品牌，选择其他酒店。因此，为了使顾客成为某一品牌的忠实拥护者，也就必须使其得到100%+n%的满意度，这额外的n%，就是意外的惊喜、超值的享受、让顾客难以忘怀的经历，并使其能将自己的品牌区别、突出于其他众多的酒店品牌。

（三）通过价值让顾客满意

今天的顾客面对如此众多的酒店、多元化的价格、从经济型到奢华品牌的选择，顾客是如何进行选择的？

我们相信，顾客能够判断哪些酒店将提供最高价值的服务。在一定的搜寻成本、有限的知识、灵活性和收入等因素的限定范围内，顾客是价值最大化的追求者。他们形成一种价值期望，并根据它作出行动反应。然后，他们会了解产品是否符合他们的期望价值，这将影响他们的满意度和再购买的可能性。

1．顾客让渡价值

顾客让渡价值是指酒店转移的，顾客感受得到的实际价值。它的一般表现为顾客购买总价值与顾客购买总成本之间的差额。顾客让渡价值是菲利普·科特勒在《营销管理》一书中提出来的，他认为“顾客让渡价值”是指顾客总价值（Total Customer Value）与顾客总成本（Total Customer Cost）之间的差额。

2．顾客购买总价值

使顾客获得更大让渡价值的途径之一是增加顾客购买的总价值。为此，酒店可以通过改进产品价值、服务价值、人员价值与形象价值来提高顾客购买的总价值。

（1）产品价值　产品价值是由产品的质量、功能、规格、式样等因素所产生的价值。产品价值是顾客需求的核心内容之一，产品价值的高低也是顾客选择服务所考虑的首要因素。那么如何才能提高产品价值呢？要提高产品价值，就必须把产品创新放在经营工作的首位。

（2）服务价值　服务价值是指酒店向顾客提供满意服务所产生的价值。服务价值是构成顾客总价值的重要因素之一。从服务竞争的基本形式看，可分为超常服务与核心服务两大类，超常服务是伴随产品实体的购买而发生的服务。酒店的一线服务人员向宾客主动推荐宾馆的服务项目，邀请顾客在宾馆享受更多的服务项目，在为顾客提供服务的过程中，除了遵守既定的服务程序外，还应当发挥自己的主观能动性，针对顾客的特点和顾客的需求，创造性地满足顾客，为顾客营造一个舒适愉快的氛围。营销的本质是“服务”，创造“好感”，是“创造并传播影响力”，影响他人的“思想和行为”。通过各种营销活动，达到“支持我们的人越来越多，反对我们的人越来越少”的目的。

（3）人员价值　人员价值是指酒店员工的经营思想、知识水平、业务能力、工作效率与质量、经营作风以及应变能力等所产生的价值。只有酒店所有部门和员工协调一致地成功设计和实施卓越的竞争性的价值让渡系统，营销部门才会变得卓有成效。因此，酒店的全体员工是否就经营观念、质量意识、行为取向等方面形成共同信念和准则，是否具有良好的文化素质、市场及专业知识以及能否在共同的价值观念基础上建立崇高的目标，作为规范酒店内部员工一切行为的最终准则，将决定酒店为顾客提供的产品与服务的质量，从而决定顾客购买总价值的大小。由此可见，人员价值对企业进而对顾客的影响作用是巨大的。

（4）形象价值　形象价值是指企业及其产品在社会公众中形成的总体形象所产生的价值。形象价值是酒店各种内在要素质量的反映。任何一个内在要素质量的不佳都会使企业的整体形象遭受损害，进而影响社会公众对酒店的评价，因而塑造酒店形象价值是一项综合性的系统工程，涉及的内容非常广泛。显然，形象价值与产品价值、服务价值、人员价值密切相关，在很大程度上是上述三方面价值综合作用的反映和结果。

3. 顾客购买的总成本

要实现最大限度的顾客让渡价值，仅仅创造价值还是远远不够的，与此同时，还应该设法降低顾客购买的总成本。顾客总成本不仅包括货币成本，而且还包括时间成本、精力成本等非货币成本。通常情况下，顾客购买商品首先要考虑货币成本的高低，因而货币成本是构成整体顾客购买成本的主要和基本因素。除此之外，顾客在购买商品时所耗费的时间和精力也将成为其购买决策的重要影响因素。因此，酒店要想创造最大的让渡价值，使顾客能充分满意，就必须解决如何帮助顾客降低非货币成本的问题。

（1）时间成本　时间成本是顾客为想得到所期望的服务而必须处于等待状态的时期和代价。时间成本是顾客意愿和价值的减函数，在顾客价值和其他成本一定的情况下，时间成本越低，顾客购买的总成本越小，从而“顾客让渡价值”越大，反之“让渡价值”越小。因此，为降低顾客购买的时间成本，努力提高工作效率，在保证服务质量的前提下，尽可能减少顾客为购买酒店服务所花费的时间支出，从而降低顾客购买成本，为顾客创造最大的“让渡价值”，增强酒店产品的市场竞争力。酒店各一线服务部门都可以在节约顾客时间成本上做贡献：前台接待的员工让顾客办理入住手续时，等待的时间不超过3分钟；客房服务员在接到客人的服务要求时必须立刻作出反应；工程部员工接到维修通知必须在20分钟内处理，无法完成维修工作的须通知前台为客人换房；餐厅的服务员在客人坐下后5分钟内为客人服务；厨房让客人等待上菜时间不能超过15分钟。所有这些细化到分钟的服务标准就是为了尽量降低客人的时间成本。

（2）精力成本　精力成本是指顾客购买商品时，在精力方面的耗费与支出。在顾客总价值与其他成本一定的情况下，精力成本越小，顾客为购买服务所支出的总成本越低，从而“让渡价值”越大。因此，酒店如何采取有力的营销措施，从酒店经营的各个方面和各个环节为顾客提供便利，使顾客以最小的成本耗费取得最大的实际价值是每个酒店需要深入探究的问题。

四、营销理论在酒店业中的发展

（一）全员营销

1. 全员营销的概念

全员营销是一种以市场为中心，整合酒店资源和手段的科学管理理念。什么是全员营销呢？即指企业对酒店的产品、价格、渠道、促销（4P）和需求、成本、便利、服务（4C）等营销手段和因素进行有机组合，达到营销手段的整合性，实行整合营销。同时全体员工以市场和营销部门为核心，研发、生产、财务、行政、物流等各部门统一以市场为中心，以顾客为导向开展工作，实现营销主体的整合性。各部门都关注和支持酒店的整个营销活动的分析、规划、指挥、协调和控制流程，尽量为顾客创造最大的价值，使顾客满意度最大化，从而使酒店获得强大的市场竞争能力，不断向前发展。

2. 全员营销的作用

（1）从以产品为中心向以市场为中心转化；

（2）从单一的广告轰炸策略向整合营销传播转化，酒店的营销部门更加专业化，实现各种营销手段优化组合的整合营销；

（3）酒店整体组织实现市场化，活化了酒店的整体潜能；

（4）全员营销迫使酒店适应市场要求，促进酒店内部组织更新优化升级；

（5）以市场为龙头，带动酒店内部快速向现代酒店理念和制度靠近。

酒店中的每个人，都有“营销意识”，都有“服务意识”，都结合自己的工作，参与营销活动，为客户服务，包括内部客户和外部客户。比如，餐饮部的服务人员在服务之余，可以发布酒店其他产品的信息，进行宣传。酒店各部门如客房、餐饮、洗衣房等以最快的速度，保质保量做好服务，这些都视为营销服务。工程部积极及时解决各种设备故障，也是营销。营销同命，积极“寻找潜在客户，转化准客户，保养老客户，拓展新客户，复活旧客户”，积极为客户服务，积极创造“客户好感”，都是营销。后勤同命，积极做好自己的本职工作，积极从正面影响客户，都是营销活动。

3. 全员营销的实施

（1）全员营销首先是营销手段的整合，即把传统的营销模式转向整合营销　在全员营销的理念指导下，传统的产品、价格、渠道、推广等手段有了丰富的深刻意义。对产品的理解应该立足于满足消费者需求的高度，充分进行市场调研、市场分析与选择，通过产品定位推出具有差异化特征的产品。在满足消费者基本功能需求的前提下，不断提升附加价值。营销部门不仅是产品销售部门更是产品开发的重要参与成员，销售过程成为产品开发不断深入的动因。酒店各部门员工在服务过程中接触各种各样的顾客，了解他们的需求，在此过程中加深对顾客的认识，并从中找到未被满足的领域，从而实现新产品或服务项目开发的目的。

（2）全员营销其次是“营销主体的整合性”管理　酒店的服务、财务、行政、物流等职能部门必须以市场为核心，各项工作都要服务于营销部门的工作，非营销部门的工作应以市场观念来规划本部门的资源，充分发挥部门职责，以推动酒店的整体利益，非营销部门也应该向营销部门学习，将本部门的工作以营销观念来规划，以营销的市场竞争观念来开展工作，这样能最大化地提高部门工作效率。非营销部门员工还可以开展营销实习，帮助员工理解营销的实际工作，进行换位思考，提高整体协调性。

在全员营销理念的引导下，部门之间是顾客关系，建立“内部市场”，在服从酒店整体利益的前提下，必须让“顾客们”，尤其是营销部门满意最大化。这时可采用4C营销理论（需求、成本、便利、沟通）来指导各部门的工作。各部门的职能是尽量给其他部门提供服务和支持，即满足顾客需求，而不是各自为政，让别人来适应自己的条条框框。此时各职能部门的使命由让老板满意转化为让其他部门满意；生产部门应该充分考虑市场竞争的成本要求、时间要求、多样化要求，同时各道工序也要把下一道工序作为自己的顾客，根据自己的顾客希望的“付出成本”来打造自己的“供给价格”；为了使本部门的“顾客”获得“满足需求”的便利，各部门应该主动调整工作流程，并建立与其他部门的流程接头。各部门为了便于配合，应付不断出现的新问题，需要进行及时的沟通，因而需要建立通畅的沟通渠道和科学的沟通制度，沟通机制便于酒店内部加强协调性，避免相互指责推诿责任。

（二）酒店营销要实现让无形的服务产品有形化，以增强顾客的信心

服务具有无形性的特征，但这种特征会让顾客在消费过程中产生顾虑，因此酒店营销应尽力消除或减弱顾客存在的疑虑，采取措施向潜在顾客提供各种有助于使服务产品有形化的表征。促销材料（如图片、宣传册等）、员工风貌和酒店硬件环境等都有助于服务有形化。

五、酒店营销发展的新趋势

（一）竞合营销趋势

酒店竞争不再是以击败竞争对手为目的，而是通过酒店联盟广泛集合共同力量创造新的优势。比如连成新的酒店城区，错开星级和价格层次，形成优势互补、互不竞争、协同揽客；又如通过共同采购，降低运营成本，提高竞争能力等。

（二）分众营销趋势

酒店不再千篇一律，随着消费需求的日趋多样化、差异化，针对某一细分群体进行酒店产品的策划、包装、定位和分销，创造新的需求。比如全套房酒店、精品酒店等。

（三）品牌营销趋势

酒店通过避开惨烈的产品竞争，重视品牌塑造，制定独特的品牌形象，提供品牌承诺，用良性、健康的竞争代替价格战，进入品牌竞争。比如锦江推出的24小时免费电话服务，以及最低价格保证承诺等。

（四）网络营销趋势

酒店解决供需双方的信息对称问题，提高价格透明度，减轻劳动强度，提高工作效率，空出更多的精力和时间来服务客户。比如，越来越多的酒店开始重视网上直销和分销，酒店品牌网站有订房功能的比例快速提高。

（五）服务营销趋势

根据80%的收益来自于20%的忠诚消费者的理论，酒店越来越重视对客户的服务。比如创建实时动态的客户数据库，跟踪客户喜好和预订习惯，采取针对性服务措施，维系和扩大忠诚顾客。

（六）体验营销趋势

酒店的服务不再始于酒店，结束于酒店，而是从咨询、预订之初，直至退房以后的全程服务，让消费者能够获得完满的酒店服务体验。酒店销售角色的新变化。

1. 拜访到电子分销

消费者在信息不对称的市场环境中，只有通过一对一的上门推销，来获悉酒店营销信息，建立特定的互动关系，一旦网络解决了上述所有问题，上门拜访不再受消费者欢迎，何况一个销售员能够传递的信息远不如网络更丰富。酒店销售员通过各种电子分销的方式进行合理的销售和管理将成为必然。

2. 从各自为战到酒店联盟

单体酒店网站如同专卖店，虽然血统纯正，但散落各处，吸引的客源有所限制。酒店联盟如同大卖场，虽然需要支付一定的管理费，但大卖场的资源优势，可以为加盟酒店广开客源，成倍增加销售机会。

3. 从等候确认到自动确认

传统方式，预订需要依赖电话、传真或电邮提交申请，等候回复确认才算完成。酒店的反馈时间，体现了酒店的服务能力和水平。在新技术支持下，酒店预订可以不再需要等候，可以实时预订，马上确认。

4. 从人际销售到依赖网络

在信息不对称的市场条件下，人际关系销售起到了重要的信息沟通和交流的作用。英特网的出现，信息不再受时空、地域、人际圈的限制，促进了市场信息的透明和流通。随着英特网的普及，销售员不再具有面对面的销售优势，人们对英特网的依赖将日趋明显。

5. 从产品销售到分销管理

网络的普及为产品销售创造了极好的公众平台，酒店可以图文并茂地宣传、展示并销售酒店产品，方便顾客随时浏览和选购。酒店销售员的销售功能将从产品销售转向对分销渠道的管理，发掘更多可利用渠道，提高互动效率，创造更多销售机会。

6. 从价格磋商到价格透明

在线下时代，价格磋商是根据各买家的地域背景、消费人群、消费时段、采购量等因素而定的，暗箱操作，有时差异很大，但依然可以相安无事，各领风骚。互联网时代突破了地域界限，价格透明，游戏规则彻底改变。销售价格的一致性势在必行。

7. 从房价控制到房量调控

由于资源的限制，酒店的收益管理大多靠房价调节来完成。当价格统一而透明之后，收益管理转向对不同渠道的房量供应调节，调整房量供应，获取最佳综合收益即顺理成章。

【阅读资料】

— 全员营销的误读 —

全员营销作为一种科学的管理方法，既包含了内部管理，又包含了外部营销，对其正确的应用无疑会给企业带来理想的回报。毫不夸张地说，如果一个企业能够正确地实施全员营销，那么这个企业的经营管理水平已经超过了80分。

虽然全员营销的名称并不新鲜，但是它所蕴含的概念并不为大众熟悉。同时有些经营者不求甚解，断章取义，生搬硬套，闹出了不少令人啼笑皆非的笑话。误读的结果是胡搞，胡搞的结果是乱套。

（1）全员营销就是每个员工都做营销　有些经营者认为人多力量大，而忽视了营销工作的专业性和规范化要求，把全体员工都用营销部门员工的管理办法来考核并下达销售任务，个别企业甚至取消全体员工的工资，而视销售产品的任务完成情况给予报酬。结果导致员工忠诚度下降，同时市场产品价格混乱，如几年前电信部门的电话卡销售中出现过的类似情况。这么做的另一个弊端是销售政策混同儿戏，专业销售队伍难以生存。比如电视台有专门的广告业务人员，但是总是有一些神通广大的记者能够通过给客户以额外的优惠来拉取业务，有的甚至台长也亲自拉广告，最后的结果是业务员们纷纷改换门庭。

（2）全员营销就是每个部门都“管”营销 企业发展后经营管理中的一些职能越发细分并专门化，这本身是进步的标志，但是在企业经营者误读了“全员营销”之后，却可能会让众多职能部门插手营销部门事务，并在激励制度上平均化吃大锅饭。比如行政部插手营销人员，特别是外派营销人员的日常管理，使营销人员多头管理、多重领导、疲于奔命。行政人事干涉营销人员任用，使营销经理无法有效发挥奖罚作用，影响整个团队的管理。如此“全员营销”的一个结果是分配大锅饭，一般的管理人员与销售人员采用同样的激励政策，全然不顾营销工作的专业性和职业的高风险特征，最后人心涣散，团队分崩离析。

全员营销的全面导入是一个系统工程，需要借助外部力量进行灌输和推进，如果企业经营者完全自学成才不仅浪费宝贵时间，同时也容易走火入魔，而一旦成功则对企业就会有脱胎换骨之效。

【项目实践应用】

1．学生分组前往任课老师指定学校附近的酒店做调查，综合多方面信息综合评价该酒店的营销水平及其营销理念。

2．请班上来自不同地区的同学谈谈自己家乡酒店的发展水平，并与几大城市的酒店进行比较，找出之间的差距。

3．同学以小组为单位前往本地不同星级的酒店参观，了解各酒店的目标客源，并能分析之间的差异。

【拓展阅读】

1．建议阅读书籍

（1）菲利普·科特勒（Phillip Kotler）．旅游市场营销［M］．大连：东北财经大学出版社，2006.

（2）菲利普·科特勒（Phillip Kotler）．营销管理［M］．上海：上海人民出版社，2005.

（3）刘明会．饭店营销技巧［M］．北京：中国劳动社会保障出版社，2005.

（4）韩小芸，汪孝纯．服务性企业顾客满意感与忠诚感关系［M］．北京：清华大学出版社，2003.

（5）郑红．现代酒店市场营销［M］．广州：广东旅游出版社，2007.

（6）洪涛．饭店管理实务［M］．南京：东南大学出版社，2007.

2．建议阅读文章

（1）王建军．不这样，又怎样促销？——酒店促销的现状与思考［J］．华糖商情，2002（1）.

（2）蒋定芝．酒店促销面面谈［J］．饭店世界，2007（1）.

（3）陈振东．浅析中高档酒店营销新导向——内部营销［J］．人力资源管理：学术版，2009（9）.

（4）马爱华．饭店业营销的几点思考［J］．河南理工大学学报，2004（4）.

（5）金怀玉．当前我国酒店营销的现状、问题及对策［J］．生产力研究，2007（7）.

项目二

酒店业市场分析和选择

■ 项目学习目标

本项目让学生掌握如何从宏观、微观两方面去分析酒店业的市场环境，为后续项目的学习打下基础。

■ 项目学习任务

❶ 了解酒店业宏观市场分析的方法

❷ 理解酒店业微观市场的构成因素

❸ 掌握酒店业SWOT分析法

❹ 能够运用正确的方法分析不同类型、档次酒店的市场环境和竞争状况

■ 重点概念

酒店宏观环境　酒店微观环境　酒店中间商　SWOT分析法

【案例导入】

——温德姆酒店集团加速旗下高端品牌在华发展进程——

温德姆酒店集团于2015年7月上旬宣布旗下高端品牌——温德姆酒店及度假酒店将继续加速其在中国市场的扩张，最新签约的三家酒店，将于五年内陆续开业。这是继今年二月和五月深圳温德姆至尊酒店及重庆悦来温德姆酒店开业以来，该品牌的又一重大举措，彰显了其在华发展的决心与信心。

新签约的三家酒店分别位于三亚与黄山等在内的国内知名旅游休闲目的地，其标志着集团高端品牌在华的扩张战略已不再局限于北京、上海、广州，转而分散至二三线城市和其他地区，呈现多点开花的态势。近年来，集团利用多元化品牌的优势，在华迅速发展，此次新签约酒店的加入也将进一步推进高端品牌的发展。截至2015年3月31日，集团在华酒店数量约900家，客房数量超过100,000间；与此同时，筹划开业的酒店逾135家，客房数量超过26,000间。

“近几年国内旅游行业的蓬勃发展拉动了酒店市场的需求，也为我们旗下品牌在华的拓展带来巨大的潜力及空间”，谈及此次高端品牌的签约，温德姆酒店集团中国地区总裁兼董事总经理刘晨军先生评论道：“我们注意到中国现在仍存在高端酒店的空缺，比如新兴经济中心、度假型城市以及这几年来较为火热的自然度假区等。这次在三亚以及黄山等地的签约则正是迎合了当前市场和酒店方的诉求，建成后这三家酒店将更好地满足当地休闲度假游的需求。”

任务1 酒店营销环境分析

酒店市场营销环境是指影响酒店与目标顾客建立并保持互利关系等营销管理能力的各种角色和力量，它可分为宏观市场营销环境和微观市场营销环境。酒店营销环境是存在于酒店营销系统外部的不可控制或难以控制的因素和力量，这些因素和力量是影响酒店营销活动及其目标实现的外部条件。

一、酒店营销环境的特点

（一）客观性

营销环境作为一种客观存在，是不以酒店的意志为转移的，具有自身的运行规律和发展趋势，对营销环境变化的主观臆断必然会导致营销决策的盲目与失误。营销管理者的任务在于恰当安排营销组合，使之与客观存在的外部环境相适应。

（二）关联性

构成营销环境的各种因素和力量是相互联系、相互依赖的。例如，经济因素不能脱离政治因素而单独存在；同样，政治因素也要通过经济因素来体现。

（三）层次性

从空间上看，营销环境因素是个多层次的集合。第一层次是酒店所在的地区环境，例如当地的市场条件和地理位置。第二层次是整个国家的政策法规、社会经济因素，包括国情特点、全国性市场条件等。第三层次是国际环境因素。这几个层次的外界环境因素与酒店发生联系的紧密程度是不相同的。2008年从西方资本主义国家开始的金融危机迅速对世界各个经济体产生巨大的冲击，受影响国家的大多数行业都受到不同程度的打击。中国的酒店行业，尤其是高端酒店对国际客源市场的依赖性很大，因此受到的冲击就很大。

（四）差异性

营销环境的差异主要因为酒店所处的地理环境、经营的性质、政府管理制度等方面存在差异，不仅表现在不同酒店受不同环境的影响，而且同一种环境对不同酒店的影响也不尽相同。

（五）动态性

外界环境随着时间的推移经常处于变化之中。例如，外界环境利益主体的行为变化和人均收入的提高均会引起购买行为的变化，影响酒店营销活动的内容；外部环境各种因素结合方式的不同也会影响和制约酒店营销活动的内容和形式。

（六）不可控性

影响市场营销环境的因素是多方面的，也是复杂的，并表现出酒店不可控性。例如，一个国家的政治法律制度、人口增长及一些社会文化习俗等酒店不可能随意改变。

二、酒店市场营销宏观环境分析

酒店市场营销宏观环境是指酒店运行的外部大环境，酒店的营销人员必须根据外部环境中的各种因素及其变化趋势制订自己的营销策略，以达到经营目标。酒店市场营销的宏观环境因素主要包括政治法律因素、文化因素、经济因素及人口、自然环境和社区环境等几个方面。

（一）政治法律环境

一个国家或地区，总是要运用自己的法律行政手段，干预社会经济生活。因而政府的法令条例，特别是关于酒店业的立法，对酒店市场需求的形成和实现具有不可忽视的调节作用，而这些法律法规都是在酒店企业的控制范围之外。

从1979年以来，我国陆续制定和颁布了不少法令，和旅游、酒店营销直接有关的有：《中外合资经营企业法》《中外合作经营企业法》《中华人民共和国涉外合同法》《环境保护法》《专利法》《商标法》《广告管理条例》《旅行社管理条例》《旅行社质量保证金暂行规定》《导游人员管理条例》等。政府的政策必然会对酒店的营销产生直接的影响。

（二）社会文化环境

社会文化环境指一个国家、地区的民族特征、价值观念、生活方式、风俗习惯、宗教信仰、伦理道德、教育水平、语言文字等的总和。文化对企业营销的影响是多层次、全方位、渗透性的，文化影响造就和支配着人们的生活方式、消费结构、主导需求以及消费方式。人类在某种社会中生活，久而久之必然会形成某种特定的文化，包括教育水平、宗教信仰、审美观念、价值观念、道德规范以及世代相传的风俗习惯等。

文化因素对消费者的需求和购买行为的影响是很重要的。个人爱好不同，消费习惯不同，从而导致不同需求，酒店市场营销受教育水平、宗教信仰、传统习惯等文化因素的影响很大。

就文化而言，酒店市场营销人员应当具备两类知识：一类是关于某种文化的具体知识；另一类是抽象知识。抽象知识要求具有一定深度的洞察力，要站在酒店管理者的角度考虑到底什么样的酒店才是受欢迎的。

每一个国家或地区都会有自己的特点，而中国目前的趋势正类似于美国20世纪80年代的趋势，社会成员注重自我价值的实现，用职业成就、拥有财富和物质的数量来衡量一个人的成功。作为酒店营销者就要研究一个社会的核心文化价值观和次要文化价值观，针对所要进入的市场采取不同的营销对策。如在“绿色文化”抬头的今天，国内酒店业就应该多开发绿色环保产品，以绿色环保进行系列营销。

社会文化营销可以通过细节去体现其魅力，例如，法国一家餐馆在他们的菜单上对牛排作了这样的补充描述：“如一件跨越时空的艺术品，牛排追求着完美卓越。然而，这种完美唯有训练有素的欧洲名厨，以数十年不懈的成功探索加上质量叫绝的牛肉，才得以信手创造！我们的厨师亲手烹饪的牛排杰作，其中的美味包您品尝之后难以忘怀，直到您再次光临”。

（三）经济环境

经济环境是影响和制约社会购买力形成的主要环境力量。其主要的环境力量是社会购买力。社会购买力是一系列经济因素的函数，取决于国民经济的发展水平以及由此决定的国民平均收入水平，并直接或间接地受消费者收入、价格水平、消费者支出状况、储蓄和消费者信贷等经济因素的影响。

19世纪中叶，德国统计学家恩斯特·恩格尔对153户比利时家庭的家庭预算和支出进行分析后发现，随着收入的增加或者伴随人们富裕程度的上升，其家庭用于购买生活必需品的开支占总支出的比重会下降，用于非必需品方面的支出占总支出的比重会上升。在生活必需品中，食品占据了较大比例。他特别指出：“越是贫穷的家庭，其消费支出中食品开支比重就越大。”由此，人们把恩格尔关于“越是贫穷的家庭，其消费支出中的食品开支比重就越大”的表述称为“恩格尔定律”，把家庭食品开支在消费支出中的比重称为“恩格尔系数”。但在具体数据的应用上，由于较难确定“生活必需品”的概念，人们一般以食品开支代替“生活必需品”。人们普遍认为恩格尔系数的下降是一个国家或地区经济发展和居民生活水平提高的一个重要标志。一般而言，发达国家的恩格尔系数要低于发展中国家的恩格尔系数，而在同一个国家或地区中，收入水平高的居民群恩格尔系数相对要低一些。20世纪70年代中期，联合国粮食及农业组织将恩格尔系数作为衡量一个国家或地区富裕程度的标准之一：恩格尔系数在59%以上为贫困，50%～59%为温饱，40%～50%为小康，30%～40%为富裕，低于30%为最富裕。联合国粮农组织的这一举措，使恩格尔系数成为评价国家或地区生活水平高低的重要标准之一，恩格尔系数和恩格尔定律得到了广泛的认同与应用。

除食物支出外，衣着、住房、日用必需品等支出所占的比重，也同样在不断增长的家庭总支出中上升一段时期后，呈递减趋势。据统计，一国人均GDP超过300美元，国内旅游兴起；2000年年底我国人均GDP已经超过800美元，与此同时，城乡居民的“恩格尔系数”将分别降至40%和50%左右。根据统计，当一国人均GDP达到800～1000美元时，表明已进入旅游发展的排浪式消费阶段，目前我国人均GDP基本达到这一标准，有的城市如上海、深圳已经远远超过这一标准。当人均GDP达到1500美元以上时，旅游发展极为迅速。

（四）人口环境

中国人口在20世纪五六十年代由传统的高出生、高死亡、低增长转变为高出生、低死亡、高增长后，仅仅30年左右的时间，就已过渡到20世纪90年代以来的低出生、低死亡、低增长。而且，出生率下降的趋势基本不可逆转。人口总的出生率将继续保持在世代更替水平之下甚至进一步下降。这两点变化决定了未来中国人口结构变化的走势，比如老龄化时代的到来，性别比例的失衡，还有独生子女在主流城镇社会成为中坚人口。

人口数量的下降必然导致需求的减少，这与不断扩充的酒店市场显然是矛盾的。就现如今从全国来说，到底是过剩还是不足很难有定论。因为各个地区的发展并不均衡，有可能有的地区酒店已经过剩，有的则还不足；也有可能这个地区的高星级酒店已经饱和，而经济型酒店则偏少，或者经济型酒店多但高星级酒店少甚至没有，所以这个问题还要分区域具体分析。但不管如何，研究中国人口数量、人口质量、人口结构对于酒店业相关产业的发展是非常必要的。人口问题对酒店营销的影响有以下几个方面。

（1）影响酒店未来市场的需求规模　市场是由那些想买东西并且具有购买力的人（即潜在购买者）构成的，而且这种人越多，市场的规模就越大。

（2）影响目标市场的需求特点　独生子女已成长起来，成为消费的主体。由于独生子女家庭的结构特点，处于不同年龄段的独生子女对家庭的消费结构的影响在不断扩大，如对满月酒的重视、各个阶段的入学、毕业产生的消费也逐渐成为酒店餐饮部门的销售热点。

（3）影响酒店业人才的供给　酒店是劳动密集型行业，需要大量的不同层次的人才，尤其是营销人才。中国人口数量在下降，独生子女选择酒店行业作为未来职业发展方向的数量在下降，酒店也和很多生产企业一样面临人才短缺的难题。

（五）自然环境和社区环境

自然环境是社区环境的基础，而社区环境又是自然环境的发展。自然环境是环绕人们周围的各种自然因素的总和，如大气、水、植物、动物、土壤、岩石矿物、太阳辐射等。人类是自然的产物，而人类的活动又影响着自然环境。随着投资环境改善，基础设施转好，土地资源投资成本提高，经营成本会相应降低。一个自然资源好的地方，若无法形成酒店群体规模，经营风险将更大。

社区环境通常是对商业酒店或市郊酒店而言的，包括社区阶层状况、交通状况、市容、市貌、社区规划、污染状况及商业配套设施等。社区阶层高，商业配套设施齐全，交通状况好，则酒店档次要高，竞争力才会强；社区阶层低，交通道路拥挤，商业设施不配套，则不适宜建酒店。

三、酒店市场营销微观环境分析

市场营销微观环境是指与酒店市场营销活动关系密切，并有直接影响的酒店外部因素的总和。特点是微观营销环境（图2-1）的变动对酒店营销的影响往往是具体的，其影响范围也比较小，时间比较短，酒店在一定的程度上可以控制。

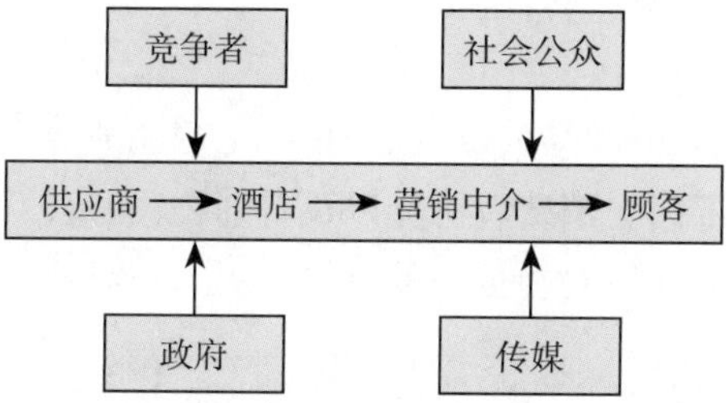

图2-1　酒店微观环境

（一）酒店中间商

酒店中间商是指处于酒店生产者与酒店管理者之间，参与酒店产品流通业务，促使买卖行为发生和实现的集体和个人，包括经销商、代理商、批发商、零售商、交通运输公司、营销服务机构和金融中间商等。这类购买者的特点是：第一，购买是为了获利；第二，专家购买；第三，购买次数较少，但每次购买数量较大。

（二）酒店顾客

不同的顾客对酒店有不同的消费需求，购买和使用酒店产品的方式也不相同。商务旅游者对酒店预订较多，而且要求预订系统速度要快、时间要短，但又常常取消或更改预订。1994年以来，美国23%的商务旅游者改变了原来的预订日期和房间，而在出发前48小时再重新预订酒店房间。观光旅游者通常不进行预订，一旦到达酒店，则要求能如愿以偿。

（三）酒店供应商

酒店的日常经营活动需要外界许多供应商提供原材料和各种产品。餐厅需要供应商提供食品加工的原材料，如鱼、肉、蔬菜、饮料等。客房部需要供应商提供客房所需的日常用品，如牙膏、毛巾、卫生纸等。酒店其他部门也需要供应商提供一些必需品，有些还需要从国外进口。酒店与供应商之间的关系对酒店营销十分重要。如果酒店日常必需品供应困难，酒店的日常经营就会受到影响，甚至不能正常运转。日常必需品的价格高低会引起酒店经营成本的变化，质量的好坏及与酒店的档次匹配与否会对酒店形象产生影响。酒店营销人员需要清楚地了解和掌握酒店用品市场的供应状况和市场价格变化情况，开拓资源渠道，寻找价廉物美质优的酒店用品。

（四）人力资源市场

酒店是一个劳动密集型行业，人工成本在酒店经营总成本中约占三分之一。一般国外酒店客房与员工之比为1：15左右；中国的酒店客房与员工比为1：2左右。从降低人工成本来讲，酒店希望使用廉价劳动力，减少员工人数，但从酒店提高服务质量，提高酒店经营档次来看，酒店又希望有高素质的人才、有充分的人力作保障，特别是在酒店接受较高档次的大型会议或宴会时。这种两难选择时时困扰着酒店的经营，也制约着酒店的发展。具有远见卓识的酒店会热衷于员工的培训。美国假日酒店在1968年就建立了自己的“假日酒店大学”并捐资成立教育信托基金，资助美国康奈尔大学酒店管理学院，培育高质量的酒店管理和服务人才。我国一些大的酒店集团也建立了自己的培训中心或培训基地，或者和专业院校合作，共同建立实习基地，在培养学生技能的同时，向他们灌输酒店独特的企业文化，以此作为长线投入，吸引学生毕业后为酒店服务。种种措施都是为了加强酒店的吸引力，努力打破高员工流动率的困局，把人力真正当作资源来开发，推动酒店营销工作。

（五）社会公众

社会公众是指任何对酒店实现其经营目标产生一定影响或有一定利害关系的社会群体。它包括金融界、新闻界、工商部门、消费者协会以及普通公民。公众的舆论对酒店在社会上树立良好的声誉，获得有利的竞争地位起着至关重要的作用，并对顾客起着引导消费的作用。

【阅读资料】

— 酒店行业市场现状分析 市场发展面临转型 —

近年来实体经济的下行压力、八项规定对公款消费的抑制、2014年沸沸扬扬的扫黄风波等多重因素的影响，东莞的酒店行业发展遇到了前所未有的困难。在多重压力下，东莞的酒店业吹响了转型号角，各酒店上下都在殚精竭虑思考如何开源节流、寻找转型方向。

从目前的情况来看，东莞的酒店在转型过程中，纷纷把目光聚焦于大众市场。这些金碧辉煌的五星级酒店纷纷放下架子，努力向公众塑造亲民的形象。例如，位于东莞长安镇的莲花山庄，是东莞难得一见的山水式五星级酒店。如今在大环境的影响下，酒店管理层决定向“农家乐”转型，酒店内辟出数十块菜地出租给市民种菜。

转型的原因是高星级酒店遭遇经营的困境。不少高星级酒店降低菜式的价格，要和大排档、农家乐争夺客人。

根据前瞻产业研究院发布的《2015—2020年中国酒店行业发展前景与投资战略规划分析报告》显示，2007—2013年，全国高星级酒店数量呈逐年增加趋势。2013年，高星级酒店（包括四星级和五星级酒店）共3100家，较2012年增加了274家。

东莞酒店行业在转型中所表现出来的活力，让人对其未来的发展依旧抱有信心。

面对酒店行业的“寒冬困境”，高星级酒店应该学习东莞这家变身“农家乐”的五星级酒店，走出自己的特色发展路线。

在酒店业的“新常态”下，酒店要学会如何做好酒店，做好产业转型，才有出路。但在转型中不要忘记，酒店的发展最终还是要回归到酒店提供高质量的服务的本质上，要想经营好一家酒店，真正的核心仍是做好服务。

任务2 酒店消费者购买行为分析

一、酒店消费者的需求和动机分析

酒店营销的目标是使目标顾客的需求得到满足，但是要认识顾客的需求并不是一件容易的事情。很多顾客以为很清楚自己需要的是什么，每次消费前都是经过深思熟虑的，但是实际的情况是冲动消费在消费决策中占很大的比例，加上每个人的需求都受很多因素的影响，因此，要准确地把握顾客的需求和欲望是有很大难度的。

不管怎样，营销者必须研究目标顾客的欲望、偏好及购买行为。这些研究为确定产品的价格、渠道和酒店的一系列决策提供依据。要了解酒店消费者的购买模式，就是最终要能回答几个关键问题：谁是购买者（Who）？他们要买什么（What）？他们受谁影响（Whom）？购买的目的是什么（Why）？他们怎样购买（How）？何时购买（When）？在哪里购买（Where）？

（1）了解消费需求　不同类型的消费者对酒店的需求是不一样的，消费者的主要需求大概有以下几种：①摆脱束缚的需求：生活累、工作枯燥、为情所困等需要暂时摆脱原来的环境，去酒店娱乐一下，当然是最好的选择。②显示身份地位的需求：大公司经理、知名人士、工商人士、国家干部以及先富起来的个体户等在消费的时候往往只在意酒店的档次，是否能满足自己显示地位和身份的需求，另外一些低收入者为了招待重要客人，或者过生日、聚会等原因也会光顾高档次的酒店。③得到尊重的需求：任何人都渴望得到尊重，很多人去酒店消费就是为了体验被人尊重的感觉，因此，酒店必须不断地提高服务质量以更好的为客人服务，如果客人在酒店得到了满意的服务，必然会对此酒店留下深刻的印象，下次还会再来或者推荐朋友光顾，服务质量好与坏是影响饭店消费者多与少、消费时间长短的主要原因之一。因此，为了满足消费者的这种需求，我们必须提高服务质量，提供星级服务。④娱乐的需求：长期的工作劳累、上班、下班以及永远干不完的家务活，使人感到无聊和疲惫，因此，在有时间的时候需要娱乐和放松，酒店应该改变传统方式，在双休日提供工薪消费的全家套餐。⑤ 社会交往的需求：酒店本就是人们进行社会交往的场所，可以交朋友或是谈生意，或者三五成群的知己朋友搞周末小沙龙聚会，酒店可以提供这样的空间。

（2）了解消费动机　通过消费者消费动机的分析，我们将不难看出：① 光顾我处的消费者满足了他们什么动机（或者说客人出于什么动机光顾了我们的酒店）。② 不光顾我们酒店的消费者的原因是什么 / 我们将怎样使其来消费呢？

那么消费者到底有哪些消费动机呢？①健康的动机：客人出于对健康的追求而来酒店消费，因为酒店舒适的环境气氛比较适合他。②追求美味的动机：追求物美价廉的各种美味。③求知的动机（又叫求奇动机）：因为好奇，特别是对高档酒店，想了解一下与一般酒店的不同之处，因此来消费一次。④求交往的动机：追求社会交往的人越来越多，希望结识趣味相同的朋友，酒店已成为很好的现代社交场所，可以利用这一动机组织俱乐部、联谊会、友好协会等组织和互动，以满足客人交往的心理需求。⑤求名的动机：通过高消费来显示自己，为了炫耀和扬名而来消费。只有采取不同的营销策略，满足不同类型的客人、不同的消费需求，消费动机才能使其转化为消费行为，才能稳定客源使酒店显著。另外，在制订计划与调研的过程中，除了对消费者的消费动机、消费需求展开调研之外，还应该确认市场的调研分析活动。

二、影响酒店消费者购买行为的因素

酒店产品的消费者生活在纷繁复杂的社会环境中，购买行为受到诸多因素的影响。要彻底把握消费者购买行为，有效地开展市场营销活动，必须分析影响消费者购买行为的有关因素。消费者购买行为受文化、社会、个人和心理特征的影响很大。营销人员虽然无法控制这些因素，但必须考虑这些因素。

（一）文化因素

文化因素在消费者行为中发挥着最广泛、最深刻的影响。营销人员需要了解消费者所处的文化环境（Culture Environment）在购买行为中所起的作用。在特定社会中成长的人会从家庭及其他重要组织那里学到基本价值观、对事物的理解、愿望和行为。每个群体或者社会都有自己的文化，而且文化对购买行为的影响在不同的群体或社会间差异很大，营销活动如果不针对这些差异进行调整就会没有效果，甚至会出现失误。文化因素在消费领域的影响主要反映在传统、风俗习惯和价值观等方面。中国文化中对于家庭的重视、对于孝的强调深深影响我们的消费观念。如传统和风俗习惯对节日消费影响最大，酒店的旺季收入有很大一部分是由传统节日的习惯性消费贡献的，如我们所熟知的春节、中秋节、元宵节等，酒店会推出相应的节日促销活动。还有中国传统中极为重视的人生三件大事：结婚、生子、生日，一直以来都是酒店营销的重点。中国人的人情文化渗入商业活动中，又演绎出各种商务礼仪，这些消费多数都和酒店有关。因此，各地的酒店经营者只有对中国人传统的文化有认识，对当地的习俗有了解，才能真正把握目标顾客的需求。

（二）社会阶层

所有的社会都有某种形式的社会阶层结构。社会阶层是指特定社会中所划分的具有相对同质性和持久性的按等级排列的群体。社会阶层中每一阶层的成员具有类似的价值观、思维方式和行为方式。

社会阶层有以下几个特点：第一，同一社会阶层内的人，其行为要比来自两个不同社会阶层的人的行为更加相似。第二，人们以自己所处的社会阶层来判断各自在社会中占有的高低地位。第三，某人所处的社会阶层并非由一个变量决定，而是受到职业、财富、教育和价值观等多种变量的制约。第四，个人能够在一生中改变自己所处的阶层，既可以向高阶层迈进，也可以跌到低阶层。

各个阶层在消费过程中显示出不同的产品偏好和品牌偏好。如五星级及以上的酒店主要服务于高阶层的消费者，工薪阶层则会选择三星级以下价位的经济型酒店（图2–2）。

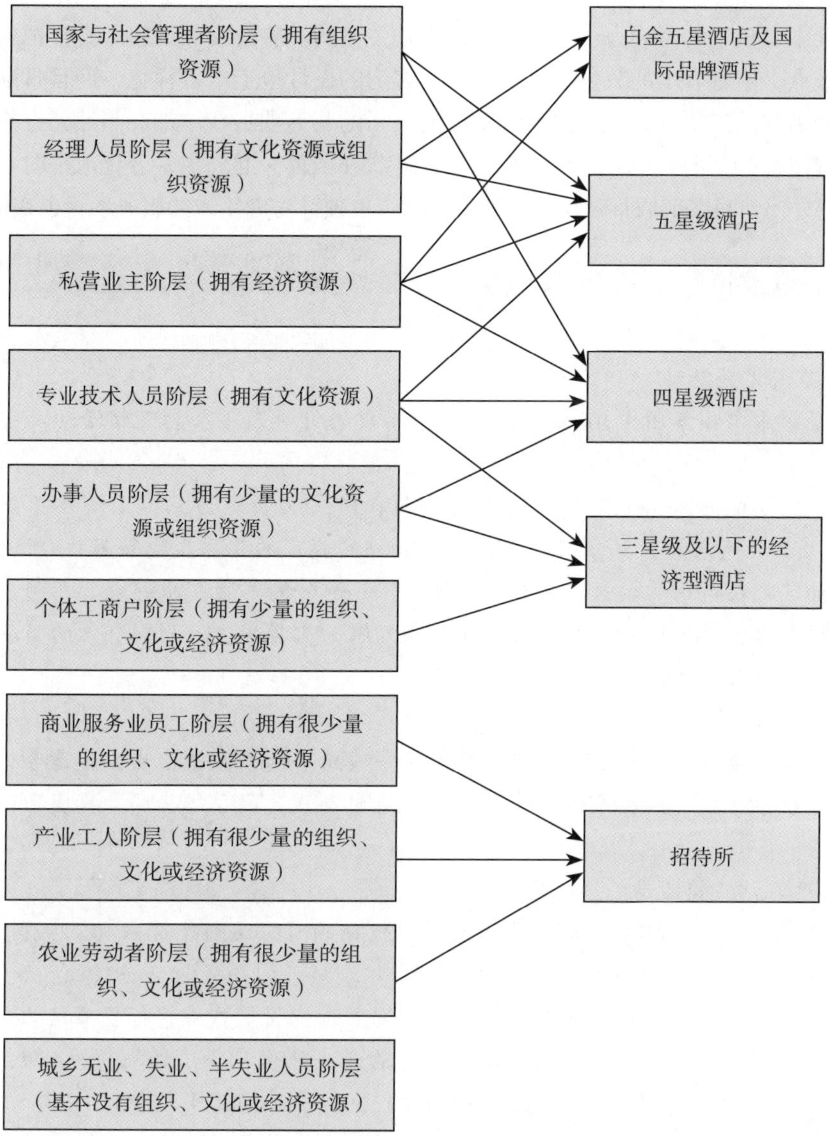

图2-2　当代中国十大社会阶层对酒店的需求

由于处于不同的社会阶层的消费者的社会地位、经济基础、价值观念和生活方式等有所不同，他们反映出不同的消费需求和购买行为。社会阶层的划分是通过综合衡量职业、收入、教育和财富等变量形成的，其分层不是那么固定和严格，相邻阶层间的界限比较模糊。酒店的营销者首先应明确谁是自己的目标顾客，通过对社会阶层分析，会让酒店对目标顾客的需求把握更为准确。

（三）家庭

家庭是指一个由两个或两个以上的相关的人构成的家户单位，其中一人（户主）拥有或租住他们的住房。家庭是社会的一个基本组织单位，它对其成员消费者的影响最深远、最持久。人们的价值观、生活习惯、思维方式等基本都是在家庭的影响中形成的。家庭对消费者的购买行为的影响是显著的。在中国，由于计划生育政策的实施，一般家庭中都只有一个孩子，所以中国家庭决策中，孩子的影响力不容忽视，甚至是关键的。旅游度假酒店一直都把家庭旅游者看成是服务的重点，家庭客房的数量在增加，家庭客房的设计也追求多样化，而且日渐把孩子的需求看成是一种独立的需求，针对不同年龄阶段的孩子的服务项目在增加。当然，近年中国家庭旅游需求也呈现出一些新的特征，如从以往的老人喜欢和子孙一起外出，分化成平时老人们喜欢和其他老人结伴外出，只在节假日时与家人外出，酒店单独针对老年人的服务项目也在增加。

【阅读资料】

—— 希尔顿饭店针对家庭的营销活动 ——

1. 银发旅游促销活动

这是一项由希尔顿集团中400多家饭店共同推出的针对老年人的促销活动，旨在吸引这一巨大的细分市场。

参加这项活动的老人必须先入会，成为会员，一年会员费为55美元，终身会员一次交纳290美元。会员客人可享受25% ～50%的房价折扣，到指定的餐厅用晚餐可打8折。此外还有其他的优待，如定期获得由希尔顿荣誉会（Hilton honors）编写的"旅游者"新闻，了解有关信息，配偶免费获得会员资格，特别推出入住二人只收一人费用，可用同样低的折扣为亲朋订第二间房，专门的登记区域，迟结账待遇等。

2. 周末度假促销活动

这项促销活动是希尔顿集团自1987年推出的一项周末度假促销活动，是迄今为止颇为成功的促销项目。推出初期，只在希尔顿较低档的饭店内实施，由于经营成功，现已遍及高中低各档希尔顿饭店。

3. 家庭度假站促销活动

这项20世纪90年代由希尔顿集团推出的家庭促销项目，运行十分成功。从当初的8家饭店扩展到今日90家饭店实施这一项目。其出发点是"让孩子们高兴"，通过深受孩子欢迎的举措吸引家庭客，如提供欢迎礼品、免费使用玩具、设置儿童菜单等。推行此项目的饭店专门进行装修改造，设立度假站满足家庭客的活动需求。为此，他们花费了促销费的25%，一般小型饭店（约200间房）花费2000美元/年，大型饭店（1500～3000间房）花费10000美元/年建立度假站。该项目的成功之处还在于希尔顿集团在加大促销力度的同时，还加强饭店员工在如何更好地为家庭顾客提供服务方面的专业培训。

（四）个人因素

一生之中，不同年龄阶段的消费者对商品和服务的需求是不同的。儿童消费者偏爱糖果和玩具等消费品，需要看护、幼儿教育等服务；中年消费者则是住房、汽车等商品的追随者；保健品的购买者或使用者主要是老年人。

一般来说，家庭生命周期分为以下几个阶段。

（1）单身阶段　处于单身阶段的消费者一般比较年轻，几乎没有经济负担，可随意支配的收入较多，消费观念紧跟潮流，注重娱乐产品和基本的生活必需品的消费。这一阶段的消费者是节日期间酒店餐饮消费、娱乐消费的目标顾客。

（2）新婚阶段　新婚夫妇一般具有双份收入，而且有来自家长的经济支持，经济状况较好，具有比较大的需求和比较强的购买力。这一阶段的消费者是酒店宴会消费、节日餐饮消费、娱乐消费的目标顾客。

（3）满巢阶段Ⅰ　指最小的孩子在6岁以下的家庭。由于孩子的出生，家庭生活方式和消费方式较以前发生了很大变化。孩子需要照顾，家庭收入相应减少，而支出却会增多，所以家庭的购买行为趋向理性，购买的产品和服务以为孩子服务为中心。

（4）满巢阶段Ⅱ　指最小的孩子在6岁以上的家庭。由于孩子已经开始上学，消费者的收入会因家长恢复工作而较以前有所增加。此阶段的家庭消费比较慎重，较少受到广告的影响，倾向于购买大规格包装的产品，购买取向仍以孩子为中心，除了必要的生活支出外，教育服务产品的购买比重加大。

（5）满巢阶段Ⅲ　指夫妇已经上了年纪但是有未成年的子女需要抚养的家庭。处于这一阶段的家庭经济状况尚可，消费习惯稳定，可能购买富余的耐用消费品。

（6）空巢阶段Ⅰ　指子女已经成年并且独立生活，但是家长还在工作的家庭。处于这一阶段的消费者经济状况最好，可能购买娱乐品和奢侈品，对新产品不感兴趣，也很少受到广告的影响。

（7）空巢阶段Ⅱ　指子女独立生活，家长退休的家庭。处于这一阶段的消费者收入大幅度减少，消费更趋谨慎，倾向于购买有益健康的产品。

（8）鳏寡阶段　夫妇中一方已经去世，家庭进入解体阶段，消费者退休或仍在工作，经济收入减少，对医疗、保健和社会服务的需求较大。

三、酒店消费者购买行为类型

（一）复杂的购买行为

当消费者购买一件贵重的、不经常购买的、有风险而且意义重大的产品时，由于产品品牌差异较大，消费者对产品缺乏了解，因而需要一个介入程度较高的学习过程，来广泛了解产品性能和特点，从而对产品产生某种信念，然后逐步形成态度，接着对产品产生喜好，最后做出慎重的购买选择，这就是复杂的购买行为。例如，中国人外出旅游度假是近十年在经济发展、收入增长的情况下才逐渐形成的。对于那些首次外出旅游的人来说，之前的决定是需要反复思量的，很多人都会把旅游看成是浪费钱的事，但是当越来越多身边的人都外出旅游，回来后把旅游经历作为茶余饭后的谈资时，人们对旅游的看法就从浪费钱的事变成是值得炫耀的和面子有关的事情，到现在，旅游已经成为一种习惯和对生活的态度。

因此，营销者应采取有效措施帮助消费者了解产品的各种属性、各种属性的相对重要程度以及本酒店品牌的较重要属性的声望；营销者还必须注意运用多种信息沟通手段来突出本酒店品牌的这些特征，介绍产品的优势及其能给购买者带来的利益，从而影响购买者的最终选择。中国的酒店业经过多年的发展后，各档次酒店的数量都有了快速的增长，在此过程中，同档次的酒店之间的差异越来越小，因此各酒店越来越需要通过品牌化的特征来强化各自酒店在顾客心中的印象，以产生差异化竞争优势，否则很容易陷入恶性的价格竞争中。

（二）习惯性购买行为

如果消费者对所购买的产品是低度介入并且认为各品牌之间没有什么显著的差异，就会产生习惯性购买行为。习惯性购买行为是指消费者并没有深入的收集信息、评价品牌，对决定购买什么品牌并不重视，他们只会被动地接受信息，不会真正形成对某一品牌的态度，之所以选择某一品牌，仅仅是因为熟悉，在购买行为完成后，可能会评价产品，也可能不评价产品。消费者对大多数价格低廉、经常购买的产品的购买行为就是习惯性购买行为。例如，对价格较为敏感的消费者需要外出住酒店时，会在几家经济型连锁酒店如家、7天、汉庭等之间进行选择。

对于习惯性的购买行为，营销者应该采用各种策略提高酒店或品牌的知名度，加深消费者对其产品的熟悉程度。在习惯性购买行为中，消费者不主动收集信息，也不评估品牌，他们被动接受信息，然后根据这些信息所建立的对品牌的熟悉程度做出购买决策，因此酒店必须采用广告、显著的广告牌、积极的公关等手段来增强消费者对该品牌的熟悉程度，促成消费者的购买行为。

（三）寻求多样化的购买行为

有些产品品牌差异明显，但消费者并不愿意花较多时间进行选择和评估，而是不断变换所购买产品的品牌，这称为寻求多样化的购买行为。消费者这样做并不是因为对产品不满意，而是为了寻求多样化。

针对这种购买行为类型，市场领导者品牌可以采用销售促进、会员制（积分）、多渠道购买（如网络、旅行社等）以及提示性的频繁广告来引导消费者产生习惯性的购买行为。对于挑战者的新品牌则可通过低价、优惠、赠券、免费早餐以及强调试用新产品的促销活动来鼓励寻求变化的购买行为。

（四）减少失调的购买行为

有些产品品牌差异不大，价格相对较高，消费者不经常购买，购买要冒一定风险，使消费者参与购买程度较高。这时消费者会到处观察并比较哪里可以买到产品，但由于品牌差异不明显，购买会比较迅速，购买者此时主要关心的可能是价格是否合适和购买是否方便。

但是，消费者购买后可能会有心理不平衡的感觉，在使用过程中会了解更多情况，并寻求种种理由来减轻、化解这种不平衡的感觉，力图证明自己的购买决策是正确的。经过由不平衡到平衡的过程，消费者会有一系列的心理变化。针对这种购买行为类型，营销者应注意运用价格策略、分销策略和人员推销策略，并且营销沟通的目标应该是尽力提供有助于购买者对自己所选品牌寻求心理平衡的信息和评价，使消费者在其购买后能相信自己做出了正确的决策。

任务3 酒店竞争环境和内部分析

一、中国酒店行业现状分析

（一）酒店的数量迅速扩大

自1980年开始，中国酒店业的产业规模成倍数地加速发展。酒店的供给量随着需求的扩大而快速增长。截至2015年1月1日，我国有限服务酒店总数已达到16375家，其中中端酒店936家，经济型酒店15439家，客房总数为1525,471间。

（二）分布呈三阶梯状态

中国酒店业发展水平在空间上呈现三阶梯状态：第一阶梯位于东部沿海地区，第二阶梯是中国的中部地带，第三阶梯是西部地带，整个态势是东多西少。其中五星级饭店排名前5位的城市分别是：北京、上海、广州、杭州、东莞（2014年数据）。

（三）供求关系由卖方主导的市场转向买方主导的市场

经济的活跃、旅游业的发展使更多的竞争者参与进中国的酒店业市场，加剧了酒店企业之间的竞争，导致了供求关系的变化。中国酒店的经营开始更多地关注消费者的需求。在酒店管理上，通过星级酒店的示范作用，从需求适应供给转变为供给适应需求。酒店业由供不应求的卖方市场向买方市场转变。由于过快地发展，相当一些地区近几年出现了供过于求的现象，企业之间的竞争更加激烈。酒店企业的经营者更加重视市场趋势和顾客的需求变化，这种理念和行为促进酒店企业进一步提高竞争力。

（四）计划经济的成本中心事业性运作模式转向市场经济的利润中心企业性运作模式

1980年以前，中国的酒店多属事业型招待所，酒店服务单一，只提供食宿两项服务。经营效益缺指标、服务缺标准，成本无核算，财务上实行统收统支、盈余自留、差额补贴的制度，并且没有上缴利税的义务；改革开放以后，外资进入，中国酒店管理机构推行一系列政策措施，促使各酒店转换经营机制，使中国酒店在短暂决策、管理体制、组织结构、工资分配、员工录用与奖励以及财务成本管理等方面进行了改革，开始实行自主经营、独立核算、自负盈亏的企业型管理制度。酒店企业以赢利为目的的市场竞争意识及其行为使整个酒店业发生了根本性的变化。

二、酒店竞争者分析

（一）明确酒店竞争者

酒店的竞争对手实际上就是酒店产品的替代者，即有与酒店相同或近似特点（如相同或相近的地区、酒店星级、顾客群、价格等）的酒店，在确定竞争对手的时候，常会出现这样的失误，即单纯地以星级或业务范围来作为判定依据，将同星级的酒店或业务范围类似的其他酒店都视为自己的竞争者。同样的三星级酒店，有的以旅游团队作为目标市场，有的以会议为主要目标市场，还有的则以商务散客市场为目标，分属于不同目标市场的酒店相互间不能成为直接竞争者。同样以会议市场作为目标市场，五星级酒店的会议市场划分与三星级酒店的会议市场划分又因为划分标准的差异而使目标市场有所不同。因此酒店产品的竞争对手范围应限定在同一或相近的目标市场中。

判断某一酒店的产品是否和本酒店的同类产品存在竞争，有一个简单的测试方法：在酒店降低产品价格时，观察对方的顾客是否转移过来，如果有，则说明对方是酒店的竞争对手，顾客转移得越多，则说明竞争程度越高，反之则较弱。确定竞争对手之后，酒店必须采取多种渠道收集竞争对手产品的有关信息，了解目标市场上的竞争对手向顾客提供何种产品，其质量、数量、价格、特色等方面与本酒店同类产品比较有哪些优势和不足，从而明确竞争对手的产品定位情况。

（二）选择竞争优势

酒店对目标市场内的竞争对手及其产品进行了细致深入的调查和优势分析，发现本酒店优势所在，这些优势就是酒店产品定位的主要基础。酒店可能会面对多种竞争优势并存的情况，此时强调所有的优势并不可取，因为那样有时会给顾客留下“王婆卖瓜”的感觉，而且，信息过多反倒失去重点，不利于加深顾客的印象。因此，酒店应当运用一定的方法，在众多竞争优势中进行取舍，评估和选择出最适合本酒店的优势项目，并以此初步确定酒店产品在目标市场上的位置。要对目标市场进行宣传、沟通时，酒店要尽量避免因宣传不当在公众中造成误解，影响酒店优势的发挥。例如，传播给公众的定位过低，不能显示自己的特色；或定位过高，不符合实际情况，误导顾客认为酒店只经营高档、高价产品；或是定位含糊不清，无法在顾客中形成统一明确的认识。

（三）针对竞争对手特点调整产品定位

顾客对于酒店及其产品的认识并非一成不变，产品的定位即使很恰当，在遇到下列情况时也会发生偏差：目标市场中的竞争对手推出新产品，定位于本酒店产品附近，侵占了本酒店产品的部分市场，致使本酒店产品的市场份额有所下降，顾客的喜好发生了变化，使得对本酒店产品的偏爱转移到竞争对手的某些产品上去。当遇到上述情况时，酒店应根据变化，采取具体的措施，对本酒店产品进行定位调整甚至重新定位。酒店应将收、支两方面的预测进行认真的逐一比较，权衡利弊得失，然后再决定是否将本酒店产品定位在新的位置上，避免因仓促调整，造成得不偿失的局面。

三、酒店市场营销机会风险分析

（一）SWOT分析

SWOT［S——优势（Strengths），W——劣势（Weakness），O——机会（Opportunities），T——威胁（Threats）］分析就是酒店在选择战略时，对该酒店内部的优劣势和外部环境的机会与风险进行综合分析，据以对备选战略方案作出系统评价，最终达到选出一种适宜战略的目的。

SWOT分析的做法是：针对某一酒店，依据酒店方针列出对该酒店发展有重大影响的内部与外部环境因素，继而确定标准，对这些因素进行评价，判定是优势还是劣势，是机会还是风险。

任何酒店的营销活动都是在一定的营销环境下进行的，市场营销环境及其变化对酒店来说是不可控的。营销环境的变化既能给酒店发展带来机会，又会给酒店发展造成威胁。酒店市场机会是指某些环境因素的变化给酒店市场营销带来或可能带来有利的条件和时机。酒店市场威胁是指某些环境因素的变化给酒店市场营销造成或可能造成的压力与危害。因此，酒店要想求得生存与发展，必须时刻关注环境变化，并在对环境进行正确分析、评价的基础上采取合适的对策。

构成某一酒店营销环境的诸因素及其变化，有的可能给酒店带来市场机会，有的可能给酒店带来市场威胁。在这些市场机会和威胁中，各种机会的大小不同，各种威胁的程度也各异，并且它们出现的可能性也不相同。酒店必须对市场营销环境提供的机会和带来的威胁进行全面地分析、评价。

（1）优势（S）是指一个酒店所具有的核心价值，是其超越竞争对手的能力，也是酒店所特有的能提高竞争力的东西。它可以是以下几方面。

①技术技能优势：独特的生产技术，低成本生产方法，领先的革新能力，雄厚的技术实力，完善的质量控制体系，丰富的营销经验，上乘的客户服务，卓越的大规模采购技能。

②有形资产优势：吸引人的不动产地点，充足的资金，完备的资料信息。

③无形资产优势：优秀的品牌形象，良好的商业信用，积极进取的公司文化。

④人力资源优势：关键领域拥有专长的职员，积极上进的职员，很强的组织学习能力，丰富的经验。

⑤组织体系优势：高质量的控制体系，完善的信息管理系统，忠诚的客户群，强大的融资能力。

⑥竞争能力优势：产品开发周期短，强大的经销商网络，与供应商良好的伙伴关系，对市场环境变化的灵敏反应，市场份额的领导地位。

（2）劣势（W）是指一个酒店没有的先天缺少的东西或者条件。而这个条件会导致酒店处于不利位置。它可以是以下几方面。

①缺乏具有竞争力的技能技术。

②缺乏有竞争力的有形资产、无形资产、人力资源、组织资产。

③关键领域里的竞争能力正在丧失。

（3）机会（O）是指外部环境的变化而导致酒店有着进一步发展壮大的机会。如果酒店抓住机会，整合酒店内部有利因素，将使酒店获得更大的成功。一般一个酒店会面临比较多的机会，这就需要企业管理者认真分析，结合自身的条件，抓住最大的潜在机会。它可以是以下几方面。

①客户群的扩大趋势或产品细分市场。

②技能技术向新产品新业务转移，为更大客户群服务。

③前向或后向整合。

④市场进入壁垒降低。

⑤获得并购竞争对手的能力。

⑥市场需求增长强劲，可快速扩张。

⑦出现向其他地理区域扩张，扩大市场份额的机会。

（4）威胁（T）是指在酒店的外部环境的改变，带来对酒店负面影响的变化及因素。酒店管理者应当及时确认这些负面因素，并做出相应措施来抵消或减轻它们所产生的影响。它可以是以下几方面。

①出现将进入市场的强大的新竞争对手。

②替代品抢占酒店销售额。

③主要产品市场增长率下降。

④汇率和外贸政策的不利变动。

⑤人口特征，社会消费方式的不利变动。

⑥客户或供应商的谈判能力提高。

⑦市场需求减少。

⑧容易受到经济萧条和业务周期的冲击。

（二）市场机会与威胁中的酒店对策

1．市场机会中的酒店对策

（1）及时利用对策　当市场机会出现时，酒店马上通过自身可控因素的调整，为目标市场提供产品或服务，以充分利用。

（2）准备条件、适时利用对策　对在一定时间内不会发生变化的市场机会，而酒店目前各种条件又暂不具备时，积极准备条件，待各方面条件成熟后，再利用。

（3）放弃机会对策　酒店对即使通过自身努力也无法取得理想效果的市场机会，若做不如不做，便主动放弃，另觅他径。

2．市场威胁中的酒店对策

（1）反抗对策　又称正面对抗或促变对策，是指酒店通过各种手段扭转不利的环境或限制不利环境的发展。如酒店联合起来要求取消不利于酒店发展的某项法令、政策等。

（2）减轻对策　又称改良市场营销组织对策，指酒店适应环境的变化要求，通过调整自身市场营销组合来适应环境，以减轻环境威胁的程度。如酒店适应环保的要求，开展绿色营销、创建绿色酒店活动。

（3）转移对策　又称改变市场营销组合对策，指酒店遇到不可逆转的市场威胁，果断地主动将投资转移到其他有利的行业或市场上去，或实行多元化经营等。

【阅读资料】

— 胡升阳：2015年中国连锁饭店投资发展现状 —

由国家商务部和国际饭店与餐馆协会支持、中国饭店协会主办的“航母级”年度盛会——第四届中国饭店产业发展大会暨中国饭店文化节，于2015年4月22日在北京京西宾馆盛大开幕。会上，上海盈蝶酒店管理咨询有限公司总经理胡升阳就“2015年中国连锁饭店投资与发展”作了精彩演讲。

以下为文字实录——

首先，简单解释一下我们这份报告的来源和我们的分析架构。因为技术的原因，高科技互联网+确实很好，但是有一个特征，就是不稳定，我们酒店经常用互联网的思维做某件事情的时候，可能会受到客户的投诉，比如说突然房门打不开了，我们的客户会出现投诉，或者会出现比较激动的情绪，这是高科技产品，这个行业给我们带来机会的同时，也给我们行业造成了混乱，或者骚动！

我想现在更多的人在谈互联网+，但是我想用一个新的名词跟大家做一个交流，对传统行业来说，可能需要的是传统行业+互联网思维，而不是互联网+，这是我的观点。因为最近一年以来，我见到民俗酒店行业的老总、市场营销总经理和IT部门总监，大家谈的问题基本可以称作互联网焦虑综合征，看整个行业都在做互联网，我们不做怕被淘汰，但是我表达了一下我个人的观点，当然个人观点与报告无关。在现在的社会里，我们的用户已经发生了改变，包括结构消费的习惯，但是有一个本质没有变，那就是服务业的本质——酒店必须是产品好、服务好、质量好。餐饮必须是好吃，而不是说你用哪个思维把你很烂的产品推销出去，稻草都能说变成金条，这是在互联网来临的时候大家都应该去思考的问题。

前一段时间，我转发了一篇文章，我顺便把这篇文章转给了我们的同行，他的工厂一年有1500万件衬衣的产量，但是他自己本人没有进过采购的工厂和生产车间，而如今他会重点关心它的采购，他会去每个厂家，关心每个品类的面料。对每一个酒店来说，如果靠品牌和市场驱动，我们这个品牌可能有很大的问题，因为酒店的本质是客户的体验。而在酒店中，体验互联网就是可以免费上网，这个是互联网这个行业在我们餐饮行业中比较匹配的信息。对我们的客户来说，第一个核心需求能够上网，第二个核心需求在洗手间、写字台都可以充电！57%的客户认为酒店可以快速上网，52%的客户需要可以快速充电！奉劝酒店人，千万不要得互联网焦虑综合征。

其次，你要了解整个行业发生了什么，得到了什么。今天在座的各位中从事餐饮行业的比较多，互联网影响了我们整个酒店和餐饮行业。我简单阐述一下我个人的观点，互联网确实很快，今天上团购的频道，晚上就有客人入住，但是改变不了这家酒店处于倒闭边缘的现实，如果本来这个产品有问题，互联网能够给你带来很多的客人，延缓倒闭三个月，但是无法解决最实际的问题。互联网会加速酒店业和餐饮企业的发展，但是团购是促销的方法而不是营销的渠道。如果我们的酒店或者我们的餐饮企业把团购当作营销渠道，市场总监以这个观点向老板汇报，老板可能就会不用你了！

我们整个报告是品牌排行榜，从这份报告中，我们可以看出很多东西。

第一、我们可以看到中国酒店经历过30年发展，规模上出现了很大的变化。规模排名第一的集团是如家，经过短短几年的时间做了将近30万间客房，2600家酒店。同样的发展，我们中国用15年时间完成，在国外可能需要50年、70年时间完成，主要是中国市场发展比较强劲。第二名是锦江国际酒店集团，第三名是华住酒店集团。除了前10强，后面还有50强，后面50强只有40%是经济型酒店，剩下的都是高端的。我们再看看高端的排行榜，在高端的排行榜里我们发现一个规律，中国高端酒店50强里经济型有18强，在高端排行榜中占比很高。高端经济型酒店里以地产驱动为主的酒店，在中国酒店行业是很难做到暴利的。通过这个排行榜，假设你回去准备做连锁酒店这个行业，通过3年时间做了30家店，你肯定能进入中国饭店业前50强！

第二、中国本土酒店品牌在二三线城市的发展挑战与机遇并存。在中国的外资酒店里，洲际在中国发展的速度也很快，基本占70%的量。我也发表一下我个人的观点，我跟很多外资酒店老总聊的时候都谈到过这个观点。外资五星级酒店控制了外资品牌50%的市场份额，内资经济型酒店品牌控制了中档偏下端酒店中60%的市场份额，特别是在二三四线城市，外资酒店可能会出现偏差，因为年收入要交18%的管理费。外资在三四线城市给我们中国的酒店带来挑战，但是外资管理酒店公司品牌在二三线城市发展不具备优势，这是我们民俗酒店品牌的机会。如果委托给外资去管，管不好，所以我一直看好我们中国二三四线城市。

第三、中档酒店市场需要积累品牌，而非盲目扩张。从中档酒店排行榜统计来看，中档酒店到今天为止已经开展了700家店，中档市场需要积累品牌，在高端酒店往下走的时候会和中档酒店狭路相逢。中国经济型连锁酒店品牌规模10强排行榜，第一名和第四名相差10倍，第一名占领市场份额应该是15%以上，第一名是第二名的近4倍，所以经济型酒店里会出现大的越大，小的越小的状况。

【项目实践应用】

1. 学生分组对当地不同等级酒店的营销环境进行分析。

2. 以本校学生为对象，分析该消费群体的消费行为特征，并由老师组织大家进行讨论。

3. 同学以小组为单位，调查本地不同星级档次酒店的数量，并同时搜集当地的酒店需求统计数字，完成当地酒店竞争情况分析，并完成调查报告。

【拓展阅读】

1. 建议阅读书籍

（1）菲利普·科特勒（Phillip Kotler）. 旅游市场营销［M］. 大连：东北财经大学出版社，2006.

（2）菲利普·科特勒（Phillip Kotler）. 营销管理［M］. 上海：上海人民出版社，2005.

（3）刘明会. 饭店营销技巧［M］. 北京：中国劳动社会保障出版社，2005.

（4）郑红. 现代酒店市场营销［M］. 广州：广东旅游出版社，2007.

（5）洪涛. 饭店管理实务［M］. 南京：东南大学出版社，2007.

2. 建议阅读文章

（1）李渊. 我国酒店业市场现状及营销对策的研究［J］. 民办教育，2007（1）.

（2）陈振东. 浅谈欧洲酒店业营销特点［J］. 人力资源管理：学术版，2009（9）.

（3）马爱华. 饭店业营销的几点思考［J］. 河南理工大学学报，2004（4）.

（4）金怀玉. 当前我国酒店营销的现状、问题及对策［J］. 生产力研究，2007,（7）.

项目三

酒店目标市场的调研与选择

项目学习目标

掌握酒店市场调研的方式和方法，进行有效的市场调研分析，系统了解市场需求；通过酒店细分最终确定酒店营销目标市场并根据酒店的资源状况做出准确的定位。

本项目让学生掌握从宏观、微观两个方面去分析酒店业的市场环境，为后续项目打下基础。

项目学习任务

1. 了解酒店业市场调查的方法
2. 掌握酒店市场细分的依据，并进行有效的市场细分
3. 掌握酒店目标市场选择的策略
4. 能够运用正确的方法为不同类型、档次的酒店做市场定位

重点概念

酒店市场调查　酒店市场细分　无差异目标市场策略　差异目标市场策略

集中目标市场策略　避强定位策略　迎头定位策略

【案例导入】

—— 削价竞争还是服务竞争？——

我国西部某一县城，近年来旅游业发展迅速。2000年，这里规划重点发展旅游业时，只有几家普通旅馆和招待所，仅有的两家宾馆也够不上星级。2002年情况大不一样，由于航线畅通，景点建设有吸引力，国内外游客每年超过200万人次，以接待国外和国内较高层次的游客为主。无奈宾馆、酒店发展速度更快，不仅房间数超过1万，床位数超过2.5万，1～3星级宾馆、酒店也达9家。在开房率下降、竞争激烈的情况下，刚投入运营的三星级红太阳大酒店面临着严峻的选择：是卷入新一轮的价格战，还是办出特色。

红太阳大酒店的王经理曾经在省城管理过两家星级酒店，有丰富的实战经验。他的主张是：削价竞争决非良策，要良性发展必须突出自身的特色，以分外整洁的环境、周到的服务让中外游客都承认这是一家名副其实的三星级酒店。

王经理在办公会议上强调，当地酒店业竞争过度，平均开房率不到40%，靠削价竞争难以消除这种环境威胁。但是，在全部客源中，国外游客约占15%，年达30万人次；国内游客要求住三星级酒店者（包括会议），也不低于此数。这样，星级酒店经营得好，客源不向低档店分流，开房率可达50%左右。而且三星级酒店全城仅有三家，威胁与机会并存，关键在于如何把握住机会。

在王经理的主持下，又一次办公会议批准了营销部的计划书，要点如下。

（1）优化客源结构　重点是发展团队市场，争取新签一批订房协议。

（2）加强横向联合　主要是密切与省内外声誉好的旅行社和省内两个客源量大的城市的主要宾馆、酒店协作。

（3）加强内部管理　在激励员工、提高士气的基础上，彻底整治所有服务场所和客房的清洁卫生，并建立健全各项规章制度，要求格外整洁并经常化，全体服务人员必须热情周到为顾客提供各项服务。

（4）严控价格折扣　在批准的客房定价基础上，除每年有4个月的淡季折扣和大型会议适当折扣外，严格控制任意降价的做法。

任务1　调研和预测市场需求

一、市场调研定义

市场调研是指酒店为了达到特定的经营目标，而运用科学的方法和通过各种途径、手段去收集、整理和分析研究有关市场营销方面的信息，从而掌握市场的现状及其发展趋势，以便为酒店的决策提供参考依据的一种活动。

二、酒店市场调查的分类及内容

（一）按调研的深度或目的不同划分

（1）探测性调研　其目的是发现问题并提出问题，以便确定调研的重点。

（2）描述性调研　它是对已经找出的问题作如实的反映和具体的回答。描述性调研比探测性调研更深入精细，但也只是针对问题，而不是原因。

（3）因果性调研　因果性调查回答的是“为什么”的问题。

表3-1　三类营销调研比较

项　目	探测性调研	描述性调研	因果性调研
调研目的	发现存在的是什么问题	明确存在的问题是什么状况	发现问题产生的原因
适用方法	观察法	询问法	实验法
适用阶段	初步调查	正式调查	追踪调查与深入调查

（4）预测性调研　是指在经过调查研究的基础上，对市场的发展趋势及其未来变化形态、变化原因、变化时序进行估算、预测。其着眼于市场现象的未来，对酒店制订有效的经营计划，使酒店避免较大风险和损失，有特别重要的作用。预测性调查回答的是“将来怎么样”的问题。如市场的潜在需求、市场销售量的变化、消费者购买行为变化趋势等。

（二）按调研方法分类

（1）定性调研　所获得的结果是对被调查事物的性质的描述，它获取资料的途径都是以行为科学为基础的，在调查动机、态度、信仰、倾向等方面特别有用。

（2）定量调研　基于数量分析，它通过获取样本的定量资料得出样本的某些数字特征，并根据它推断出总体的数字特征。

（3）与定量调研相比，定性调研具有的优点如下。

①定性调研通常比定量调研成本低。

②除了定性调研以外，没有更好的方法能了解消费者内心深处的动机和感觉等这些复杂的、无法量化的因素。

③定性调研可以为定量调研指明调研的方向，提高定量的效率。

（4）定性调研的局限性

①由于它所调研的样本容量较小，所以调研结果的准确性值得怀疑。

②由于定性调研并没有使用严谨的数理统计方法，调研结果的主观性、随意性大。

③不同的调研者使用同样的调研程序对同一目标进行调研，所得到的结果可能会有较大的差距，很难形成一个衡量调研结果质量的统一标准。

三、酒店市场调查方法

（一）定性调查法

1. 小组座谈会

小组座谈会（Focus Group），是市场调查中经常采用的一种定性的调查方法，由8 ~ 12人为一组在一名专业主持人的引导下对某个主题或者概念进行深入的讨论。小组座谈会通常是在设有单透镜和监听装置的会议室完成的。小组座谈会的调查目的在于了解被访问者对某一种产品、概念、想法或者组织的看法，从而获取对有关问题的深入了解。小组座谈会通常用于解决一些了解消费者行为、需求和态度的问题，所获得的结果是定性的。同时，它也是在定量调查之前必要的步骤之一，小组座谈会的一些结果可以作为定量调查问卷设计的基础。

2. 深度访谈（In-depth interview）

深度访谈是市场调查中最常使用的一种定性调查方法，它的原意是访问者与被访问者相对无限制的一对一会谈。在市场调查领域中的深度访谈是指调查者对被调查者的一种无结构的、直接的、个人的访问。一个技巧熟练的访问员应经过在刺探和诱导方面的严格培训，通过深入地访谈被访者，以揭示某一问题的潜在动机、信念、态度和感情。比较常用的技术有阶梯前进、隐蔽问题寻探和象征性分析。

相对定性调查的另一种方法——小组座谈会来说，深度访谈具有以下的优势。

（1）消除了被访问者的群体压力，因而每个被访问者会提供更真实的信息。

（2）一对一的交流使被访问者感到自己是关注的焦点，更容易与访问者进行感情上的交流与互动。

（3）在单个个体上的交流时间较多，这可以鼓励他们提供更新更多的信息。

（4）可以更深入地揭示隐藏在表面陈述下的感受和动机。

（5）因为不需要保持群体秩序，所用更容易临场发挥。

（6）在一些情况下，深度访谈是唯一获取信息的方法，如竞争者之间的调查和有利益冲突的群体之间的调查等。

深度访谈存在以下方面的不足。

（1）相对成本较高。

（2）调查速度较慢，每天完成的调查样本量较少。

（3）相对访问时间较长，可能会影响访问者和被访问者的情绪。

（4）相对拒访率较高，即成功率较低。

3. 专家意见法（也称德尔菲法，Delphi Method）

专家意见法也是一种常用的市场调查定性方法，它是20世纪60年代由美国兰德公司引进的。专家意见法是采用函询或现场深度访问的方式，反复征求专家意见，经过客观分析和多次征询，逐步使各种不同意见趋于一致。一般要通过几轮征询，才能达到目的。这种专家征询意见的方法，能够真实地反映专家们的意见，并能给决策者提供很多事先没有考虑到的丰富的信息。同时，不同领域的专家可以提供不同侧面极有价值的意见，为决策者决策提供充分依据。

4. 投影技法

在深度访谈中经常会结合使用投影技法。摄影技法（PTM）来源于临床心理学，投影测试旨在通过一种无结构、非直接的询问方式，激励被访者将他们隐藏在内心深处的潜在动机、态度和情感进行真实的表达。实际上，投影技法是穿透人的心理防御机制，使真正的情感和态度浮现出来的一种技术。一般做法是，访问者给被访问者一个无限制的并且是模糊的情景，并要求被访问者作出反应。由于情景模糊，因此被访问者将做出的是根据自己偏好的回答。在理论上，被访问者将它的情感“投影”在无规定的刺激上，因此被访问者并不直接谈论自己，所以绕过了防御机制，在被访问者谈论其他事情或者其他人的同时，却透露了自己内心的情感。

5．观察调查法

与在被访问者面谈调查不同的是，观察调查法主要观察人们的行为、态度和情感。它是不通过提问或者交流而系统地记录人、物体或者事件的行为模式的过程。当事件发生时，运用观察技巧的市场研究员应见证并记录信息，或者根据以前的记录编辑整理证据。

（二）定量调查法

1．电话调查

电话调查既用于定性调查也用于定量调查中。电话调查是20世纪90年代最流行的市场调查技术方法。电话调查的应用范围通常包括：热点问题或突发性问题的快速调查、关于特定问题的消费者调查、针对特殊群体的调查等。

电话调查的优点很多，具体如下。

（1）电话调查的费用较低。

（2）电话调查可以获得高质量的访问样本。它可以各种黄页为依据，采用乱码表的抽样方式随机进行访问。

电话访问具有以下不足。

（1）只能在一定的范围使用，在有实物测试的情况下就不能使用电话调查。

（2）电话调查的被访问者不容易被甄别，因此电话调查的客观性较差。

（3）由于时间的限制，因此不适合复杂内容的调查。

2．神秘顾客（Mystery Customer）

神秘顾客是近年发展的一种新的调查方法。它是经过严格培训的调查员，在规定或指定的时间里扮演成顾客，对事先设计的一系列问题或者现象逐一进行评估或评定的一种调查方式。由于被检查或需要被评定的对象，事先无法识别或确认“神秘顾客”的身份，故该调查方式能真实、准确地反映客观存在的实际问题。酒店的管理层要了解酒店顾客满意度或者酒店的服务质量，最有效的方法就是这种神秘顾客调查法。其做法是由对酒店有深刻了解的调查者以普通顾客的身份亲自体验酒店的各个服务项目，在真实的消费环境中以专业的视角感知酒店与顾客接触的每一个真实时刻（Moment of Truth），并将其消费经历、感受、评价等以《顾客经历报告》的形式反馈给被调查酒店。

3．入户访问

到目前为止，许多调查公司仍然认为入户访问是一种十分有效的最佳访谈技术。它具有许多优点。

（1）可以直接得到反馈，可以对复杂的问题进行面对面的解释。

（2）访问质量较高，所获得的信息真实可靠，客观性强。

不足之处如下。

（1）在实际的商业访问中的使用率逐步降低。

（2）人口越来越少的家庭结构使得接受访问的对象也越来越少。

（3）社会治安情况的恶化使得入户的拒访率升高。

（4）尽管与其他方式相比，入户访问的问题回答率较高，但他们之间的差距在缩小。

4. 街上拦截访问

街上拦截访问通常被用于定量问卷调查的环节中，约占个人访问总量的三分之一。这种调查方法相对简单，超市、写字楼、街面、车站、停车场等公共场所均可以进行此种访问。

街上拦截访问优势如下。

（1）拦截访问的费用低于入户访问，这是最大优势，其主要原因是访问员大部分时间用于访问本身，而不像入户访问那样需要长时间寻找被访问者，从而提高了访问的效率。

（2）在直接面对访问者进行启发和运用专门问卷等方面具有同入户访问一样的优势。

不足之处如下。

（1）访问地对访问样本的代表性有一定的局限性。

（2）街头拦截访问的拒访比例较高。

5. 邮寄调查

邮寄调查通常有两种方式：留置问卷调查和固定样本邮寄调查。该调查技术应用范围包括：对时效性要求不高、样本框较齐全、调查内容较多、调查问题较敏感的项目。

（1）留置问卷调查　由调查员按面访方式找到被访者，说明调查目的和填写要求后，将问卷留置于被访者处，约定日期登门取回填好的问卷，或附上回邮信封要求被访者直接寄回。

（2）固定样本邮寄调查　事先抽取一个地区性或全国性的样本，征得样本中家庭或个人同意后，由调查机构向该固定样本中成员定期邮寄调查问卷，样本中成员将问卷按要求填好后，及时寄送回调查机构，为防止样本老化，应定期调整更新样本。

优点：邮寄调查是一种高效、方便和廉价的调查方法。它不需要对调查员进行挑选和培训，整个调查可以由一家机构完成，难以接近被访者的调查即可采用这种方式。

弱点：

（1）调查现场无访问员指导，辅助被访问者回答问题，因此限制了所获信息的类型及该技术的普遍推广。

（2）邮寄调查还存在拒访率高和系统误差大的缺陷，因此在现在调查中的使用越来越少。

6. 网上调查

网上调查方式是伴随互联网发展而出现的新的调查技术。这种技术同传统的调查方式相比具有以下几种优势。

（1）首先，这种技术具有节省问卷印制、邮寄和数据记录过程。

（2）可以提高回收的速度和扩大回收的样本量。

（3）节约调查的费用。

（4）在调查设计的视觉上可以吸引更多的人参与。

（5）不受地点限制，适合全球性调查。

网上调查同样具有如下不足之处。

（1）被调查者的分布不均匀，被调查人群有相对集中的现象。

（2）伴随着互联网安全性问题，网上调查也存在着安全性问题。

（3）由于互联网的开放性，被调查者资料的真实性受到质疑。

（4）无法避免可能出现重复问卷的问题。

四、酒店市场预测

（一）酒店市场预测的含义

酒店市场预测，就是在营销调研的基础上，运用科学的方法对决策者关心的市场变量的未来变化趋势及其可能水平做出估计与测算，是为决策提供依据的过程。它是预测科学的一个重要组成部分。

（二）市场预测的作用

（1）是引导酒店生产、满足消费者需求的重要手段。

（2）是酒店制订科学决策的重要依据。

（3）是增强酒店在市场中的应变能力和竞争能力的重要途径。

（4）是提高酒店经济效益的重要手段。

（三）市场需求预测步骤

酒店市场预测的步骤包括以下主要阶段：明确预测目标、收集和分析预测信息、建立预测模型、提出预测报告以及及时进行反馈（图3-1）。

图3-1　市场预测的程序

1．明确预测目标

酒店在进行市场预测的过程中要先明确预测的目标。必须搞清楚本次预测的要求是什么，要达到什么样的预测目的，通过预测要解决什么问题，只有这样才能使预测工作有的放矢。

2．收集和分析预测信息

酒店在进行市场预测的过程中，必须重视市场调研过程中对信息的收集和积累。市场营销预测人员只有在掌握了充分的信息资料的基础上进行市场预测，才可能具有科学性和指导性，否则，预测的结果将难以达到令决策者满意的效果。

3．建立预测模型

酒店进行市场预测需要借助管理者的经验判断、逻辑推理、数理统计、数学模型以及电脑的大量计算，建立一种预测过程中适合某个计算阶段的预测模型，从而进行科学的定量预测。

4．提出预测报告

酒店营销人员在完成对市场的主要预测过程之后，应该形成书面的预测报告，对预测过程和预测结果进行分析，并根据分析的结果为本酒店企业的市场营销活动提出富有建设性的方案。

5．及时进行反馈

当预测结果形成以后，一方面要根据预测结果指导本酒店的营销实践活动；另一方面要根据市场环境的变化对预测结果进行及时的修改。

五、市场预测方法

定性预测法是指酒店企业根据所掌握的营销调研资料和营销人员的主观经验，通过对预测目标性质的分析和推断，估计在未来一定时期内酒店市场变化趋势的一类预测方法的总称。该方法的核心是相关人员的主观判断，因此，该方法具有简单易行、花费较低，但受相关人员主观因素的影响较大、预测质量有时不高的特点。在市场预测实践中常使用的定性预测方法主要有以下几种。

（一）酒店营销人员意见预测法

由于酒店营销人员直接参与市场上的各种酒店营销活动，他们非常了解旅游酒店消费者和竞争对手的情况，对所在市场的需求变化了解比较透彻，因此，他们的意见具有较高的参考价值，但也存在营销人员从自身利益出发得出预测结论的问题。

应用这种方法，首先要组织一些对预测对象熟悉的人员，其次由这些人员提出各自的主观概率，最后求概率的平均值，即可得到事件可能发生的预测值。

（二）专家意见预测法

专家意见预测法又称德尔菲法，是在酒店市场营销预测中应用较为广泛的一种定性方法。该方法所选择的专家必须具有代表性，要求专家之间互不见面，专家人数一般控制在10～50人。专家意见预测法的主要过程如图3-2所示。

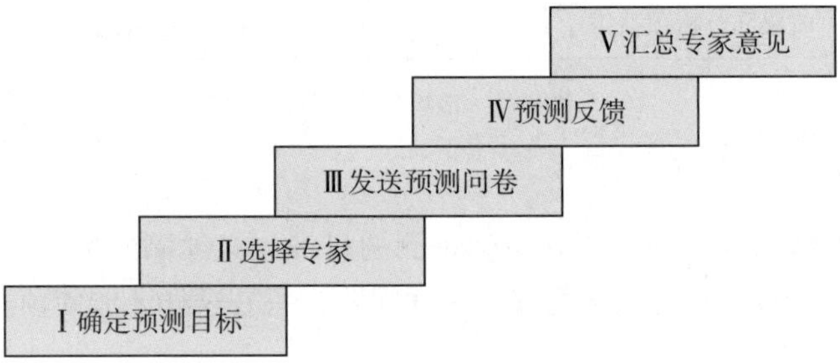

图3-2　专家意见预测法的主要过程

（1）确定预测目标　这是专家预测法首先要做的事情，其次要准备好有关的信息资料和征询专家意见的预测问卷，并且还应确定善于与专家打交道的专门人员来负责该工作。

（2）选择专家　选择具有代表性的专家参与预测，要求人数适当（10～50人），年龄结构及性别结构合理。

（3）发送预测问卷　问卷要介绍预测的目标、所要解决的问题和要求以及相关情况，并附有填表说明。要求专家根据提纲做出主观判断。

（4）预测反馈　请专家以不记名的形式在规定的时间内将预测表格或问卷寄回，由预测组织者统计汇总后将所得结果再反馈给专家，使他们有机会参考其他人的意见并对自己的预测作出修改。如果某位专家的意见与他人的预测相差较大而又坚持己见时，则需要其阐明理由。按照这种形式经过1至4轮征询专家意见后，预测结果一般可趋于集中。

（5）汇总专家意见　对众专家的预测结果进行处理得出预测结论，完成本次预测过程。

（三）酒店消费者意见预测法

喜来登酒店公司创始人欧内斯特·亨德森先生说过：“在旅馆经营方面，客人永远比经理更高明。”只有更好地了解酒店消费者的需求，才能更好地为顾客提供服务和改进服务。

酒店的市场预测从根本上说是估计顾客在一定的条件下将会购买什么产品和服务，因此，顾客才是酒店最有用的信息来源。在欧美旅游业发达的国家或地区，酒店通常用访问、座谈、电话、信函以及现场投票的方式对本酒店现实的或潜在的顾客进行调研，以了解被调查者的购买心理、购买特点和购买意图。

【阅读资料】

— 喜来登的闪电促销战术 —

1962年深秋的一天，位于波士顿60大街的喜来登饭店公司总部格外忙碌。雄心勃勃的董事长亨德森先生不顾65岁的高龄亲自主持管理高层的办公会议。引人注目的是除了公司主要骨干外，还有60多名来自各地的专职销售员也出席了会议。他们大多数刚刚走出机场，风尘仆仆，然而显得非常平静，毕竟对于这样的场面他们已经非常熟悉了，而且不用多问，就已经知道被召来总部的真正原因是亨德森先生收购了一家饭店，喜来登大家族里增添了新成员。亨德森先生是北美商界出了名的经营高手，被誉为最佳意义上的资本家。他最擅长看准机会，收购一些经营不善而富有潜力的饭店。买到手后，他再重新设计，更新和调整设备，改善经营，使旅馆本身增值，然后再看准高价出手。当然，这种看似简单的方法并不是每一个企业都可以效仿的。除了收购改造所需要的大量资金外，还要求高超的经营技巧，确保能使饭店增值。

喜来登饭店促销工作的成功是全球首屈一指的，有很多可圈可点之处。首先是长期一贯的高投入，每年光是美国境内本土的广告宣传费就超过4000万美元。特聘固定的广告公司长年服务。其次是举办多种有创意的促销活动，优惠常客的喜来登国际俱乐部活动，针对商务旅游者的喜来登公务旅行者计划（SET）、喜来登家庭旅行计划等，至于创立全球性的预订网络和率先设置无烟客房等举措则早已为酒店业界纷纷效仿。当然最卓有成效的还是著名的闪电促销战术。

这一次收购的新饭店是一家有200间客房、经营5年的汽车旅馆，设有可容纳60人的餐厅和100个座位的咖啡厅，能为120人提供服务的酒吧，还有一个能容纳500人的餐厅，而这个餐厅可以分割为三个容纳150人的会议厅，此外，还有一个由四个能容纳50人的小厅组成的大会议厅。新饭店还设有能提供许多娱乐设施的室内游泳池、室外网球场、四套豪华套房、十间行政办公室，以及可以停放250辆轿车的停车场。在喜来登集团接手以前，这座有一流设施的饭店已连续几年亏损，客房出租率连年滑坡，一度低于20%，餐厅、娱乐收入则更是每况愈下。举步维艰，回天无力的店主只好忍痛低价将它出售了。亨德森先生已经以低于建造成本的理想价格购得了这座富有潜质的饭店，在紧锣密鼓交接工作之后，由60多位销售员组成的销售小分队出发了，销售闪电战也拉开了帷幕。

首先是全面细致的市场调查。60多名经验丰富的销售员像蜜蜂一样钻进了新饭店所在的城市。他们马不停蹄，不知疲倦地走访、咨询，灵敏的触角伸进了城市的每一个角落，每天都有大量的市场信息源源不断地传送给设在饭店五楼的销售攻坚部，总部里干练的统计分析人员将这些信息汇总，最后整理出详尽完整的饭店市场分析报告。

1. 主要客源

（1）本地150家生意兴隆的轻工生产厂家，主要是改装修配厂和代理机构。

（2）三所主要的大学，即阿成工学院、医科大学和文法学院。

（3）经过饭店的全国州际公路出口处。

2. 客源消费规律

（1）星期一、二、三、四晚上生意不好，来客稀少，除非大学举行足球赛、毕业典礼或一些特殊事情发生。

（2）旺季集中在九月到来后，十二月圣诞节期间生意不多，夏季是明显的淡季。

（3）主要住店客人是出差到此的商务客人和当地的工人、大学办事人员。其次是学生的父母，到大学的一般来访者以及参加特殊活动的人，再次是少量过路人。

（4）在市场上占有率较高时期，食品和酒吧的生意主要来自住店的客人。住店商务会议举行宴会的生意也不错，大多是当地各工厂参加的会议。

（5）本地散客市场潜力大，但顾客普遍认为饭店客房价格过高，尤其是停车场每天五美元的收费让人难以接受。

（6）饭店的食品、娱乐项目根本没有打开本地市场，本地人在饭店举行婚宴或一日庆典的非常少。明确了市场形势以后，名下销售部被分成了六个小分队，受命在一个月的时间内迅速打开当地市场，获得尽可能多的会议宴会、庆典等活动的订单，并建立起覆盖全城的客源网络，确保饭店能获得占优势地位的市场份额，使饭店迅速上升为全城最好的饭店。六个小分队各由一名资深的区域销售经理带队，负责某个方面的攻关。

第一分队由科夫曼博士率领，专攻三所大学的市场。他们向各校的系主任寄出调查表，咨询他们对饭店的看法，以优厚的条件聘请他们成为饭店的销售代理人，并免费提供场地，邀请大学师生于周末在酒店组织一些专题研讨会，例如如何在证券市场上投资、学习如何打网球、政府的福利政策计划研讨等；同时鼓励学校前来举行各种校友集会、毕业庆典活动。

第二分队由德塞利女士主持，召集全城各工厂的女秘书、女经理聚会，建立秘书俱乐部和女经理俱乐部，为会员发放优惠金卡，并对她们揽来的业务进行积分奖励。全年度招揽业务最多者将获得最新款的福特跑车一辆。

第三、四分队由约翰逊先生统领，主攻本地的散客市场。他们将全城居民分为20个小片，每个销售员负责一个小片，并根据各片实际情况不同，确立相应的业务指标。销售员们八仙过海，各显神通，使出各自的看家本领，文质彬彬地进入了所有的居民小区，短短一个月时间，几乎走访了全城20万居民中的80%，并对其中约3000户居民进行跟踪推销，发放出至少一万张一次性优惠卡，并成功地接到了300多份预订单，足够餐饮部忙乎大半年了。

第五分队由斯特恩先生领衔，主要是协调与当地所有公司、公共机构的关系，并从中获取订单，发展建立起庞大的代理人网络。

第六分队由琼斯小姐负责，主要是处理与当地传媒和过境客户的关系，她们在支付了一笔可观的广告费用之后，获得了本地几大电视网的黄金时段的广告权，并且因此招来了全国几十家旅行机构的垂询。

一个月以后，喜来登的阿城饭店重新开张，顿时生意爆满，令所有竞争对手羡慕不已，然而笑得最开心的还是亨德森先生，这是他闪电促销战术的又一次胜利。

任务2 酒店营销的市场细分

一、酒店市场细分的概念

酒店市场细分是指酒店按照消费者在需求、爱好、购买动机、购买行为、购买能力等方面的差别或差异，把整体市场（全部消费者）划分为两个以上不同类型的消费者群，再把每种需要或愿望大体相同的消费者，归类成消费者群体（子市场）的求同存异的方法。

市场细分是20世纪50年代中期由美国著名市场学家温德尔·斯密（Wendell R. Smith）提出的新概念。这一概念的提出，表明战后西方市场营销思想和战略进入了一个新的阶段。市场细分和目标市场营销已成为企业市场营销战略的一个核心内容，是决定企业营销成败的一个关键性的问题。市场细分对酒店有重要的意义，概括地讲有以下三个方面。

（1）有利于发现和比较市场机会　通过市场细分过程，可以深入了解不同子市场中的消费者的不同需求，因此，更容易发现新的营销机会，从而形成新的目标市场。另外，还可比较不同细分市场（或子市场）中的需求情况和竞争者在各个细分市场中的地位，在充分了解竞争态势的前提下，确定自身适当的位置。

（2）有利于有效地分配人、财、物力　通过市场细分，使营销人员更清楚地知道各细分市场的消费者对不同营销措施和策略的反应及差异，据此对企业的人、财、物力全面分派和使用，不仅可以避免企业资源的浪费，而且可以使有限的资源用在最适当的地方，发挥最大的功效。

（3）有利于酒店自身的应变和调整　通过市场细分，酒店比较容易发现购买群体的反应，信息反馈快，因此，根据市场的变化调整产品结构、营销目标以提高酒店的应变能力。

二、市场细分的依据

由于年龄、性别、收入、社会地位、居住地区等因素的影响，不同的顾客会有不同的需求，这些不同的需求是酒店进行市场细分的依据，即“细分因素”。只有正确地选择细分因素，才能有效地细分酒店市场，为酒店找到理想的经营空间。在市场细分中，常用的依据是地理因素、人口因素、心理因素、行为因素、忠诚度因素和态度因素。

（一）地理细分

所谓地理细分，就是酒店按照顾客所在的地理位置以及其他地理因素（包括城市农村、地形气候、交通运输等）来细分顾客市场。地理细分简单明了，往往是进行市场细分的第一步。

由于处在不同地理位置的顾客对酒店的产品和服务有明显不同的偏好，他们对酒店的产品价格、分销渠道、广告宣传等有明显不同的反应。除此之外，市场潜能和成本费用也会因市场位置不同而有所差异，酒店应该选择那些本企业能最好地为之服务的、营销效应较高的地域作为自己的目标市场。目前按地理位置来划分，大范围的可分为国内市场和国际市场；国内市场又可以继续细分为东北、华北、西北、华东、西南等市场；国际市场又可细分为欧洲市场、北美市场、亚洲市场……；不同地理位置的顾客对酒店产品的需求具有一定的共性，如广州某个星级酒店，由于靠近火车站某服装批发市场，该酒店便成为来广州做服装生意的东北人的聚集地，但该酒店的餐厅以住店客消费为主，原因是酒店餐厅以粤菜为主，东北人刚住下时，喜欢来餐厅尝鲜，但是连吃几次后再也不来光顾，原因是东北人嫌粤菜清淡，不合口味。最终该餐厅换了厨师，推出东北特色菜，生意才逐渐有起色。

（二）人口细分

所谓人口细分，就是酒店按照人口因素，如年龄、性别、收入、职业、教育水平、家庭规模与结构、宗教信仰等来细分酒店市场。人口因素一直是细分市场的重要依据，这主要是因为人口因素比其他因素更容易测量。

1. 年龄、性别与家庭生命周期

（1）年龄　不同年龄的顾客有不同的需求特点。如青年人在选择酒店时，喜欢刺激、新颖的产品，消费水平高，逗留时间往往取决于商务活动的需要，因此营销者可以根据年龄来细分市场，根据不同年龄阶段顾客的不同特征来选择子市场。

（2）性别　酒店需求会因需求者的性别不同而产生明显的差异。一般来说，男性住酒店，对客房的设施并不特别敏感，但对于酒店的服务项目，如娱乐设施、酒吧服务等会较为重视；女性则注重酒店地点的选择，对价格较敏感，关注客房的服务细节，如卫生、房间设计（情调、环境等），特别重视人身和财产的安全。

（3）家庭生命周期　家庭处在不同的生命周期阶段，家庭的规模、结构和收入状况等都会直接或间接地影响旅游需求的数量和需求结构。因此，营销就需要将其进行具体的细分，研究不同周期阶段家庭的消费特点。

值得注意的是：酒店顾客的欲望和需求往往会受到多种因素的影响，所以人口细分需要和其他的细分因素结合起来才会更为科学。否则，就会陷入“单因素细分”所设的“陷阱”。例如，有些酒店认为女性顾客对安全是最重视的，因此模仿某些国外酒店的做法专门设置女性楼层，谁知客房推出后并不受欢迎。男士认为因为极少数不良分子而让自己也被拖累，很不公平；女士认为自己被视为天生的弱者被加以保护，不需要且不必要。这些酒店原本想以此为销售亮点最终却不得不自动取消。

2. 收入、职业、受教育程度与社会阶层

可自由支配的收入是入住酒店必不可少的条件，其水平的高低直接影响消费的水平和消费结构，因此以收入来细分酒店消费市场具有实际意义。人们的收入往往与其职业、受教育程度是相互联系的，而社会阶层的划分多以收入为基础、职业为代表、受教育程度为参考，尤其是在发达国家。因此，营销者应综合分析人口因素的社会属性，并依此进行市场细分。

（三）心理细分

所谓心理细分，就是按照顾客的生活方式、个性特征等心理因素来细分酒店市场。从上面的事例可以看出，顾客的欲望、需要和购买行为不仅受人口因素影响，而且受心理因素影响，所以还要对其进行心理细分，只不过心理细分与人口细分相比，测量难度会更大。

1. 生活方式细分

生活方式是指一个人或群体对消费、工作和娱乐的特定习惯和倾向性的方式。生活方式不

同的顾客对酒店产品有着不同的需求。在营销实践中，有越来越多的酒店会按照顾客不同的生活方式来细分市场，设计与不同生活方式相适应的服务产品，并有针对性地安排酒店市场营销组合。例如，有些酒店为“背包客”设计酒店服务项目和设施等。对于生活方式的细分，酒店可以用“AIO”尺度进行测量，即：①活动（activities）：如顾客的工作、业余消遣、休假、购物、体育等活动。②兴趣（interests）：如顾客对服装的流行款式、娱乐等的品位和兴趣。③意见（opinions）：如顾客对社会、政治、经济、文化教育、环境保护等问题的意见。

酒店可派出调研人员去搜集顾客的有关活动、兴趣、意见的信息，经过统计、分析和处理，从而发现生活方式不同的顾客集群。

2. 个性细分

个性是指一个人比较稳定的心理倾向与心理特征，它会导致一个人对其所处的环境做出相对一致和持续不断地反应。通常，个性会通过自信、自主、支配、顺从、保守、适应、冒险等性格特征表现出来。如精品酒店多吸引那些讲究生活质量、追求生活享受、具有艺术气质的顾客；酒店应努力使这些个性不同的顾客对本酒店的服务产品产生兴趣，吸引他们进行消费。

（四）行为细分

所谓行为细分，就是酒店按照顾客的购买时机、频率、所追求的利益、服务的态度等行为因素来细分酒店市场。

1. 购买时机

购买时机根据顾客对旅游产品产生需求、购买、享用的时机加以区别。譬如，航空与人们出差、度假或探亲等时机有关，航空公司可以在这些时机中选择为人们的特定目的服务。我国不少酒店在春节、中秋节等传统节日期间大做婚宴广告，借以促进宴会产品的销售。

2. 利益

利益就是根据旅游者对旅游产品所追求的不同利益而形成的细分市场方式。以宴会为例，婚宴消费者追求的利益则主要是喜庆、实惠；大型公司的宴会则是追求气派和声誉，酒店假如以追求利益来细分市场，就必须使自己的旅游产品突出某种特性，并分别确定自己的形象，最大限度地吸引某一个或几个客户群体。

3. 购买形式

购买形式是指顾客购买酒店产品构成的组织形式和所通过的渠道形式。依据购买形式变量将市场细分为团体市场和散客市场。它是酒店市场最基本的细分形式之一。团体住客具有省心、省事、省时的优点，但存在个体适应性和过程灵活性较差的缺点。散客自主性强、选择灵活，但却有费用较高、安全性差的缺陷。

4. 购买数量与频率

根据顾客对酒店产品的购买数量与频率可将其分为少量购买者、中量购买者和大量购买者。大量购买者往往在实际和潜在顾客总数中所占比重不大，但他们所消费的服务数量在消费总量中所占比重却很大。

（五）忠诚度细分

酒店按照顾客对品牌（或者企业）的忠诚度来细分市场。所谓品牌忠诚度是指由于价格、质量等诸多因素的吸引力，使顾客对某一品牌的产品或者服务情有独钟，形成偏爱并长期地选择这一品牌的行为。提高品牌的忠诚度对于一个酒店的生存与发展、扩大市场占有率极其重要。品牌忠诚度的高低，可用顾客重复选择的次数、所挑选的时间、对价格的敏感程度等标准进行衡量。

根据消费者心理规律，一般来说，在一定时期内，顾客对某一品牌重复选择的次数越多，说明他对这一品牌的忠诚度越高；反之，则越低。例如，有人长期在一家酒店用餐，并形成了偏爱，产生了高度的信任感，在需要时往往会“指牌”消费。除此之外，顾客对价格的敏感程度主要取决于：①对产品的喜爱和依赖程度；②产品对于人们的必需程度的高低，必需程度越低，则对价格的敏感度越高；③产品的市场供求状况和市场竞争程度。当供过于求时，人们对价格变动非常敏感。如果酒店产品市场上替代品多、竞争激烈，则人们对其价格的敏感度越高；反之，则越不敏感。

按照消费者对品牌的忠诚度这种行为因素细分，可以把所有的消费者分为4类不同的消费者群：铁杆品牌忠诚者、有限品牌忠诚者、游移忠诚者、非忠诚者。

每一个酒店市场都不同程度地包含上述4种类型的集群。铁杆品牌忠诚者人数多、比重大的市场称作品牌忠诚市场。酒店通过分析研究上述4种类型的顾客群，可以发现问题，以便采取适当措施，改进市场销售工作。例如，酒店在分析研究时发现有游移忠诚者，他们从前忠诚于本酒店的品牌，现在转而忠诚于其他品牌，这说明本酒店的产品质量或营销工作有缺点，需要立即采取适当措施改进工作。又如，酒店发现有非忠诚者，他们不喜欢本酒店的品牌，就应采取适当措施（如提高产品和服务质量、加强广告宣传等）来吸引他们，促进销售。

（六）态度细分

旅游企业可以按照消费者对酒店产品的态度细分市场。对酒店的产品，顾客的态度一般分成5种：热爱、肯定、漠不关心、否定和敌对。酒店对待不同态度的顾客应分别采取不同的市场营销措施。例如，对漠不关心的顾客，酒店应通过广告宣传，以缓和他们的情绪，改变他们的态度，使他们转变为肯定的甚至是热情的顾客。

三、酒店市场细分的原则

要使酒店市场细分能真正有效地发挥作用，还必须符合以下原则。

（一）可测量性

可测量性是指细分后各子市场的规模、购买力能够被具体测量。当细分市场的规模及其购买力能够支撑酒店长期、稳定地获取利润，才会对酒店有实际意义。

（二）可进入性

可进入性是指酒店有能力进入所选定的子市场。它包括客观上有接近的可能（可接近原则）和主观上有能开发的实力（可行动原则）。可接近原则是指营销者要与客源市场能进行有效的信息沟通，有通畅的营销渠道。可行动原则是指营销者要有吸引和服务于欲选择细分市场的实际操作能力，否则再有吸引力的子市场对酒店也是没有意义的。

（三）可赢利性

可赢利性是指酒店进行市场细分后所选定的子市场的规模和购买力足以使酒店达到有利可图的程度，即细分的市场要有开发的经济价值。例如，某酒店发现当地高级商务客人逐渐增多，对套间客房的需求有增加的趋势。但只有在分析其规模、潜力、持续性以及酒店的投入产出比之后，才可以决定是否进行相应的改建和扩建。

（四）稳定性

有效市场细分是一项复杂而细致的工作，因此，细分出的市场应该具有相对稳定性。如果变化太快、太大，会使酒店的营销组合很快失效，遭受重新调整资源的各种损失，并形成酒店市场营销活动前后脱节的被动局面。

（五）合法性

有效市场细分还必须在法律允许的范围内进行，法律或者道德所不允许的，即使有厚利可图，也不得选为本酒店的目标市场。

【阅读资料】

— 市场细分永不停息——来自万豪酒店的启示 —

在美国，许多市场营销专业的学生最熟悉的市场细分案例之一就是“万豪酒店”。这家著名的酒店针对不同的细分市场推动了一系列品牌：Fairfield（公平）、Courtyard（庭院）、Marriott（万豪）以及Marriott Marqusi（万豪伯爵）等。在早期，Fairfield是服务于销售人员的，Courtyard是服务于销售经理的，Marriott是为业务经理准备的，Marriott Marqusi则是为公司高级经理人员提供的。后来，万豪酒店对市场进行了进一步的细分，推出了更多的旅馆品牌。在“市场细分”这一营销行为上，万豪可以称为超级细分专家。在原有的4个品牌都在各自的细分市场上成为主导品牌之后，万豪又开发了一些新的品牌。在高端市场上，Ritz-Carlton（波特曼·丽嘉）酒店在为高档次的顾客提供服务方面赢得了很高的赞赏；Renaissance（新生）的目标顾客则是那些职业年轻人；万豪酒店由Fairfield衍生出Fairfield Suite（公平套房），丰富了自己的产品线；位于高端和低端之间的酒店品牌是Townplace Suites（城市套房）Courtyard和Residence Inn（居民客栈）等，他们分别代表着不同的价格水平，并在各自的娱乐和风格上进行了有效区分。

随着市场细分的持续进行，万豪又由Fairfield Suite品牌逐步向Spring Suites（弹性套房）品牌转化。经过多年的发展和演化，万豪酒店现在一共管理着8个品牌。通过市场细分来发现市场空白是万豪的一贯做法，正是这些市场空白成了万豪酒店成长的动力和源泉。万豪一旦发现有某个价格点的市场还没有被占领，或者现有价位的某些顾客还没有被很好地服务，它就会马上填补这个“空白”，位于亚特兰大市的Ritz-Carlton（波特曼·丽嘉酒店，现在已经被引入上海等国内城市）经营得非常好而且发展得很快，现在，该酒店甚至根本不用提自己是Marriott下的品牌。

万豪的营销文化是关注顾客需求。这个多品牌的公司有一个非常独特的理念：公司的信心并不是建立在“万豪”这个名字或者其服务质量上，而是建立在对目标顾客需求的了解之上，其信心基础是“旅馆是为满足顾客的需求而设计的”，旅馆要有能力创造一种产品或服务来满足这种需求。比如说，顾客想找一个可以承受得起的旅馆住上3～4个星期，“城镇套房”可能就是其最好的选择，顾客并不需要为“万豪”额外的品牌付费，他可能并不需要这种品质，而且这种品质对他而言可能也没有任何价值。

万豪一直致力于寻找其不同品牌间的空白地带。如果调查显示某细分市场上有足够的目标顾客需要一些新的产品或者服务特点，那么“万豪”就会将产品或者服务进行提升以满足顾客新的需求，“万豪”将会把这些人作为一个新的“顾客群”并开发出一个新的品牌。

万豪为品牌开发提供了有益的思路。对于一种现有的产品或者服务来说，新的特征增加到什么程度时才需要进行提升？又到什么程度才可以创造一个新的品牌？答案是：当新增加的特性能够创造一种新的东西并能够吸引不同目标顾客时，就会有产品或者服务的提升或者品牌的诞生。

任务3 酒店营销目标市场的选择

一、目标市场营销策略

从酒店目标市场的选择来看，酒店的目标市场范围宽窄不一、大小有别。针对不同的目标市场，酒店应采用不同的营销策略。按照涵盖目标市场的方式，可将酒店目标市场策略概括为三种：无差异目标市场策略、差异化目标市场策略、集中化目标市场策略。

（一）无差异目标市场策略

无差异目标市场策略是指酒店不考虑细分酒店市场的差异将整个酒店市场视为酒店的目标市场，也称之为整体市场策略。采用这种策略的酒店对整个旅游市场只提供一种产品和服务，用以满足消费者共同的需求。酒店依靠大规模宣传以便在人们头脑中树立产品形象。

无差异目标市场策略能够降低成本、简化市场调研及分析过程，容易形成垄断性名牌产品的声势和地位。但是，由于采用无差异目标市场策略，酒店一般只针对最大的酒店市场提供单一的酒店产品和服务，当几个酒店同时参与竞争时必然会加大他们之间的竞争激烈程度，最终由于较大的细分市场而吸引来的激烈竞争使其利润减少，而较小的酒店细分市场需求又得不到满足。所以，无差异目标市场策略不能满足对目前日益增长的酒店多样化需求。适用于酒店市场中供不应求或竞争较弱的酒店产品和服务。

（二）差异化目标市场策略

差异化目标市场策略，就是酒店针对不同的细分市场，设计不同的产品，制定不同的营销策略，同时为几个甚至全部细分市场服务，以满足不同的消费需求。

差异化目标市场策略并非完美无缺。由于酒店要针对不同市场推出不同的营销策略，往往导致酒店运营成本的上升，并给酒店营销管理带来难度。差异化目标市场策略实施应遵循的一个基本原则是，差异化带来的销售收入的增加要大于实施差异化的成本费用的增加。针对现实营销中有些酒店过度强调差异化，实施所谓“超细分战略”（市场细分过度，导致价格不断增加，影响销售数量和利润），企业应在一定程度上实施“反市场细分”。如专门制作白领快餐的连锁酒店改变策略，全部面向大众化。差异化目标市场策略不是任何酒店都可以使用的，它受到酒店资源、条件和能力的限制。相当一部分酒店，尤其是小型的单体酒店无力采用这种策略。最后，不正确的差异化会分散酒店资源，使酒店不能集中经营，发挥整体优势，甚至在酒店内部出现彼此争夺资源的现象。

（三）集中化目标市场策略

集中化目标市场策略，就是在市场细分的基础上，集中酒店所有资源和能力选择一个细分市场作为目标市场，实行高度专业化生产和销售，提高市场占有率。大部分中小型酒店或初次进入市场的大酒店多采用此策略。

二、影响目标市场策略选择的因素

上述三种策略各有利弊，酒店在进行决策时要具体分析产品、市场状况和酒店本身的特点。影响酒店目标市场策略的因素主要有酒店资源、产品特点、市场特点和竞争对手的策略四类。

（一）酒店的资源特点

资源雄厚的酒店，如果拥有大规模的生产能力、广泛的分销渠道、程度很高的产品标准、好的内在质量和品牌信誉等，可以考虑实行无差异市场营销策略；如果酒店拥有雄厚的设计能力和优秀的管理能力，则可以考虑施行差异化市场营销策略；而对实力较弱的中小酒店来说，适于集中力量进行集中营销策略。酒店初次进入市场时，往往采用集中市场营销策略，在积累了一定的成功经验后再采用差异化市场营销策略或无差异市场营销策略，扩大市场份额。

（二）产品特点

产品的同质性表明了产品在性能、特点等方面的差异性的大小，是酒店选择目标市场时不可不考虑的因素之一。一般对于同质性高的产品如食盐等，宜施行无差异市场营销；对于同质性低或异质性产品，差异化市场营销或集中市场营销是其恰当选择。

此外，产品因所处的生命周期阶段不同，而表现出的不同特点也不容忽视。产品处于导入期和成长初期，消费者刚刚接触新产品，对它的了解还停留在较粗浅的层次，竞争尚不激烈，酒店这时的营销重点是挖掘市场对产品的基本需求，往往采用无差异市场营销策略；等产品进入成长后期和成熟期时，消费者已经熟悉产品的特性，需求向深层次发展，表现出多样性和不同的个性来，竞争空前的激烈，酒店应适时地转变策略为差异化市场营销或集中市场营销。

（三）市场特点

供与求是市场中两大基本力量，它们的变化趋势往往是决定市场发展方向的根本原因。供不应求时，重在扩大供给，无暇考虑需求差异，所以采用无差异市场营销策略；供过于求时，为刺激需求、扩大市场份额殚精竭虑，多采用差异化市场营销或集中市场营销策略。从市场需求的角度来看，如果消费者对某产品的需求偏好、购买行为相似，则称之为同质市场，可采用无差异市场营销策略；反之，为异质市场，此时更适合采用差异化市场营销和集中市场营销策略。

（四）竞争者的策略

酒店应与竞争对手选择不同的目标市场覆盖策略。例如，竞争者采用无差异市场营销策略时，你选用差异化市场营销策略或集中市场营销策略更容易发挥优势。酒店的目标市场策略应慎重选择，一旦确定，应该相对的稳定，不能朝令夕改。但灵活性也不容忽视，没有永恒正确的策略，一定要密切注意市场需求的变化和竞争动态。

三、酒店企业选择目标市场的一般过程

（1）确定并界定有待细分的整体市场。

（2）确定细分标准。

（3）分割市场。

（4）评价细分市场。

（5）选择和确定目标市场。

（6）目标市场的重新界定。

【阅读资料】

— 精确定位切入酒店细分市场 —

从IT行业进入在线旅游，又从在线旅游进入酒店行业，季琦两度创造历史。作为“携程四君子”之一，2002年，在携程发展正顺时，季琦从携程抽身而出，创办如家连锁酒店。虽然锦江之星是中国最早的经济型酒店之一，但真正将经济型酒店理念引入中国，让经济型酒店家喻户晓的当数“如家”，正是因为如家，中国才刮起了经济型酒店旋风。

然而，在如家诞生两周年之际，作为创业者之一的季琦却选择了离开，创办了“汉庭”。汉庭成为季琦实现中国酒店服务梦想的一颗新的种子。

创办汉庭之初，季琦与他的管理团队用了4个月的时间研究中国酒店行业与国外的差距，季琦走访了欧洲20多家酒店、美国50多家酒店，考察欧美酒店行业的品牌细分和定位。

季琦发现，在国外成熟的酒店行业，经济型酒店只是有限服务酒店的一个分支，国外有限服务酒店相对于豪华酒店在数量上具有压倒性的优势，拥有巨大的市场。

季琦和他的团队由此制定了汉庭未来的发展战略：其一，中国酒店业的发展类似于西方的城市化模式，所处的阶段相当于美国的20世纪五六十年代；其二，伴随着经济社会的发展，中国中档酒店的市场潜力巨大；其三，未来中国酒店业的发展一定会走向市场细分，美国的今天就是中国的明天；其四，中国酒店业会像欧美一样，最终形成几大品牌。

2005年，针对中国消费者的有限服务中档酒店——汉庭正式亮相中国市场。汉庭的定位是：“人在旅途，家在汉庭。”强调家一样的温馨舒适，同时汉庭融入了商务功能。

2010年汉庭酒店集团在纳斯达克成功上市。2012年11月“汉庭酒店集团”正式更名为“华住酒店集团”，汉庭名称仅作为集团旗下的子品牌名。

截至2014年年底，以“成为世界住宿业领先品牌集团”为愿景的华住，在创始人季琦的带领下，在中国超过200个城市里已经拥有2100多家酒店和30,000多名员工，旗下拥有6个酒店品牌，包括：商旅品牌——禧玥酒店、全季酒店、星程酒店、汉庭酒店、海友酒店，度假品牌——漫心度假酒店，在全国为宾客提供从高端到平价、商务差旅到休闲度假的住宿体验。

任务4 酒店市场定位

经过市场细分和目标市场的选择，酒店确定了自己的经营空间和营销对象。为了使目标市场顾客能够非常容易地识别出本酒店产品，以便与竞争对手区别而形成自己独特的经营风格和做法，就需对产品实行市场定位。

一、酒店市场定位的定义

酒店市场定位是指酒店针对潜在顾客的心理进行营销设计，创立产品、品牌或企业在目标客户心目中的某种形象或某种个性特征，保留深刻的印象和独特的位置，从而取得竞争优势。简而言之，就是在客户心目中树立独特的形象。

对酒店而言，酒店的产品定位并不是酒店要为产品做些什么，而是指酒店的产品要给顾客留下些什么，即，使自己的产品有别于竞争对手而在顾客心中留下的印象和位置。实际上，产品定位就是要设法建立一种竞争优势，以使酒店在目标市场上吸引更多的顾客。酒店产品定位从另一个角度看，是要突出酒店产品的个性，并借此塑造出独特的市场形象。一项产品是多个因素的综合反映，它包括性能、构成、形状、包装、质量等，产品定位就是要强化或放大某些产品因素，从而形成与众不同的特定形象。产品差异化是达成酒店产品定位的重要手段，在这里必须强调的是，所谓的产品差异化并非单纯地追求已有产品变异，而是在市场细分的基础上，寻求建立某种产品特色，这也是市场营销观念的具体体现。酒店产品定位对酒店的经营具有重要而现实的意义，主要体现在以下两个方面。

（1）有利于建立酒店和产品的市场特色　现代酒店市场中，普遍存在着较为严重的供大于求的现象，使得同类型酒店使出浑身解数争夺有限的客源，潜在竞争者跃跃欲试，随时准备出击，市场竞争环境恶劣，竞争压力巨大。为了使自己的产品获得稳定的销路，避免竞争乏力而被其他酒店取代，酒店势必从各方面为其产品培养一定的特色，树立起鲜明的市场形象，以期在顾客心目中形成一种特殊的偏爱。

（2）为酒店制定市场营销组合策略奠定基础　酒店通过产品与市场进行交换，从中获取利益，这是酒店经营的基本出发点。换言之，酒店经营的基础是产品，没有产品，一切经营活动都将变成纸上谈兵。由此可以看出，酒店和市场营销组合受到酒店产品定位的限制。例如，某酒店决定在市场上销售豪华、优质、高价的组合产品，如此定位就决定了酒店产品必须是高水准、有稳定质量保证、能体现顾客身份的。

由此，酒店在宣传上就必须以这些特质作为强化的重点，让目标市场的潜在顾客接受这样的产品特质；同时，要求酒店内部应协调一致，通过严格执行操作程序和规范、强化技能培训等管理手段，保障产品的高品质。也就是说，酒店产品定位决定了酒店必须设计和发展与之相适应的产品。

二、酒店市场定位的作用

市场定位可分为对现有产品的再定位和对潜在产品的预定位。对现有产品的再定位可能导致产品名称、价格和包装的改变，但是这些外表变化是为了保证产品在潜在消费者的心目中留下值得购买的形象。对潜在产品的预定位，要求营销者必须从零开始，使产品特色确实符合所选择的目标市场。酒店企业在进行市场定位时，一方面要了解竞争对手的产品具有何种特色，另一方面要研究消费者对该产品的各种属性的重视程度，然后根据这两方面进行分析，再选定本公司产品的特色和独特形象。

三、酒店产品定位方法

酒店产品定位的方法可以归纳为以下几种。

（一）根据属性和利益定位

酒店产品本身的属性以及由此获得的利益能够使顾客体会到其定位，如酒店的“豪华气派”“卫生和舒适”等。这种定位方法，酒店往往强调产品的一种属性，而这种属性常是竞争对手所没有顾及到的。

（二）根据质量和价格定位

价格与质量两者变化可以创造出产品的不同定位。在通常情况下，质量取决于产品的原材料或生产工艺及技术，而价格往往反映其定位，例如人们常说的“优质优价”“劣质低价”正是反映了这样的一种产品定位思路。

（三）根据产品用途定位

发扬同一个产品项目的各个用途并分析各种用途所适用的市场，是这种定位方法的基本出发点。同样是一个大厅，它可以作为大型宴会、自助餐的场地，也可以被当成会议大厅接待各种会议，同时，还可以成为各种展示、展览的场所。对于这种酒店产品，酒店可以根据其不同的用途，在挑选出来的目标市场中，分别树立起不同的产品个性和形象。

（四）根据使用者定位

根据使用者定位是酒店常用的一种产品定位方式，即酒店将某些产品指引给适当的使用者或某个目标市场，以便根据这些使用者或目标市场的特点创建适合此类产品的恰当形象。许多酒店针对当地居民“方便、经济、口味丰富”的用餐要求，开设集各地风味为一体的大排档餐厅，便是根据使用者对产品的需求而进行的定位。

（五）根据产品档次定位

根据产品档次定位是将某一产品定位为与其相类似的另一种类型档次的产品，以便使两者产生对比。例如一些酒店将自己客房产品的档次设定为与某一家公众认可的好酒店的客房档次相似，以求使顾客更易于接受他们的产品。这种做法的另一个方面是为某一产品寻找一个参照物，在同等档次的条件下通过比较，以便突出该产品的某种特性。如一些酒店推出的公寓客房，突出在与标准间同等档次的前提下具备的厨房设施，更加适合家庭旅游者使用，从而达到吸引家庭旅游者购买的目的。

（六）根据竞争定位

酒店产品可定位于与竞争直接有关的不同属性或利益。例如酒店开设无烟餐厅，无烟意味着餐厅空气更加清新。这实际上等于间接地暗示顾客在普通餐厅中用餐，其他人吸烟会影响到自己的身体健康。

（七）混合因素定位

酒店产品定位并不是绝对地突出产品的某一个属性或特征，顾客购买产品时不单只为获得产品的某一项得益，因此，酒店产品的定位可将上述多种方法结合起来创立其产品的定位。这样做有利于发掘产品多方面的竞争优势，满足更为广泛的顾客需求。

四、酒店市场定位的过程

（一）明确潜在竞争优势

明确潜在竞争优势，要通过市场调查明确以下几个方面问题。

（1）竞争者的定位状况。

（2）目标顾客对产品的评价标准。

（3）明确竞争的优势。

（二）选择相对竞争优势

经过分析，酒店会发现许多潜在的优势，然而并不是每一种优势都是酒店能够利用的。酒店要善于发现并利用自身存在或创造出来的相对竞争优势，相对竞争优势是酒店能够比竞争者做得更好或在某方面胜过竞争者的能力，它可以是现有的，也可以是经过努力创造的。例如，某酒店的知名度、品牌、规模、位置等都比不上竞争对手，但是由于管理层较为重视服务质量而产生的竞争优势。

（三）显示独特的竞争优势

1. 建立与市场定位相一致的形象

（1）让目标顾客知道、了解和熟悉企业的市场定位　一个企业要想在消费者心目中建立良好的形象，首先必须积极主动而又巧妙、经常地与顾客沟通，以期引起顾客的注意和兴趣，并保持不断的联系。

（2）使目标顾客对企业的市场定位认同、喜欢和偏爱　认同是目标市场对企业有关市场定位信息的接受和认可，是顾客对这一市场定位的意义和合理性的承认。喜欢则是一种更为积极的情绪，是在认同的基础上产生的一种心理上的愉悦感，偏爱则是建立在喜欢基础之上的一种特别的感情。

2. 巩固与市场定位相一致的形象

（1）强化目标顾客的印象。

（2）保持目标顾客的了解。

（3）稳定目标顾客的态度。

（4）加深目标顾客的感情。

五、酒店市场定位的策略

（一）避强定位策略

避强定位是指酒店力图避免与目标市场上实力最强或较强的酒店直接对抗，而将自己的产品定位于另一市场区域内，使自己的产品在某些特征或属性方面与最强或较强酒店有比较显著的区别。避强定位策略能够使酒店较快速地在市场上站稳脚跟，并能在顾客的心目中树立起一种形象，市场风险较小、成功率较高。其缺点主要是，避强定位往往意味着酒店必须放弃某些最佳的市场位置。

（二）迎头定位策略

迎头定位策略是指酒店为占据最佳的市场位置，将自己的产品定位于市场上实力最强或较强的酒店的市场位置。彼此在服务、价格、分销及促销等各方面进行竞争，争夺同样的客源。这种策略可能会引发激烈的市场竞争，具有较大的市场风险。一般适于实力与最强或较强酒店相当或更强的酒店。

酒店在使用上述两种基本策略指定某种具体的市场定位时，也要考虑本酒店自身的资源、竞争对手的可能反应、市场需求特征等因素。

（三）重新定位

随着市场环境的不断改变，酒店市场定位的实施效果可能并不是非常理想，或者发现了一些新的情况，如有新的竞争者进入本企业的目标市场，或酒店原来的市场定位与顾客心目中该产品的形象不相符等，这就促使酒店不得不考虑对产品进行重新定位。另外，酒店的市场定位即使很适当，但在出现以下情况时也需要考虑重新定位：一是竞争者推出的酒店定位于本酒店产品的附近，侵占了本酒店品牌的部分市场，使本酒店品牌的市场占有率下降；二是消费者偏好发生变化，从喜爱本酒店某品牌转移到喜爱竞争对手的某品牌。

酒店在作出重新定位的决定前，还应考虑两个主要因素，即定位转移所需投入的全部费用和重新定位所能获取的全部收益。将两者进行比较，权衡利弊得失之后，再决定是否要进行重新的市场定位，以免得不偿失而造成反复。

【项目实践应用】

1. 请选择你熟悉的一类产品做市场细分的练习。

2. 选择附近的一家酒店做市场调研，并进行市场定位。

3. 同学以小组为单位，分别为白金五星酒店、五星级酒店、经济型酒店做市场细分、目标市场的选择以及市场定位，做成PPT在课堂上演示。

【拓展阅读】

1. 建议阅读书籍

（1）菲利普·科特勒（Phillip Kotler）. 旅游市场营销［M］. 大连：东北财经大学出版社，2006.

（2）菲利普·科特勒（Phillip Kotler）. 营销管理［M］. 上海：上海人民出版社，2005.

（3）刘明会. 饭店营销技巧［M］. 北京：中国劳动社会保障出版社，2005.

（4）郑红. 现代酒店市场营销［M］. 广州：广东旅游出版社，2007.

（5）洪涛. 饭店管理实务［M］. 南京：东南大学出版社，2007.

2. 建议阅读文章

（1）沈涵. 我国酒店业市经济型酒店的产品创新与市场细分［J］. 旅游学刊，2007.

（2）毛峥嵘. 经济型酒店市场细分与品牌经营［J］. 新财富，2006.

（3）马爱华. 饭店业营销的几点思考［J］. 河南理工大学学报，2004（4）.

（4）金怀玉. 当前我国酒店营销的现状、问题及对策［J］. 生产力研究，2007（7）.

3. 建议浏览网站

（1）中国旅游饭店网，http://www.ctha.com.cn/

（2）旅游研究空间站，http://www.cttr.cn

（3）中国管理营销网，http://www.chinayx.org

项目四

酒店产品营销策略

■ 项目学习目标

掌握酒店产品的定价方法以及常用的价格竞争策略，了解如何让酒店在激烈的行业竞争中获得优势的途径。

■ 项目学习任务

❶ 了解酒店整体产品的定义
❷ 理解酒店产品组合策略的构成和应用
❸ 掌握酒店不同生命周期阶段的产品特征和策略应用
❹ 掌握不同类型酒店进行品牌营销的策略和步骤

■ 重点概念

酒店产品组合　核心产品　形式产品　酒店产品生命周期　酒店品牌营销

【案例导入】

— 国际假日酒店的产品组合 —

国际假日酒店网将其众多酒店定位在中档市场上。但为了在中档市场上进行更有效的竞争，国际假日酒店网根据不同客源层次将其产品由低到高共分为六个水平，即：假日快线，主要设在美洲，提供较简单的客房和有限餐饮及健身设施，其产品在中档偏低的层面上有极大的竞争力；假日花园，主要设在欧洲，中东和非洲，提供标准的假日客房，较少的餐饮服务，中型会议服务、娱乐和健身设施；假日酒店，是假日酒店网的中档市场核心产品，提供全面的各种设施和服务；假日阳光狂欢度假村，主要设在美洲，是假日酒店网的度假村市场产品，主要为休闲客人提供，设有全面的休闲和娱乐设施；皇冠假日酒店，提供更高水准、更合适的设施和服务，是假日酒店中高档次的饭店；皇冠假日度假村，档次与皇冠假日相同，但主要目标市场是休闲客户群。

任务1 酒店产品组合策略

一、酒店产品

（一）产品的概念

产品是指能够提供给市场并引起人们注意、获取、使用或消费以满足某种欲望或需求的任何东西。它包括各种有形物品、服务、地点、组织和想法。

（二）整体产品设计

整体产品概念产生于现代营销观念，反映了酒店营销的重点在于向宾客提供具有完整效用的产品，给宾客带来全方位的消费满足。按照整体产品观念这种现代营销理论，酒店产品包括核心产品、形式产品和延伸产品三部分。

1．核心产品

核心产品是酒店产品最重要的构成部分，是酒店用以满足客人需求的中心。换言之，它是宾客希望从产品中获得的最根本的利益，这种最根本的利益表现为宾客希望酒店提供的各种服务能满足宾客的各种基本需求。它要回答的问题是：顾客真正要买的是什么？

酒店在设计产品时，应善于研究和发现不同宾客对酒店产品或服务的不同核心需求，并通过具体的产品和服务及时加以满足。

2．形式产品

形式产品是酒店产品的外在表现形式，它既可表现为实体产品，又可表现为无形的服务。

酒店建筑、地理位置、周围环境、店内氛围、价格等均是形式产品。借助于形式产品，宾客可更直观、清晰地了解酒店产品核心利益所在。因此，在一定程度上影响宾客购买决策的是形式产品。

酒店营销应利用形式产品突出酒店产品的特色，创造一种独特的气氛。如圣诞期间，酒店可以通过冬雪、圣诞老人、圣诞树、马车、袜袋、白雪公主等“形式产品”突出圣诞节酒店服务产品的核心利益，吸引顾客的注意。

3．延伸产品

延伸产品指酒店为宾客提供的各种附加价值与利益。在附加值竞争时代，宾客的消费选择在很大程度上取决于酒店产品所提供的附加价值和利益。因此，酒店产品的市场竞争力取决于延伸产品的设计与提供，酒店可从物质、价格、心理等方面适时向宾客追加附加利益与价值。

酒店在开发设计各种产品时，应根据“先核心，后形式，再延伸”的思路进行全面设计，使产品的科学性和适用性不断增加。

（三）新产品的开发

酒店产品都要经历一个产生、发展、最后被淘汰的生命周期。在这一生命周期中，酒店产品一般要经历介绍期、成长期、成熟期和衰退期四个不同的时期。酒店应依据产品生命周期的变化，及时调整产品组合，并不断开发新产品，满足人们不断变化的需要。

开发新产品才能使酒店充满活力和竞争力，是酒店适应营销环境变化的一种策略。

新产品和全新产品不一样。新产品指在技术、功能、结构、规格、实物、服务等方面与老产品有显著差异的产品，是与新技术、新理念、新潮流、新需求、新设计相联系的产品。如一间客房，改进了房内的设施设备，就成为新产品；如果不进行设施改进，但改变了房内的文化氛围，也就成为一种新产品。一种产品，只要是宾客以前未接触过、尝试过的，但又愿意去接触、喜欢去尝试的，便是新产品。它包括以下三类。

1．全新产品

采用新原理、新结构、新技术、新材料研制而成的全新产品，技术含量最高，是过去人们未曾想到的产品。

2．改进新产品

采用各种技术，改进现有产品的性能、结构等提高其质量，以求得规格、式样等的多样化，它是在原有产品的基础上发展而来的，如各种改良的传统菜式、各类主题客房等。

3．仿制新产品

市场上已经存在，酒店企业通过模仿而生产出来的产品。

开发新产品任重而道远，酒店应本着创新、对路、有利可图、量力而行的原则，不断进行各类新产品的开发，满足人们不断变化的、求新求异的需求。

二、酒店产品组合的含义

（一）产品组合

宾客消费的酒店服务产品并非酒店的单个部门或个人能够全部提供的。一方面，宾客需要的不仅仅是单个服务产品，而是多种服务产品的组合；另一方面，宾客的需求又千差万别，要求酒店提供不同组合的产品以供选择。因而酒店要针对不同的宾客，开发不同的产品组合。酒店可以从产品的广度、长度、深度和密度四个方面进行产品组合，形成不同的系列产品。产品组合，也称“产品的各色品种集合（product assortment)”，是指一个酒店在一定时期内生产经营的各种不同产品的全部产品项目的组合。

（二）酒店产品组合的要素

它包括以下三个要素。

1. 宽度

宽度是指酒店的产品线总数。产品线也称产品大类、产品系列，是指一组密切相关的产品项目。比如，一家标准的五星级酒店，为了满足住店客人的衣、食、住、行的需求而提供客房产品、餐饮产品（中餐产品、西餐产品、酒吧）、娱乐健身产品、旅游产品（组织顾客短线旅游）、会议产品、礼品销售等；而一家经济型酒店只提供客房产品和最简单的餐饮产品（如早餐）；这两家酒店的产品宽度就有很大的区别。增加产品组合的宽度，可以充分发挥酒店的特长，使酒店的资源得到充分利用，提高经营效益。但是，产品的宽度又需要有大量的资金为基础，有各类管理人才作支持，同时还有较大的市场经营风险。

2. 长度

长度是指一个酒店的产品项目总数。产品项目指列入酒店产品线中具有不同类型或价格的最基本产品单位。通常，每一产品线中包括多个产品项目，企业各产品线的产品项目总数就是企业产品组合长度。如酒店提供的餐饮产品，归餐饮部管理，下面可能有中餐、西餐、扒房、酒吧、咖啡厅等。

3. 深度

产品组合的深度是指产品线中每一产品有多少品种。如，酒店餐饮部下的中餐厅，它开设宫廷餐厅和风味食街，以满足不同的顾客需求。

产品组合的长度和深度反映了酒店满足各个不同细分子市场的程度。增加产品项目，增加产品的规格、型号、式样、花色，可以迎合不同细分市场消费者的不同需求和爱好，招徕、吸引更多顾客。

产品组合是由各种各样的产品线构成，而产品线又是由不同的产品项目构成。产品线是指密切相关的一组产品，其在功能上、目标顾客上、销售渠道上或销售价格的浮动上具有相类似或密切的关系。

三、酒店产品组合的原则

酒店的产品组合方式应遵循有利于促进销售和有利于增加酒店利润这两个原则。一般说来，拓宽产品系列有利于发挥酒店的潜能，开辟新市场，同时能避免较大风险，“东方不亮西方亮”；加深产品系列可以促使酒店经营专业化，适合更多的特殊需要，突出其特色；加强产品系列的关联性，可以增强酒店的市场地位，提高竞争实力。

四、产品组合策略

产品组合不是一成不变的，酒店在调整和优化产品组合时，依据不同的情况，可以选择不同的策略。

（一）产品组合的“扩大”策略

如果酒店决定围绕现有顾客提供现有产品线和产品项目，为使产品线更丰满，对产品经销商更具吸引力，酒店声望更高，或使市场不留空隙，防止竞争者的入侵，或使酒店生产能力充分利用，酒店可以采取填充产品线，适当增加产品项目，来满足目标顾客的各种不同需求。产品项目的增加或减少，表明产品线的深度、长度发生了变化。产品线究竟多长合适，要依据酒店目标确定，不能盲目地填充产品线。如果产品线扩大过度，将会导致新旧产品的自相残杀，造成消费者对产品认识的混乱。所以，产品线扩大时必须注意保持每一个产品项目具有一定的差异性，要与目标顾客的需求差异相吻合。

（二）产品组合的“缩减”策略

如果发现酒店目标顾客数量减少或转移，就需要检查现有产品线上产品项目对顾客需求的满足能力如何，从而决定剔除产品线上不获利或不能满足需求的产品，集中力量去生产那些可以为顾客服务的产品项目，来维持目标顾客群。城市中心的酒店，因为周边各种类型的餐厅林立，对比酒店内部的餐厅一般价格较高，选择较少，相当部分的住店客人会被店外餐厅吸引而外出就餐，很大程度上影响了酒店餐厅的营利能力。越来越多的酒店选择将店内餐厅外包给他人，既保证了酒店的利润又降低经营管理的压力，这就是酒店产品组合的缩减策略。

业务外包就是企业在内部资源有限的情况下，为了更好地发展核心业务能力，而把其他非核心业务转交给外部专业公司来完成，从而达到充分利用外部资源、实现自身发展的一种战略方法。在酒店业渐渐结束纵向一体化的组织模式之际，业务外包已成为酒店业实现经营大跨步的一种有效手段。

业务外包不仅可以降低酒店经营成本，还可以通过将次要、非核心的业务外放，只专注强项业务来提高酒店的核心竞争力，优化资源配置。另外，让外包商参与酒店发展的价值链，也可以分散酒店投资经营的风险。从根本上说，业务外包开拓了酒店发展的新思路，也为酒店的超常规划发展提供了可能。

业务外包对酒店发展有重要影响，管理好酒店的外包业务就等于是为酒店形成良好发展态势添加助力，而如何才能更有效地实施酒店的外包管理？这要求酒店必须注意以下三个要点。

首先，要明确酒店的核心竞争力。为何要明确酒店的核心竞争力？这涉及业务外包的根本理念，如果酒店价值链中的某一环节不是该行业中最好的，同时也不是自己的核心竞争优势，而且这种活动也不至于把酒店与顾客分离，那么应该把它外包给其他专业的企业去做。如此一来，确定酒店的核心竞争力就显得尤为重要，因为只有确定了核心竞争力之后，酒店才能将非核心、次要的业务交由他人来管理，从而更有效率地创造自身的价值。

但在使用此策略时，应注意降低对酒店核心产品的影响，就如上面提到的餐厅外包，酒店必须对承包者有一定的资格审核和产品标准要求，来餐厅就餐的客人往往不明就里，一般会认为餐厅就是酒店的，如果餐厅的质量太差，会拖累酒店的品牌形象。

其次，酒店要考虑该外包公司是否与酒店的品牌、档次、组织文化等相匹配，然后再通过各种渠道来考察外包公司在经济实力、规模水平、管理能力、诚信度、技术水平等各方面的资质是否在该领域具备竞争优势。在考察阶段，酒店也可以成立一个评价小组，从服务价格、外包质量、外包公司的创新能力以及企业兼容性四个角度来鉴定，以求公平、公正、客观、全面。其间也许还得考虑酒店领导层的主观因素，这也会成为选择外包公司的依据和评判标准之一。

有些酒店考虑成本问题，会将外包费用列为选择外包公司的首要因素。但如果仅从外包费用出发或者把外包费用作为决定性指标，酒店很有可能要承担外包项目不达标的风险。因此，建议酒店在选择外包公司时，最好秉持综合考察、客观评价的原则，以求作出科学合理地判断。

最后，酒店在科学合理地选择外包公司的同时，还要妥善处理与外包公司的关系。为保证双方合作的顺利进行，酒店与外包公司要实现外包项目的信息共享。委托代理问题产生的主要原因就是双方信息的不对称，加强信息交流可以在一定程度上降低问题产生的概率。另外，酒店作为委托人，只有在外包公司行动效用最大化时，酒店才能获得自身效益的最大化，而要使外包公司采取效用最大化的行为，酒店就必须对其进行有效的激励。酒店与外包公司之间是合作伙伴关系，无论是利益还是风险都共同承担，施行有效的激励手段，有助于酒店与外包公司的双赢。而双方建立稳定、长久的同盟关系，也会有利于彼此间的了解和信赖，同时降低交易成本，也减少外包公司企图通过违规操作谋取额外利益的机会主义行为。

（三）产品组合的“延伸”策略

如果酒店服务的顾客范围发生变化，根据重新进行的目标顾客定位情况，可以采用产品线“延伸”策略，具体有“向上的延伸”“向下的延伸”或是“双向的延伸”策略。产品线向上延伸，即从定位于低档产品拓展到高档产品；产品线向下延伸，即从定位于高档产品拓展到低档产品；产品线的双向延伸，是指定位于中端的产品朝向上向下两个方向拓展。这三种策略都是根据市场需求的变化、消费者目标市场的调整为依据的，都能保证酒店产品组合最优化。不论采取哪一种策略，酒店都会存在一定的风险。例如对于向下的扩展，有可能使原来高档的名牌产品形象受到损害，所以建议低档产品最好使用新的品牌和商标；而向上扩展，有可能使未来顾客产生怀疑，认为该酒店不能生产高档的产品。所以，哪一种策略的选择都将面临如何开发新的目标顾客，如何维持老的目标顾客等问题，因此必须充分了解市场需求，了解自身的能力，制定适宜的产品线延伸策略。

（四）产品组合的“更新”策略

如果产品线的深度适中，但当产品线老化、竞争力不断下降时，就必须进行产品线的现代化改造，即产品组合的“更新”策略。否则，原有的目标顾客可能因为酒店一成不变的做法而发生转移，使目标顾客范围缩减。

（五）产品组合的“品牌优化”策略

在每条产品线上能够找到有特色的产品项目，通过品牌建设来吸引顾客，带动其他产品项目的销售。因为品牌代表了卖者对交付给买者的产品特征、利益和服务的一贯性承诺，最佳的品牌就是最好质量的保证，而品牌又与企业的文化和价值观念相融合，品牌就是酒店的象征。所以，我们可以通过品牌建设来优化产品组合。企业要明确是所有产品采用同一品牌，还是不同的产品线、产品项目采用不同的品牌，可以运用品牌“优化”策略，使其产品组合达到最优。

五、促销组合策略和产品组合策略的有机结合

在产品组合所设计的方案向市场推出时，需要促销组合策略进行配合与支持，即产品组合的推出要采用广告策略和营业推广。酒店营销可根据酒店的销售要求，针对宾客的不同需求开

发各种受宾客欢迎的组合产品，吸引客源。可开设的组合产品方式如下。

（1）公务客人组合产品　针对公务客人的特殊服务，为公务客人提供优惠，如：免费在客房供应一篮水果，免费提供欢迎饮料，免费使用康乐中心的设施和器材，免费参加酒吧，歌舞娱乐活动。

（2）会议组合产品　会议组合产品包括使用会议厅，会议休息时间供应点心咖啡，会议期间工作餐，按每人一个包价优惠提供。

（3）家庭住宿组合产品　形式如双人房供全家住宿，小孩与父母同住免费加床，提供看管小孩服务，小孩免费使用康乐设施，餐厅提供儿童菜单。

（4）蜜月度假产品　蜜月度假产品只向新婚夫妇提供，一般需要漂亮而宁静的客房以及一些特殊的服务，如一间布置漂亮的洞房，免费床前美式早餐，免费奉赠香槟酒，客房里供应鲜花、水果篮。

（5）婚礼组合产品　这类产品主要针对当地居民市场，结合婚礼消费的形式，适应消费的心理，强调喜庆的气氛，吸引消费。该产品组合内容有：豪华级京式或广式筵席，免费提供全场软饮料，四层精美婚礼蛋糕一座，以鲜花和双喜横幅隆重地布置婚宴厅，根据具体要求制造婚宴气氛，播放婚礼进行曲，洞房花烛夜免费提供新婚套房、鲜花、水果和香槟酒，免费美式早餐送到客房。

（6）周末组合产品　周末组合产品可吸引客人在一周工作之余前来休息和娱乐，因而需策划组织一些娱乐体育活动，如：举办周末晚会、周末杂技演出等，将娱乐性活动加上饭店的食宿服务组合成价格便宜的包价产品。

（7）淡季度假产品　在营业淡季时以一周到十天住宿加膳食的包价形式提供给客人。同时，为了吸引宾客，还要策划组织宾客免费享受娱乐活动。

（8）特殊活动组合产品　这类组合产品的开发需要营销人员具有创造性和事实思维，设计出既新颖又在经济和销售上可行的产品，可利用现有的设施和服务组织，如乒乓球、网球、保龄球赛等活动，提高酒店的声誉及形象。

任务2　酒店产品的生命周期策略

一、酒店产品生命周期

产品生命周期（product life cycle，简称PLC），是产品的市场寿命，即一种新产品从开始进入市场到被市场淘汰的整个过程。费农认为：产品生命是指市场上的营销生命，产品和人的生命一样，要经历形成、成长、成熟、衰退这样的周期（图4-1）。就产品而言，也就是要经历一个开发、引进、成长、成熟、衰退的阶段。而这个周期在不同的技术水平的国家里，发生的时间和过程是不一样的，期间存在一个较大的差距和时差。正是这一时差表现为不同国家在技术上的差距，它反映了同一产品在不同国家市场上的竞争地位的差异，从而决定了国际贸易和国际投资的变化。

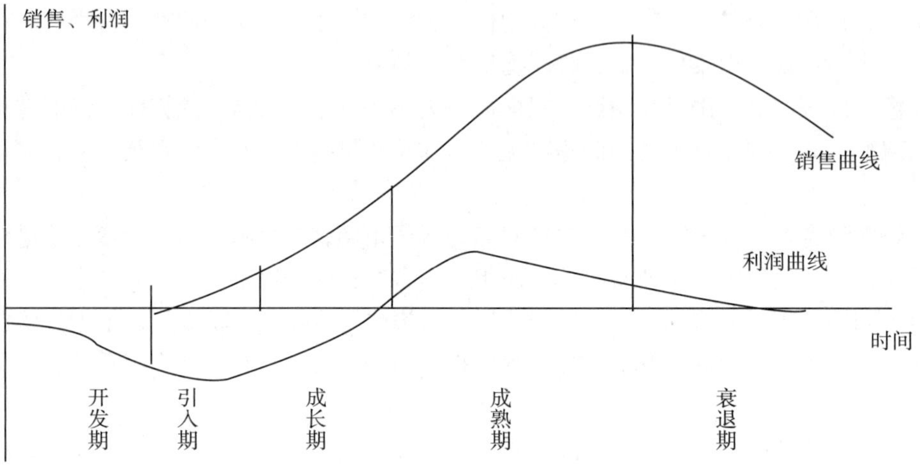

图4-1　酒店产品生命周期曲线

典型的产品生命周期一般可分为四个阶段，即介绍期（或引入期）、成长期、成熟期和衰退期。

（一）引入期

新产品投入市场，便进入引入期。引入期的特征是顾客对产品还不了解，只有少数追求新奇的顾客可能购买，销售量很低，促销费用高，制造成本高，销售利润很低甚至为负值。根据这一阶段的特点，酒店应努力做到：投入市场的产品要有针对性；进入市场的时机要合适；设法把销售力量直接投向最有可能的购买者，使市场尽快接受该产品，以缩短引入期，更快地进入成长期。

在产品的引入期，一般可以由产品、分销、价格、促销四个基本要素组合成各种不同的市场营销策略。在这一阶段，产品不能大批量生产，因而成本高，销售额增长缓慢，酒店不但得不到利润，反而可能亏损。产品也有待进一步完善。

（二）成长期

这时顾客对产品已经熟悉，大量的新顾客开始购买，市场逐步扩大。产品大批量生产，生产成本相对降低，酒店的销售额迅速上升，利润也迅速增长。竞争者看到有利可图，将纷纷进入市场参与竞争，使同类产品供给量增加，价格随之下降，酒店利润增长速度逐步减慢，最后达到生命周期利润的最高点。

（三）成熟期

市场需求趋向饱和，潜在的顾客已经很少，销售额增长缓慢直至转而下降，标志着产品进入了成熟期。在这一阶段，竞争逐渐加剧，产品售价降低，促销费用增加，酒店利润下降。

（四）衰退期

随着科学技术的发展，新产品或新的代用品出现，将使顾客的消费习惯发生改变，转向其他产品，从而使原来产品的销售额和利润额迅速下降。于是，产品又进入了衰退期。

典型的产品生命周期的四个阶段呈现出不同的市场特征，企业的营销策略也就以各阶段的特征为基点来制定和实施。

二、酒店产品生命周期各阶段的特征及策略

（一）引入期

新产品推出时，引入阶段便开始了。沟通销售渠道和在几个市场中推广需要花费时间，因此销售成长趋于缓慢发展。在这一阶段，由于销售量少和促销费用高，酒店新产品是亏本的或利润很低。

在引入期，促销支出占销售额的比率最高，因为需要高水平的促销努力，达到以下目的：

第一，告诉潜在的消费者新的产品和新的品牌已经出现；

第二，引导他们试用该产品；

第三，不要使产品的销售集中在一个分销渠道。

此时，酒店销售的目标是那些最迫切的购买者，原因如下：效率比较低，导致成本提高，需要高的GDP以支持销售推进所必需的巨额促销费用。

在引入期，酒店可以在以下的四个战略中择一而行。

1．快速撇脂战略

快速撇脂战略即以高价和高促销水平的方式推出新产品。实行高价策略可在每单位销售额中获取最大利润，尽快收回投资，高促销费用能够快速建立知名度，占领市场。一般而言，在产品引入阶段，只要新产品比替代的产品有明显的优势，市场对其价格就不会那么计较。采用这一战略的假设条件是：

（1）产品有较大的需求潜力；

（2）目标顾客求新心理强烈，急于购买新产品；

（3）酒店面临潜在的竞争和想建立品牌偏好。

2．缓慢撇脂战略

缓慢撇脂战略是以高价格、低促销费用推出新产品，目的是以尽可能低的费用开支求得更多的利润。采用这一战略的假设条件是：

（1）大多数的市场已知晓这种产品；

（2）购买者愿出高价；

（3）不存在潜在竞争。

3．快速渗透战略

快速渗透战略即以低价格和高促销的方式推出新产品。目的在于先发制人，以最快的速度打入市场，取得尽可能大的市场占有率。然后再随着销量和产量的扩大，使单位成本降低，取得规模效益。采用这一战略的假设条件是：

（1）市场规模很大；

（2）潜在消费者对产品不了解，且对价格十分敏感；

（3）潜在竞争很激烈；

（4）产品的单位制造成本可随生产规模和销售量的扩大而迅速降低。

4．缓慢渗透战略

缓慢渗透战略即以低价格和低促销的方式推出新产品。低价可扩大销售，低促销费用可降低营销成本，增加利润。这种策略的适用条件是：

（1）市场容量大；

（2）市场上该产品的知名度较高；

（3）市场对价格相当敏感；

（4）存在某些潜在的竞争者，但威胁不大。

（二）成长期

新产品经过市场引入期以后，消费者对该产品已经熟悉，消费习惯也已形成，销售量迅速增长，这种新产品就进入了成长期。进入成长期以后，老顾客重复购买，并且带来了新的顾客，销售量激增，酒店利润迅速增长，在这一阶段利润达到高峰。随着销售量的增大，酒店生产规模也逐步扩大，产品成本逐步降低，新的竞争者会投入竞争。随着竞争的加剧，新的产品特性开始出现，产品市场开始细分，分销渠道增加。酒店为维持市场的继续成长，需要保持或稍微增加促销费用，但由于销量增加，平均促销费用有所下降。随着促销成本被大量的销售额所分摊，利润增加。由于“经验曲线”的影响，产品单位生产成本比价格下降得快。针对成长期的特点，酒店为维持其市场增长率，延长获取最大利润的时间，可以采取以下几种策略。

（1）酒店改进产品质量和增加新产品的特色和式样。

（2）酒店增加新样式和侧翼产品。

（3）酒店进入新的细分市场。

（4）酒店扩大分销覆盖面并进入新的分销渠道。

（5）酒店营销从产品知觉广告转向产品偏好广告。

（6）酒店降低价格，以吸引对价格敏感的顾客。

（三）成熟期

进入成熟期以后，产品的销售量增长缓慢，逐步达到最高峰，然后缓慢下降；产品的销售利润也从成长期的最高点开始下降；市场竞争非常激烈，各种品牌、各种款式的同类产品不断出现。

对成熟期的产品，宜采取主动出击的策略，使成熟期延长，或使产品生命周期出现再循环。为此，可以采取以下三种策略。

1．市场调整

市场调整策略不是调整产品本身，而是发现产品的新用途、寻求新的用户或改变推销方式等，以使产品销售量得以扩大。

2．产品调整

产品调整策略是通过产品自身的调整来满足顾客的不同需求，吸引有不同需求的顾客。整体产品概念的任何一个层次的调整都可视为产品再推出。

3．市场营销组合调整

市场营销组合调整即通过对产品、定价、渠道、促销四个市场营销组合因素加以综合调整，刺激销售量的回升。常用的方法包括降价、提高促销水平、扩展分销渠道和提高服务质量等。

（四）衰退期

大多数的产品形式和品牌销售最终都会衰退。酒店在处理其老化产品时会面临许多任务和决策。衰退期的主要特点是：产品销售量急剧下降；酒店从这种产品中获得的利润很低甚至为零；大量的竞争者退出市场；消费者的消费习惯已发生改变等。面对处于衰退期的产品，酒店需要进行认真的研究分析，决定采取什么策略，在什么时间退出市场。通常有以下几种策略可供选择。

1. 继续策略

继续策略即继续沿用过去的策略，仍按照原来的细分市场，使用相同的分销渠道、定价及促销方式，直到这种产品完全退出市场为止。

2. 集中策略

集中策略是把酒店能力和资源集中在最有利的细分市场和分销渠道上，从中获取利润。这样有利于缩短产品退出市场的时间，同时又能为酒店创造更多的利润。

3. 收缩策略

收缩策略即抛弃无希望的顾客群体，大幅度降低促销水平，尽量减少促销费用，以增加目前的利润。这样可能导致产品在市场上的衰退加速，但也能从忠实于这种产品的顾客中得到利润。

4. 放弃策略

对于衰退比较迅速的产品，应该当机立断，放弃经营，即采用放弃策略。可以采取完全放弃的形式，如把产品完全转移出去或立即停止生产；也可采取逐步放弃的形式，使其所占用的资源逐步转向其他的产品。

【阅读资料】

—百元酒店正处于发展初期，前景看好—

正如星级酒店市场有四星、五星之分，经过多年迅速发展的经济型酒店也步入了市场进一步细分的阶段。如果说2007年进入中国的“我的客栈”还是一个新生事物，那么现在百元酒店这个酒店行业新业态已吸引了众多品牌的目光。业内分析人士认为，百元酒店的出现说明经济型酒店企业正逐渐从一味追求数量扩张转变到寻求服务和产品的突破上来。而这些新变化的出现，也标志着中国经济型酒店正逐渐走向成熟，“百元酒店”这个市场也在多个品牌进入的过程中不断成熟发展。

在我国进入大规模旅游休闲消费阶段的情况下，我国饭店的业态将依据市场的深度细分不断进行创新。“我的客栈”“布丁酒店”“汉庭客栈”“贝壳酒店”“百时酒店”等都是继1997年锦江之星等经济型酒店诞生后的创新业态，具有较大的市场发展潜力。其发展的主要依据是在中国13亿人口中有不同的社会阶层，他们用于旅游的可支配收入是不同的，典型的在空间分布上有一线城市的经济型饭店，也应该有二线城市、三线城市和四线城市的不同的经济型饭店，这些饭店的顾客、他们能承受的价格以及对设施服务的要求是不同的。

百元酒店存在较大的国内市场，会得到较大发展。但是，首先要研究透市场，进行创新，寻找到其品牌持续快速发展的营利模式。百元酒店对原来的经济型酒店会有一定的替代和冲击影响，关键是针对不同档次与价位的酒店自身，需要有独特的“价值卖点”，特别是在市场不断细分的压力下。只要存在足够大的细分市场，在竞争压力下，就会不断创新，进入可营利的细分市场。从这个意义上说，中国饭店市场和品牌将不断细分是一种趋势。与单体和小规模百元酒店比较，背靠汉庭、锦江、格林豪泰这样的酒店集团的百元酒店具有规模、品牌、预订系统、人力资源等方面的综合优势。

百元酒店正处在其生命周期的成长阶段，具有广阔的前景。它会对传统的社会旅馆和青年旅社产生替代与互补作用。并且，在适当时候制定一个具有推荐性质的质量认证标准，具有一定的建设集体品牌的意义。

任务3 酒店CIS战略

CIS简称CI，全称Corporate Identity System，译称企业识别系统，意译为“企业形象统一战略”。具体是指一个酒店运用独特、新颖、鲜明、引人入胜的标志，将酒店的内在气质和外显特征，通过传播向公众进行宣传，借以树立良好的社会形象，达到促销的最终目的。自20世纪50年代美国IBM公司首开先河，采用这一差异化战略取胜市场开始，半个世纪以来CIS风靡世界，被欧美、日韩等国际企业所普遍采用，成为创立国际名牌的现代经营策略，国际行家们称为“赢的策略”“长期开拓市场的利器”。

一、CIS战略组成

CIS战略一般由三大要素组成：理念识别（Mind Identity，MI）、活动识别（Behavior Identity，BI）、视觉识别（Visual Identity，VI），三个要素是相互联系的统一整体。企业理念是酒店的精神和灵魂。理念就是指酒店经营管理的观念，也是CIS战略的核心。活动识别是酒店动态的识别形式，酒店的各种活动要充分体现出酒店的理念，这样才能塑造出良好的酒店形象。视觉识别是酒店的静态识别形式，酒店的标志、标准色是通过视觉系统将酒店的形象传递给大众的。而活动识别和视觉识别只有具备了正确的思想内容，充分反映了酒店的精神和理念时才能发挥更大的作用。

在当前的市场竞争中，酒店形象的塑造至关重要，它已成为推动企业发展的一种动力。这种动力的大小取决于企业理念识别MI、活动识别BI、视觉识别VI三个要素的高度一致。而实施CIS战略的目的就在于进一步加强这一动力，使企业通过完整的系统创意，将酒店的经营观念、酒店的个性，通过动态和静态的传播方式，引起大家的注意，树立良好的形象，使广大消费者产生对酒店及其产品的信赖和好感的心理效应，这就是CIS战略的根本任务。CIS所倡导的一个基本核心概念是“形象”。它认为，对现代酒店而言，形象是继人、财、物之后的“第四种资源”，形象力与商品力、竞争力共同构成了现代酒店的竞争优势。而这种综合竞争优势对酒店业而言尤为重要。与此同时，酒店业的消费群体也发生了深刻的变化，宾客由原先注重理性消费、看重物质效用转变为注重感性消费、看重精神消费。

二、CIS的表现形式

CIS通过一系列完整的、独特的识别系统来表现酒店的形象内涵。其中最重要的是理念识别系统，它表现为酒店在生产经营管理过程中所确定的发展战略、经营信条、价值观念、精神风貌、活动领域等内容。

其次是酒店的行为识别系统，它更多地表现为一种动态的形象，包括酒店在经营过程中组织策划的管理活动和经营活动的综合。

再次是视觉识别系统，它是最外化的形象要素，包括酒店的名称、标志、色彩、建筑设计、气氛控制、宣传海报等。

酒店企业导入CIS，不是纯粹引进形象概念，关键在于酒店在日常的运作过程中怎样体现形象力，使CIS活化为企业经营中最活跃的生产要素。因而，酒店必须借助一定的手段将CIS的各种要素落到实处，实现“广而告之”的目的，让酒店内部员工产生认同感，为社会大众所识别和记忆。这就需要借助于各种传播技巧进行宣传扩散。

三、CIS的宣传扩散

酒店可借助能概括酒店文化的口号作为其形象文化的基本标志，在此基础上，既可通过报纸、电视、杂志、户外广告、互联网、自办刊物等大众媒介进行宣传，又可通过各类主题活动的方式加以扩散。CIS的宣传扩散是一项持久的信息沟通活动，不仅包括视觉上的沟通，更包括心灵上的沟通，以实现心灵上的共鸣。

四、CIS的多重职能

首先协调其鲜明的识别效用：在信息社会中，“注意力”成为酒店关注的焦点，注意力的强度几乎和企业竞争力的大小直接相关。CIS通过视觉化的符号首先鲜明地展现了酒店企业形象，确保形象宣传有主题、有特色、有规格。其次表现为巨大的整合效用，通过导入CIS，酒店深刻反省了经营管理过程中的不足，明晰了需要构建的酒店文化体系，整合了酒店内部的资源优势，强化了酒店内部的凝聚力，提升了酒店的综合竞争力。这对实行联合（连锁）经营的酒店集团而言尤为重要。而且，CIS所凸显的功能具有长期性、战略性和全局性。

五、CIS的本质特征

CIS以形象作为突破口，以提升形象力为目标，其实质是一种差异化、风格化、个性化的企业形象战略体系。

它将酒店的各种要素简单地浓缩成一个简洁的视觉符号，一种鲜明的色彩基调，一句凝练的企业口号，一系列丰富的企业行为，一整套独特的价值文化体系，这些符号、色彩、口号、行为、文化等全方位运转，给社会公众和内部员工造成一种强烈的冲击和震动，引起公众对酒店的关注，形成对酒店的深刻印象，产生对企业的偏爱和信任，最终形成一种心理和思维上的定式，并与酒店建立一种稳固的合作关系、支持关系和信赖关系。

【阅读资料】

— 广州大厦的CIS策略 —

我国广州市北京路有一家在CIS领域运用得较成功的四星级酒店——广州大厦，是广州市政府办公室属下的一个接待单位。广州大厦有这样一个与众不同的创新理念：跳出酒店做酒店。意用一个“旁观者清”和客人心态来反观自己的企业，避免在酒店工作太久，思维受到行规约束而跟不上时代。我们来看看广州大厦根据“跳出酒店做酒店”的这个创新理念来如何给自己的事业领域形象定位的。

1998年，全球星级酒店几万家，多数酒店都是这样定位：商务型酒店、会议型酒店、度假型酒店或综合型酒店。广州大厦根据当时的情况结合政治和自身因素，破天荒地打出了“全国第一家公务酒店”的品牌定位策略，当即在市场引起轰动，全国各地的酒店同行、新闻记者，纷纷前来访问。旅游杂志连续一年以热门话题报道广州大厦的经营管理、创新模式，并引发了一场全国政府接待宾馆对“公务酒店”的舆论和学习热潮。这就是“一招鲜，传遍天”的至高软性宣传、公关营销策略。

广州大厦对市场有敏锐的眼光和独到的洞察力，既善于开发新产品，又擅长行为系统的公关策略。大厦35层有20层是客房，重要收入部门就是客房。广州大厦内设国内第一家色彩设计所，专家们巧妙地利用色彩调配把大厦不好租或只能低价租的角边房设计装饰成春、夏、秋、冬四季分明的特色房，经推荐迎合了部分人士对特色房的偏好，因数量有限，价格不但提高了而且还特别好租。2001年8月，大厦又提出设计满足商务和公务人士需求的精品迷你小套间，在原来的单双床数量、结构不合理或不适合顾客需求的房间进行改造，无须增大房内空间就达到了很好的效果。不但为酒店从长远战略保持长久的市场占有率和立于不败之地提供了保证，更为当前的客房贬值立刻转化为增值（有限变无限）提供了可能，为新产品赢得了形象。

广州大厦喜开当地的先河，不但在开发新产品方面先人一步，以新产品赢得形象，在行为公关策略方面也高人一筹。广州大厦打出全国第一家四星级公务酒店，制造社会舆论热潮只是其刚走出的第一步，紧接着为了保持这个公务酒店特有的模式长远地运作下去而不偏离轨道，又在当地率先通过ISO9002体系认证。

广州大厦在设计视觉识别VI时，更是与MI、BI紧密配合。筹建期就首先把外墙设计成具有代表意义的木棉花形状（木棉花是广州市市花，与广州大厦的稻穗标志意义相同），再结合持续发展之道必须环保，故把鲜红的木棉花颜色特意改成环保绿色，与广州花园酒店和南方航空公司的木棉花形象区分开来。现在矗立在北京路上的广州大厦正面墙饰，便是一个从一层到三十五层的巨型绿色木棉花造型，并以绿色木棉花标志与“我在广州有个家，请常回家看看”作为基本要素，应用到大厦的“雅格”车队、市长亲自命名的“广州一号”游轮和店内外常用易耗品、物件、设备、服饰，如：客房的电话、牙刷、拖鞋、垃圾筒、水壶、中餐餐具、公共设施、办公用品、信封、笺、文件夹、礼品袋、购物袋、布草、店围广告等。大厦对某些易耗品考虑得更是细致入微，不但讲究实用、美观，还要从醒目、鲜明，可以让客人方便带回去收藏留念等方面来设计。如礼品袋是多数行业都运用的一种广告宣传媒介，广州大厦在2001年对所有的易耗品设计了一套十分鲜艳的视觉识别图案。时值8月中秋，月饼成为人们过节和送礼的必需品，醒目而与众不同的图标自然能在众多的品牌中更引起市民的注意。随着几十万盒高品质的月饼在市面上不停地流动冲击市民的视觉，月饼吃了，礼品袋还可以再次使用，袋上“常回家看看”的宣传口号更能使人多一分亲情团聚的思念。

任务4 酒店品牌化策略

一、什么是酒店品牌

（一）品牌（Brand）的定义

品牌是一个或一群生产者、经营者，为了识别其产品，并区别于其他竞争者，所用的一种具有显著特征的标记。品牌可以是一个名称、一个术语、一个记号、一种象征或设计，也可以是以上所有因素的组合。品牌是用于辨别不同企业或产品的不同图形、文字或图形文字的有机结合。所有品牌的名称、品牌标志和商标都是品牌或品牌的一部分。

（二）产品品牌的构成

（1）品牌名称（Brand Name） 品牌中用语言称呼的部分。

（2）品牌标志（Brand Mark） 品牌中能够识别、又不能用语言直接读出的部分。

（3）商标（Trade Mark） 按法定程序向商标注册机构提出申请，经审查予以核准，并授予商标专用权的品牌或品牌的一部分，受法律保护。

顾客对一个品牌的态度如图4-2所示。

品牌知晓（brand awareness）：知道该品牌。

品牌接受（brand acceptability）：不拒绝购买该品牌。

品牌偏好（brand preference）：喜欢该品牌。

品牌忠诚（brand loyalty）：只购买该品牌。

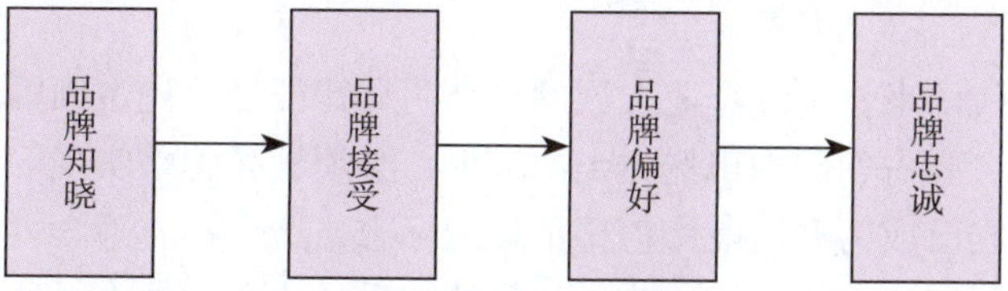

图4-2 顾客的品牌态度

二、品牌营销的必要性

酒店业的竞争越来越激烈，“品牌经营”已成为大多数酒店追求的目标。这些年来，酒店之间的竞争已从局部的产品竞争、价格竞争、资金竞争、人才竞争、技术竞争、信息竞争等发展到整体竞争，即企业品牌和企业形象竞争。可以说，21世纪的竞争就是品牌的竞争。酒店品牌则是指长期以来由于其优质、高效、特色、个性化的服务而在广大消费者心中建立的形象，具体以其名称为代表。如“假日酒店”“希尔顿酒店”“香格里拉”等都是国际著名的酒店品牌，品牌是企业的无价之宝，是实施差异化策略的有效手段。在当前酒店业需求不足的买方市场下，单一需求的同质大市场已不复存在，取而代之的是异质特色非常突出的个性化市场，任何酒店都不可能提供满足整个市场需求的服务。因此，酒店业必须重新考虑目标市场，并且结合自身的特征，发挥自身的优势。当前我国酒店业普遍品牌意识不强，缺乏忧患意识，具有国际竞争能力的国内酒店品牌极少，因而强化酒店品牌意识，研究形成具有我国特色的酒店品牌创立方法势在必行。

（一）酒店品牌的优势要求

1．质量优势

高质量是造就品牌的基础，因而品牌应是同类产品中的佼佼者。人们购买品牌，不仅是因为它便于使用，更因为它物有所值的高质量或是超质感能给人们带来安全感、舒适感、甚至成就感。到酒店消费的宾客追求的不仅仅是物质上的需求的满足，更偏向于精神上和地位的需求的满足。因而高质量的或超质感的品牌，对宾客更具有吸引力。

2．价格优势

品牌的优势还表现在它的“稀缺性”。有利于酒店通过控制产品或服务的“稀缺性”来控制价格，掌握定价的主动权。“稀缺性”越强表明它能满足一些宾客特殊偏好的效用越大，这类宾客对这种产品就越忠诚，其他产品对该品牌产品的替代性就越小。因此当酒店产品价格发生变相降价时，由于宾客对该产品的忠诚和信任，他的敏感程度就越低，就能够在市场价格不稳定时建立一个不易动摇的竞争地位。

3．不对称性优势

从获利角度看，每位顾客制造的销售业绩是不等的。帕累托原则（PARETO）认为：20%的顾客可以制造出80%的销售业绩。另外的80%的顾客只创造20%的销售业绩。酒店树立了品牌，可以利用这种不对称性确立目标市场，细分所有的宾客，为酒店寻找获利的最佳机会点，在差异化营销观念的指导下，酒店业可根据不同的获利机会来区分客源，提供同类客人所需的产品。抓住重点（20%的宾客），也就抓住了酒店获利的最佳机会，兼顾非重点（80%的宾客），即争取非重点的宾客（这些宾客制造出20%的销售业绩），从而有利于酒店集中精力针对主要目标市场，提高工作效率，达到事半功倍的效果。

4．通行证优势

进入20世纪90年代以来，全球企业发展的一个明显特征是首先占领国内市场，然后打入国际市场。事实已证明，要占领国内市场，走向世界，必须靠品牌来实现。如金钥匙是国际酒店服务业的品牌产品，它已成为酒店业中值得信赖的标志，这个标志隐含着一种跨种族的共同文化内涵，就像奥运会的五环标志一样，为世界各地的委托代办从业人员所接受，这与它的品牌创立理念是分不开的。因此，品牌就像一张绿卡，是酒店业占领国内市场，走向世界的通行证。

（二）酒店业特点的要求

酒店的服务性要求酒店业必须创立品牌作为酒店竞争的有力武器。从酒店的业务活动本质来说，并不是生产和销售有形的物质产品，而是凭借酒店的设备设施向宾客提供一种无形服务，宾客最终得到的只是一种服务的效用和对服务过程的一种体验。所以，在酒店的业务活动中，酒店提供服务的过程和宾客消费服务的过程处于同一时间和空间（生产和消费同步性），宾客只能现场享用，一般无法带走，且酒店无法事先检验和事后储存（不可储存性）无形服务也无专利（缺乏所有权）可言，而品牌特有的优势可以帮助酒店业扬长避短。

酒店服务性特征决定了酒店客源必须及时、充足，才能保证酒店产品能够销售出去，酒店资源充分利用，酒店品牌的优势可以给酒店树立良好的形象，提高宾客对产品的认识，培养宾客对产品的偏好，从而使宾客对酒店产品形成忠诚度和信任度，使自己的产品和服务与竞争对手的产品和服务明显区别开来，以吸引更多的客源。无疑，品牌的创立成为一道牢固的屏障，它不仅很好地抵御了竞争对手的入侵，而且能成为战胜对手、击败对手的武器。所以，酒店品牌的创立是酒店取胜的关键。

（三）品牌的创立是酒店业成功的关键

无论是假日酒店、希尔顿酒店、马里奥特酒店还是喜来登酒店，它们都是酒店业成功的典范。尽管国际酒店品牌成功的途径各有不同，但它们的成功经验有其共同之处，如都非常重视本酒店的市场定位、经营策略、经营特色、标准化服务以及人才的培养等方面。只有将这些因素有机结合起来，形成各自的特色和个性，才能为酒店品牌的创立打下良好的基础。酒店品牌的创立也是酒店业取得成功的捷径，是酒店业成功的关键。

三、酒店进行品牌营销的关键

品牌是酒店的象征，不仅代表着酒店产品和酒店本身，更体现着酒店顾客的利益。因此，在进行酒店品牌营销时，应关注酒店本身、酒店产品和顾客需求三大要点。

（一）酒店本身

酒店品牌是酒店企业的代名词，酒店的经营属性、类别和风格等都是酒店品牌制定的依据，酒店企业本身的发展历史、经营战略、企业文化、团队气氛、行为准则等都深深影响着广大顾客对酒店的整体形象的感知，更与酒店品牌价值息息相关。因此，在进行酒店品牌营销时，必须结合酒店本身的特点，从企业的角度出发，使酒店企业的形象、酒店未来的发展战略等都与酒店品牌的营销推广相吻合。

（二）酒店产品

酒店产品的特征是制定酒店品牌营销策略的重要依据，优秀的酒店产品和服务也是酒店品牌得以生存和发展的重要保障。当前世界著名的酒店集团纷纷在全球范围内实施多品牌经营策略，品牌创立的依据就是酒店集团所经营的不同产品特色，人们甚至通过品牌来识别酒店的产品和服务。

另外，酒店品牌的价值要通过酒店产品和服务体现，优质的酒店服务产品是提升顾客价值的重要途径，酒店品牌营销的最终目的是吸引新顾客、留住老顾客。因此，酒店产品是酒店品牌营销关注的要点之一。

（三）顾客需求

酒店品牌的营销推广要加强与顾客的联络，应通过分析消费市场的特点，根据顾客的消费心理偏好和消费行为特征来制定酒店的品牌营销战略。市场需求和顾客偏好是进行酒店品牌营销的着力点，酒店企业在进行品牌营销时，必须时时关注市场动态，掌握顾客需求，并通过积极的品牌营销策略来引导市场需求，创造顾客需求，从而为酒店赢得更多的顾客。

四、酒店品牌营销策略

（一）形象制胜策略

形象制胜策略指通过酒店形象设计，即CI（Coporation Image）来提高酒店品牌的认知度和美誉度，树立酒店鲜明、独特和持久的品牌形象。在品牌设计上，酒店的名称标志等都应精心设计，易读易记，并注重品牌的文化内涵建设。酒店还应着力于企业文化建设，要努力落实以人为本的管理理念，真正做到员工第一、顾客至上，努力缩短顾客与酒店之间的心理距离，将酒店品牌所蕴含的文化内涵与实际结合起来。

（二）产品创新策略

产品创新要根据市场需求，根据消费者的喜好进行产品和服务的创新改造。产品创新策略应结合酒店产品具有的服务的无形性的特点，着力从产品的内容、产品的表现形式、产品的功能等方面进行创新，要根据市场需求进行新产品的策划，并通过对酒店员工的培训，提高员工的服务技能，从而增加酒店产品的价值。

酒店产品应从加强个性化服务的角度进行创新。随着酒店市场的不断转变，以及客源市场的逐步细分，客人除对酒店的硬件设施有较高的要求外，对服务的感受也更为细致。如果酒店仍停留在原来传统的“三化”，即“标准化、规范化、程序化”上，便很难适应和满足现在客人的需求，更难以吸引新的客户和留住老客户。客人对酒店的忠诚度与对酒店服务的满意度是不成正比的，就算一家酒店可以给客人很满意的服务，也无法令这位客人对酒店有很高的忠诚度。因为酒店行业的市场竞争太激烈，客人可以选择的同类产品太多。如果酒店没有一些与众不同、迎合客人需求的服务，就不会赢得回头客，而个性化服务就是与众不同的特别之处。怎样吸引客人和留住客人，就要看客人需要什么，酒店可以提供什么服务，必须做得比其他酒店好。必须根据自身的特点，通过关注客人的需求来发挥优势，创造个性化服务才是酒店长足发展的保证。

（三）强强联合策略

强强联合策略指酒店应通过资源共享、市场共推和企业联盟等方式来共同进行酒店的品牌营销。可以通过联合组建酒店集团或者通过各种合作来使自己迅速强大，从而增强酒店品牌的知名度，扩大酒店的市场份额。由于酒店品牌必须由酒店的服务和产品作支撑，因此，酒店在打造品牌、进行品牌营销的同时，也应不忘提升酒店自身的产品和服务质量，使酒店品牌名副其实。

（四）渠道拓展策略

酒店品牌营销的一般途径是通过电视广播、报纸杂志以及网络媒体等进行品牌的宣传和推广。渠道拓展策略则指酒店在利用原有营销手段的基础上，积极地拓展营销途径和创新营销手段，如采用事件营销、借力营销、话题营销、危机营销等，通过创新营销方式来进行造势和炒作，引起广大公众的注意力，从而达到酒店品牌营销的目的。需要注意的一点是，无论运用何种渠道来进行酒店品牌的营销，都应立足于酒店自身的特点和产品特色，不能与之发生背离。

（五）科技领先策略

科技领先策略即指通过使用各种经济手段和技术手段，构建强大的酒店品牌营销网络，进行酒店品牌的营销。与国外先进的科技相比，我国的酒店品牌营销则略显逊色，大多数的本土酒店至今仍然采用简单的市场营销方式。这也是我国酒店企业与国际酒店集团产生较大差距的重要原因之一。因此，掌握先进的品牌营销技术，实施科技领先策略是酒店品牌营销的一项重要策略。

五、酒店品牌建设的步骤

（一）强化品牌营销观念

在酒店品牌的创立过程中，酒店品牌营销观念的建立是酒店的出发点和基础。酒店营销观念建立的关键在于：发现需求并满足需求。这里的需求包括两个层次：酒店所选择的目标消费者的需求和满足社会的需求。在这种营销观念的指导下，酒店才有可能按照消费者的需求设计产品、核算成本、制定相应的价格，从而树立消费者对酒店产品的信赖。在满足消费者需求的同时，酒店也要努力满足社会各方面的需求，例如生态环境和精神文明的需求，绿色酒店、绿色营销就是满足这方面的需求。营销观念在酒店的具体运用时，又可以进一步分为酒店概念营销和酒店情感营销。

（二）准确的市场定位

酒店品牌的市场定位需要从市场机会入手，然后进行市场细分化、目标化，最后完成定位。在定位的基础上，我们可以展开定位营销。定位营销一般可分为三个步骤。

（1）确认潜在的竞争优势；

（2）准确选择竞争优势；

（3）准确地向市场传播企业定位观念。

（三）多品牌策略的灵活应用

所谓多品牌战略是指一个酒店发展到一定程度后，利用自己创建起来的一个知名品牌延伸到开发出多个知名品牌的战略计划，并且多个品牌相互独立，而又存在一定的关联，而不是毫不相干，相互脱离的。

希尔顿集团认为，建造和管理多少酒店是次要的，重要的是在什么地方建造和用什么品牌管理。酒店品牌建设可以从现状着手实行复合品牌，复合品牌包括多品牌和主副品牌。主副品牌也有两种形式，一种是企业品牌加产品品牌，另一种是产品主品牌加产品副品牌。品牌和文化是相辅相成的，文化是品牌的基础，品牌是文化的提炼，因此，我们要重视品牌研究和文化特色的研究，重视本土品牌的培育，争取有更多本土品牌的知名企业崛起于世界企业之林。

【阅读资料】

—— 万豪酒店的品牌化发展 ——

自2001年9月以来，全球酒店业一直低迷，但万豪酒店集团的业务却蒸蒸日上。其中奥妙何在？

在消费趋势呈现两极化的今天，有些酒店采纳了趋优消费策略，打造顶级豪华客房，从软硬件上达到竞争者无法超越的位置；有些酒店采用趋低消费策略，积极增加客房，高质量低收费，以高入住率取胜；还有极少数两面出击，两面开花，取得极大成功。

就像丰田汽车、LG电子那样，万豪酒店“横跨两极”，在趋低市场凭借万怡、温泉山、费尔菲尔德等经济连锁酒店冲锋陷阵，有意识地控制面向中档市场的万豪和万丽的客房规模，在趋优市场则主打丽思·卡尔顿，并且打造了一个新的“六星级”品牌布尔加利度假酒店。得益于这种跟随市场变化的策略，万豪最近几年的收益获得大幅增长。

那些企业高层的商务客人和富有的度假者们，依然支撑最高端市场缓慢而稳定的增长。但与此同时，丽思·卡尔顿、四季、半岛等豪华、超豪华酒店发现自己要面对很多麻烦，如何体现出自己与其他酒店的不同之处，如何改进服务，让他们觉得酒店的天价消费值得，都是需要考虑的问题。同时，趋低市场的旅馆例如瑞伏洛奇（Travelodge)、速8（Super8)发展起来了。低档客房的比例从1994年的32%上升到2001年的43%。它们开始提供一些之前中端甚至高端酒店提供的软件和硬件，例如改善了寝具，提供了上网服务，配备了游泳池和健身房。

而中档市场的酒店客房比例却在不断下降，从1994年时的62%下降到2001年的51%。这些中端客房在硬件上似乎与趋低酒店不差什么，它们也远做不到像五星级酒店那样，能记住客人的名字，照顾到每一个细节。这使得这些酒店的客人只是一些经费有限的商务客人和会议客人。

即使是这些客人也还在向两极不断分散。从2001年到2004年，酒店业的年复增长率为4.4%的负增长，在这种情况下，中档客房下跌了3%，高档客房市场份额上升0.5%，而低档客房则上涨了3%。2003年酒店业开始复苏，反弹最快的是市场两端，它们的利润也是最大的。

万豪曾经作为中档酒店品牌被人们很早熟知，然后一步步通过收购和创立成为一个掌握多个不同定位子品牌的酒店集团。而现在，万豪集团正在稳步实施“横跨两极”的策略。

经过多年的发展和演化，万豪酒店现在一共管理着18个品牌。其中既有针对高端市场的丽思·卡尔顿豪华酒店，构建了由超过30家万豪酒店构成的豪华组合；又有趋低化的瞄准商务客人的万怡、盯住休闲客人的费尔菲尔德旅馆。

1995年，万豪国际集团购得了丽思·卡尔顿豪华酒店49%的股票，1998年，又购得了其余部分。在两者相互扶持的发展中，丽思·卡尔顿的“狮头与皇冠徽标”为万豪带来了更好的声誉与更卓著的品牌，而万豪让丽思·卡尔顿酒店在数量上增长了一倍。

该品牌还通过专为社会名流及显贵要人而设计的产品来扩大自己品牌的知名度，从造价数百万美元的城市酒店到度假胜地的私人俱乐部，应有尽有。

2001年2月，万豪宣布与意大利珠宝公司布尔加利（Bulgari)合资开始一个全新的豪华酒店品牌：布尔加利度假式酒店。它们要建造一个“超五星”的超豪华酒店，平均房价达到800美元。如今，万豪集团已成为世界上著名的酒店管理公司。

【项目实践应用】

1. 为一家酒店做品牌，看其品牌定位是否准备，品牌宣传是否到位。

2. 找一家熟悉的酒店分析其产品特征，并看其具备哪个生命周期阶段的特点。

3. 对本市不同行业的企业进行分类。各小组选择其中一个行业作为实训对象。各小组选择该行业中2～3个类型的产品作为研究的样本（需经教师确认）。由小组组织市场调研，针对样本产品的整体概念、市场生命周期等问题收集市场信息、确定所研究产品的整体概念和市场生命周期阶段。根据研究结论，针对该产品的竞争和营销现状提出改进方案，并进行班内交流。

【拓展阅读】

1. 建议阅读书籍

（1）菲利普·科特勒（Phillip Kotler）. 旅游市场营销［M］. 沈阳：东北财经大学出版社，2006.

（2）菲利普·科特勒（Phillip Kotler）. 营销管理［M］. 上海：上海人民出版社，2005.

（3）刘明会. 饭店营销技巧［M］. 北京：中国劳动社会保障出版社，2005.

（4）郑红. 现代酒店市场营销［M］. 广州：广东旅游出版社，2007.

（5）洪涛. 饭店管理实务［M］. 南京：东南大学出版社，2007.

2. 建议阅读文章

（1）唐跃工. 直面WTO挑战，现代酒店导入CIS的策略［J］. 湘潭师范学院学报，2009（5）.

（2）王小青. 浅谈酒店的品牌策略［J］. 现代商业，2010（1）.

（3）申红艳. 如何在品牌营销时代实施品牌战略［J］. 特区经济，2009（10）.

（4）马爱华. 饭店业营销的几点思考［J］. 河南理工大学学报，2004，（4）.

（5）金怀玉. 当前我国酒店营销的现状、问题及对策［J］. 生产力研究，2007（7）.

3. 建议浏览网站

（1）中国旅游饭店网，http://www.ctha.com.cn/

（2）旅游研究空间站，http://www.cttr.cn

（3）中国管理营销网，http://www.chinayx.org

项目五

酒店的定价策略

■ 项目学习目标

掌握酒店产品的定价方法，通过灵活的价格策略有效地实现酒店的经营目标。

■ 项目学习任务

1. 了解酒店产品定价策略
2. 熟悉影响酒店产品价格调整的因素；掌握酒店定价的方法及策略；掌握酒店营销的特点和应用
3. 能够运用正确的酒店产品定价方法分析评价酒店的定价策略并能为新产品确定合理价格

■ 重点概念

市场占有率　酒店利润最大化　撇脂定价策略　渗透定价策略　需求弹性

【案例导入】

— 广交会酒店客房价格 —

2009年广州酒店业的竞争非常激烈，酒店市场已基本处于饱和状态。据广州酒店协会提供的数据：2009年广州2000多家住宿企业中，星级酒店200多家；相当规模的商务酒店100多家；经济类型的住宿设施（即“经济型酒店”）超过1400家；还有数十家全球顶尖的国际品牌及本土“老字号”五星级酒店。虽然足够的房源极大地满足了来穗游客、采购商对不同品质住宿条件的要求，但同时也出现了“供大于求”的现象。

广州市物价局公布的2010年广交会期间宾馆酒店房价标准，房价平均比2009年提高两成以上，已恢复到2008年国际金融危机前的价格水平。

根据此标准，两届广交会举行期间，广州市评定的五星级酒店门市标价指导价分别为：标准房1990元、豪华房2200元、商务房3300元，四星级、三星级和二星级酒店上述3种档次规格的房间标价分别为1530元、1680元、2200元；908元、1000元、1460元；505元、555元、830元。

据悉，上述星级酒店的房价均不含服务费在内，各酒店宾馆其他房型的价格可依据上述3大房型的指导价，由酒店宾馆在不超过上述指导价的范围内自行制定。但套房价格可以由酒店企业根据市场供求关系自行制定。

此外，被评定为白金五星级别的酒店也可以自行确定房价。

广州市物价局表示，广交会期间，广州市经济型酒店房价可以按照二星级酒店的行业指导价标准执行。至于未评定星级的酒店，原则上不得超过二星级酒店同类房型的行业指导价；个别档次较高，且已向旅游行政管理部门提出评星申请的酒店，需提高房价标准的，由旅游企业向广州地区酒店协会提出包括各种房型、数量、价格、所在楼层和房间号等内容的书面申请，由酒店协会报广州市旅游局审核后执行。

任务1 定价目标和定价策略

一、定价目标

定价目标指酒店通过制定一定水平的价格，达到所要的预期目的。定价目标直接影响着酒店产品价格的制定。酒店常见的定价目标有生存、利润最大化、市场占有率和产品质量领先。

（一）生存

当酒店在经营中被生产、销售、竞争等因素所困扰的情况下，往往将生存作为自己的主要目标。在短期内生存比盈利更为重要，在经济不景气时，酒店常常使用这种定价策略。由于酒店产品的不可储存性，一家拥有300间客房的酒店每天晚上都有300间客房要出售。如果需求已经降至每晚只有100间客房，那200间没有出售的客房是酒店的损失，而这种损失是无法挽回的。酒店努力想通过降价来谋求现有条件下的最大现金收益，以便渡过难关，这个策略无疑会影响某些相关的竞争者，甚至会影响到整个行业。酒店业中的竞争者往往对价格非常敏感，一旦意识到威胁的存在，便会立即作出反应。

（二）利润最大化

最大利润又有长期利润和短期利润之分，还有单一产品最大利润和酒店全部产品综合最大利润之别。一般而言，酒店追求的应该是长期的、全部产品的综合最大利润，这样，酒店就可以取得较大的市场竞争优势，占领和扩大更多的市场份额，拥有更好的发展前景。当然，对于一些中小型酒店、产品生命周期较短的酒店产品、产品在市场上供不应求的酒店等，也可以谋求短期最大利润。

最大利润目标并不必然导致高价，价格太高，会导致销售量下降，利润总额可能因此减少。有时，高额利润是通过采用低价策略，待占领市场后再逐步提价来获得的；有时，酒店可以采用招徕定价技巧，对部分产品定低价，以扩大影响，招徕顾客，带动其他产品的销售，进而谋取最大的整体效益。

（三）市场占有率

市场占有率，又称市场份额，是指酒店的销售额占整个行业销售额的百分比，或者是指某酒店的某产品在某市场上的销售占同类产品在该产品销售总量的比重。市场占有率是酒店经营状况和酒店产品竞争力的直接反映。作为定价目标，市场占有率与利润的相关性很强，从长期来看，较高的市场占有率会带来高利润。因此，以销售额为定价目标具有获取长期较好利润的可能性。

市场占有率目标在运用时存在着保持和扩大两个互相递进的层次。保持市场占有率的定价目标的特征是根据竞争对手的价格水平不断调整价格，以保证足够的竞争优势，防止竞争对手抢夺自己的市场份额。扩大市场占有率的定价目标就是从竞争对手那里夺取市场份额，以达到扩大酒店销售市场乃至控制整个市场的目的。

在实践中，市场占有率目标被国外许多酒店所采用，其方法是以较长时间的低价策略来保持和扩大市场占有率，增强酒店竞争力，最终获得最大利润。但是，这一目标得以顺利实现至少应具备3个条件：酒店有雄厚的经济实力，可以承受一段时间的亏损，或者酒店本身的生产成本本来就低于竞争对手。酒店对其竞争对手情况有充分的了解，有从其手中夺取市场份额的绝对把握。否则，酒店不仅不能达到目的，反而很有可能会受到损失。在酒店的宏观营销环境中，政府未对市场占有率做出政策和法律的限制。

（四）产品质量领先

根据酒店的市场目标战略，为了保证对顾客的服务质量，有些酒店产品的价格较高。例如，丽思·卡尔顿酒店在硬件与软件投入方面成本较高。其一，每间客房建设或装修成本往往超过30万美元；其二，员工招聘采取全球招聘的方式进行，每间客房投入的劳动力成本很高。为了提供豪华的服务，这些酒店不仅要求配备训练有素的员工，而且员工与顾客的比例较高，这就决定了其价格在同行业中是比较高的。

二、定价策略

（一）酒店新产品的定价策略

酒店新产品定价的难点在于无法确定顾客对于新产品的理解价值。如果价格定高了，难以被顾客接受，影响新产品顺利进入市场；如果定价低了，则会影响酒店效益。常见的新产品定价策略，有3种截然不同的形式，即撇脂定价法、渗透定价法和适中定价法。

1．撇脂定价法

新产品上市之初，将新产品价格定得较高，在短期内获取厚利，尽快收回投资。这一定价策略就像从牛奶中撇取其中所含的奶油一样，取其精华，所以称为“撇脂定价”策略。一般而言，对于全新产品、受专利保护的产品、需求价格弹性小的产品、流行产品、未来市场形势难以测定的产品等，均可以采用撇脂定价策略。

利用高价产生的厚利，使酒店能够在新品上市之初，即能迅速收回投资，降低投资风险，这是使用撇脂策略的根本好处。此外，撇脂定价还有以下几个优点。

第一，在全新产品或换代新产品上市之初，顾客对其尚无理性的认识，此时的购买动机多属于求新求奇，利用这一心理，酒店通过制定较高的价格，以提高产品身份，创造高价、优质、名牌的印象。

第二，先制定较高的价格，在其新产品进入成熟期后可以拥有较大调查余地，不仅可以通过逐步降价保持酒店的竞争力，而且可以从现有的目标市场上吸引潜在需求者，甚至可以争取到低收入阶层和对价格比较敏感的顾客。

第三，在新产品开发之初，由于资金、技术、资源、人力等条件的限制，酒店很难以现有的规模满足所有的需求，利用高价可以限制需求的过快增长，缓解产品供不应求的状况，并且可以利用高价获得的高额利润进行投资，逐步扩大生产规模，使之与需求状况相适应。

当然，撇脂定价策略也存在如下一些缺点。

第一，高价产品的需求规模毕竟有限，过高的价格不利于市场开拓、增加销量，也不利于占领和稳定市场，容易导致新产品开发失败。

第二，高价高利会导致竞争者的大量涌入，仿制品、替代品迅速出现，从而迫使价格急剧下降。此时若无其他有效策略相配合，则酒店苦心营造的高价优质形象可能会受到损害，失去一部分顾客。

第三，价格远远高于价值，在某种程度上损害了顾客利益，容易招致公众反对和顾客抵制，甚至会被当作暴利来加以取缔，诱发公共关系问题。

从根本上看，撇脂定价是一种追求短期利润最大化的定价策略，若处置不当，则会影响酒店的长期发展。因此，在实现当中，特别是在顾客日益成熟、购买行为日趋理性的今天，采用这一定价策略必须谨慎。

2．渗透定价法

渗透定价法是与撇脂定价相反的一种定价策略，即在新产品上市之初将价格定得较低，吸引大量的购买者，扩大市场占有率。利用渗透定价的前提条件如下。

（1）新产品的需求价格弹性较大。

（2）新产品存在着规模经济效益。

采用渗透价格的酒店无疑只能获取微利，这是渗透定价的薄弱之处。但是，由低价产生的两个好处是：首先，低价可以使产品尽快为市场所接受，并借助大批量销售来降低成本，获得长期稳定的市场地位；其次，微利阻止了竞争的进入，增强了自身的市场竞争力。

对于酒店来说，撇脂策略和渗透策略何者为优，不能一概而论，需要综合考虑市场需求、竞争、供给、市场潜力、价格弹性、产品特性、酒店发展战略等因素才能确定。在定价时，往往要突破许多理论上的限制，通过对选定的目标市场进行大量调研和科学分析来制定价格。

3. 适中定价法

适中定价法策略既不是利用价格来获取高额利润，也不是让价格制约占领市场。适中定价策略尽量降低价格在营销手段中的地位，重视其他在产品市场上更有力或有成本效率的手段。当不存在适合于撇脂定价或渗透定价的环境时，酒店一般采取适中定价。例如，一个管理者可能无法采用撇脂定价法，因为产品被市场看作是极其普通的产品，没有哪一个细分市场愿意为此支付高价。同样，他也无法确定产品的质量，会认为低价代表低质量；或者是因为，如果破坏已有的价格结构，竞争者会作出强烈反应。当顾客对价值极其敏感，不能采取撇脂定价，同时，竞争者对市场份额极其敏感，不能采用渗透定价的时候，一般采用适中定价策略。

采用适中定价策略还有另外一个原因，就是为了保持产品线定价策略的一致性。

与撇脂定价或渗透定价法相比，虽然适中定价法缺乏主动进攻性，但并不是说正确执行它就非常容易或一点也不重要。适中定价没有必要将价格定得与竞争者一样或者接近平均水平。从原则上讲，它甚至可以是市场上最高的或最低的价格。与撇脂价格和渗透价格类似，适中价格也是参考产品的经济价值决定的。当大多数潜在的顾客认为产品的价值与价格相当时，纵使价格很高也属适中价格。

（二）心理定价策略

每一家酒店都能满足顾客某一方面的需求，其价值与顾客的心理感受有着很大的关系。这就为心理定价策略的运用提供了基础，使得酒店在定价时可以利用顾客心理因素，有意识地将产品价格定得高些或低些，以满足顾客生理的和心理的、物质的和精神的多方面需求，通过顾客对酒店产品的偏爱或忠诚，扩大市场销售，获得最大效益。常用的心理定价策略有整数定价法、尾数定价法、声望定价法、招徕定价法和参照定价法。

1. 整数定价法

对于那些无法明确显示其内在质量的酒店产品，顾客往往通过其价格的高低来判断其质量的好坏。但是，在整体定价方法下，价格高并不是绝对的高，而是凭借整数价格给顾客造成高价的印象。整数定价常常以偶数，特别是“0”作尾数。例如，酒店客房可以定价为1000元，而不必定为998元。这样定价的好处表现为：第一，可以满足购买者炫耀富有、显示地位、崇尚名牌、购买精品的虚荣心；第二，省却了找零钱的麻烦，方便酒店和顾客的价格结算；第三，品牌繁多、价格总体水平较高的产品，利用产品的高价效应，在顾客心目中树立高档、高价、优质的产品形象。

整数定价策略适用于需求价格弹性小、价格高低不会对需求产生较大影响的情况，由于其顾客属于高收入阶层，也甘愿接受较高的价格，所以，整数定价得以大行其道。

2. 尾数定价法

尾数定价法又称“奇数定价法”“非整数定价法”，指酒店利用顾客求廉的心理，制定非整数价格，而且常常以奇数作尾数，尽可能在价格上不进位。例如，把一种餐厅菜品的价格定为19.90元，而不定为20元，可以在直观上给顾客一种便宜的感觉，从而激起顾客的购买欲望，促进产品销售量的增加。

使用尾数定价法，可以使价格在顾客心中产生4种特殊的效应：第一，便宜。标价99元的商品和100.07元的商品，虽仅相差1.07元，但前者给购买者的感觉是还不到“100元”，后者却使人认为“100多元”，因为前者可以给顾客一种价格偏低、商品便宜的感觉，使之易于接受；第二，精确。带有尾数的定价可以使顾客认为商品定价是非常认真、精确的，连几角几分都算得清清楚楚，进而会产生一种信任感；第三，中意。由于民族习惯、社会风俗、文化传统和价值观念的影响，某些数字常常会被赋予一些独特的涵义，酒店在定价时如能加以利用，则其产品将因之而得到顾客的偏爱。例如，我国南方某市一个号码“90506168”的电话号码，拍卖金额达到十几万元，就是因为其谐音为“90年代我一定一路发”当然，某些为顾客所忌讳的数字，如“13”“4”，应该有意识地避开，以免引起顾客地厌恶和反感。

在实践中，无论是整数定价还是尾数定价，都必须根据不同的地域加以仔细斟酌。比如，美国、加拿大等国的顾客普遍认为单数比双数少，奇数比偶数显得便宜，所以，在北美地区，零售价为49美分的商品，其销量远远大于价格为50美分的商品，甚至比48美分的商品也要多一些。但是，日本却多以偶数，特别是“零”作结尾，这是因为偶数在日本体现着对称、和谐、吉祥、平衡和圆满。

3．声望定价策略

声望定价指在定价时，把在顾客中有声望的商店、企业的商品价格定得比一般的商品要高，是根据消费者对某些商品某些商店或企业的信任心理而使用的价格策略。与尾数定价策略迎合消费者的求廉心理相反，声望定价策略迎合了消费者的高价显示心理。这是消费者受相关群体、所属阶层、地位、身份等外部刺激影响而对某些特殊商品愿意花高价购买的心理反应，以达到显示身份、地位、实现自我价值的目的。

这种定价策略通常适用于以下两种情况：第一，在消费者心中有声望的名牌商品，即使在市场上有同质同类的商品，顾客也宁愿支付较高的价格购买这种商品。就如高档酒店的住客，追求的是该酒店的名气，对价格并不在意。因为一般的顾客尤其是年轻人他们往往以价格高低作为衡量质量优劣的标准，认为价高就是质优；第二，为了适应一些特殊消费群体，尤其是高收入阶层爱慕虚荣和追求时尚的心理，商家通常会把一些商品价格定得很高，如各地酒店频现的天价房、天价酒席等。

但是，声望定价策略的运用必须慎重。声望定价既然是相对于那些无名的商品而存在的，价格中的一部分是为虚名付的款，因而这种价格也不是越高越有利。一旦价格高得“离谱”，很可能适得其反，使消费者心目中存在的“价高质必优”的信念产生动摇。

4．招徕定价策略

招徕定价策略是指对某些商品定价很低，以吸引顾客，目的是招徕顾客消费低价商品时，也购买其他商品，从而带动其他商品的销售。广州某些餐厅推出一元一只鸡的策略，目的是把客人吸引进店吃饭进而带动其他菜品的销售。

采用招徕定价策略时，必须注意以下几点。

（1）降价的产品应是消费者普遍接受或常用的，否则没有吸引力。

（2）实行招徕定价的产品，品种要多，以便使顾客有较多的选购机会。

（3）降价商品的降低幅度要大，一般应接近成本或者低于成本。只有这样，才能引起消费者的注意和兴趣，才能激起消费者的购买动机。

（4）降价品的数量要适当，太多商店亏损太大，太少容易引起消费者的反感。

（5）降价品应该有质量保证。不应把过期或变质的食品原料作为降价品，最终只会适得其反。

5. 参照定价策略

参照定价策略是指对一个将要陈列在一个更高价格的同一商标或竞争商标产品旁边的特殊产品确定一个适中的，而不是低廉的价格。这个策略以所谓的孤立效应为基础。孤立效应认为：一个商品如果紧挨着一个价格更高的替代商品出现，将比它单独出现更有吸引力。西方经销商在货物价目表中常常使用这种策略。比如，很多酒店前台标示的特价房，与其他正价销售的房价可以产生强烈的对比，让客人感觉价格很有吸引力。

在运用各种价格策略时，应避免让客人感觉自己被愚弄了。如有些餐厅给客人发优惠卡，等客人消费完时才被告知优惠的范围只有少数的几个菜品，最终优惠下来，只让客人少付了几块钱，引起客人不满。

【阅读资料】

—2015中国酒店业连锁投资与发展报告—

1. 境外游升温引发中国企业海外酒店投资潮，收购战此起彼伏

2014年11月，锦江集团以不少于12亿欧元收购卢浮酒店集团。这次收购不是第一个也不是最后一个，据统计，在2014年，至少有9起国内企业投资收购海外酒店的并购事件。境外游升温引发中国企业海外酒店投资潮，根据中国国家旅游局的数据，中国2014年出境游人次首次破亿达到1.07亿。由于中国企业更加了解中国游客的喜好，这也促使了锦江集团等中国企业加速进军海外酒店市场。

2. “互联网+”助力酒店业迈入移动互联网时代，营销多元化

“互联网+”的本质是传统产业的在线化、数据化。移动互联网时代的特点是信息终端的便携以及用户身份的精准，在此基础上实现的产业跨界融合、多元化营销成趋势。日益演变的OTA渠道和酒店品牌之争，造成酒店业被强势OTA渠道绑架的困境。唯有回归酒店行业本质，用户至上，专注产品和服务，积极塑造酒店品牌，借助互联网给酒店降低营销成本，进行品牌口碑传播、互联网思维模式下的酒店营销，才能在酒店行业中争得一席之地。移动互联网的快速发展催生了酒店行业O2O的巨大机会，酒店行业的O2O蕴藏百亿市场，这也恰恰是酒店从业者觊觎并探寻的机会。

3. “一带一路”助力酒店连锁化发展新机遇

习近平提出的共建丝绸之路经济带和21世纪海上丝绸之路，得到众多国家的积极响应。加强丝路国家旅游合作，打造丝路特色的旅游产品，挖掘“一带一路”历史文化遗产，以及国内沿线省市的积极行动，给连锁酒店业带来难得的发展机会。

4. 经济型酒店发展的瓶颈亟须寻求自我突破

经济型酒店面临产品老化、成本上升、品牌弱化的发展瓶颈，几大经济型酒店集团普遍遭遇盈利下滑的困境。经济型酒店前期通过直营店树立品牌，后期通过加盟收取加盟费来盈利是

基本规律。经济型酒店一方面继续拓展加盟店跑马圈地，通过品牌、加盟费等获利，另一方面积极探索多品牌战略，渗透中高端市场以及提升价值，以此来寻找突破口和出路。

5. 不以酒店经营盈利为目的的高端酒店遭遇严峻困境

自2012年3月国务院召开第五次廉政工作会议后，要求严格控制“三公”消费，中央对“三公消费”的紧缩管控，酒店餐饮业尤其是高端酒店餐饮业整体业绩普遍下滑，高端酒店经营惨淡。

国际知名外资高端酒店品牌重点分布在一二线城市，这些国际知名酒店品牌进入我国后，都会首选一二线城市，只有一二线城市的消费能力才能满足他们的需求，又能发挥他们的国际客源优势。外资酒店品牌在三四线城市存在明显的管理弱化，国外客源明显存在空白地带，因此给中国民族酒店品牌的发展带来良好的机会。

高星级酒店曾经作为房地产行业的附属品，出于品牌效应、拉动规模等综合因素考虑，不以酒店经营为主要盈利途径，高星级酒店已经变成房地产和商业的开发筹码，酒店远离了该行业本质。随着国家转变经济增长方式和房地产市场的调整，酒店到了该计算投资回报率的时刻，回归商业本质，以盈利为诉求。

任务2 定价方法和价格调整

一、定价方法

定价方法是酒店在特定的价格目标指导下，依据对成本、需求及竞争等状况的研究，运用价格决策理论，对产品价格进行计算的具体方法。定价方法主要包括成本导向、竞争导向和顾客导向3种类型。

（一）成本导向定价法

成本导向定价是酒店定价首先需要考虑的方法。成本是酒店生产经营过程中所发生的实际耗费，客观上要求通过酒店产品的销售得到补偿，并且要获得大于其支出的收入，超出的部分表现为酒店利润，以产品单位成本为基础依据，再加上预期利润来确定价格的成本导向定价法，是中外酒店最常用、最基本的定价方法。成本导向定价法又衍生出了总成本加成定价法、目标收益定价法、边际成本定价法、盈亏平衡定价法等几种具体的定价方法。

1. 总成本加成定价法

在这种定价方法下，把所有为生产某种产品而发生的耗费均计入成本的范围，计算单位产品的变动成本，合理分摊相应的固定成本，再按一定的目标利润率来决定价格。其计算公式为：

单位产品价格＝单位产品总成本×（1+目标利润率）

例如，酒店的某道菜肴的单位总成本为32元，酒店确定的目标利润率是150%，那么，该菜肴的价格为：P=32×（1+150%)=80（元）。

采用成本加成定价法，确定合理的成本利润率是一个关键问题，而成本利润率的确定，必须考虑市场环境、行业特点等多种因素。某一产品在特定市场以相同的价格出售时，成本低的酒店能够获得较高的利润率，并且在进行价格竞争时可以拥有更大的回旋空间。

在用成本加成法计算价格时，对成本的确定是在假设销售量达到某一水平的基础上进行的。因此，若产品销售出现困难，则预期利润很难实现，甚至成本补偿也变得不现实。但是，这种方法也有一些优点。首先，这种方法简化了定价工作，他们的价格就会趋于相似，因而价格竞争就会减少；其次，在成本加成的基础上制定出来的价格对顾客和酒店来说都比较公平，酒店能得到正常的利润，顾客也不会觉得额外被剥削。

但是，成本加成定价法是典型的生产导向观念的产物。这种方法只考虑了成本因素，而没有分析市场需求弹性和顾客的心理。因此，无论是在短期还是长期，这种方法都无法使酒店获得最高利润。

2. 目标收益定价法

目标收益定价法又称投资收益率定价法，是根据酒店的投资总额、预期销量和投资回收期等确定价格。目标收益定价法确定价格的基本步骤为：

（1）确定目标收益率　目标收益率可表现为投资收益率、成本利润率、销售利润率、资金利润率等多种不同方式。

（2）确定单位产品目标利润率

单位产品目标利润率＝总投资额×目标收益率÷预期销量

（3）计算单位产品价格

单位产品价格=酒店固定成本÷预期销量+单位变动成本+单位产品目标利润额

与成本加成定价法相类似，目标收益定价法也是一种生产者导向的产物，很少考虑到市场竞争和需求的实际情况，只是从保证酒店的利益出发制定价格。另外，先确定产品销售量，再计算产品价格的做法完全颠倒了价格与销量的因果关系，把销量看成是价格的决定因素，在实际上很难行得通。尤其是对于那些价格弹性较大的产品，用这种方法制定出来的价格，无法保证销量的必然实现，那么，预期的投资回收期、目标收益等也就只能成为一句空话。不过，对手在需求比较未定、供不应求且价格弹性小的商品、市场占有率高、具有垄断性的情况下，在科学预测价格、销售、成本和利润四要素的基础上，目标收益法仍不失为一种有效的定价方法。

3. 边际成本定价法

边际成本是每增加或减少单位产品所引起的总成本的变化量。由于边际成本与变动成本比较接近，而变动成本的计算更容易一些所以在定价实务中多用变动成本代替边际成本，而将边际定价法称为变动成本定价法。

采用边际成本定价法时是单位产品变动成本作为定价依据和可接受价格的最低界限。在价格高于变动成本的情况下，酒店出售产品的收入除完全补偿变动成本外，尚可用来补偿一部分固定成本，甚至可能提供利润。

边际成本定价法改变了售价低于总成本便拒绝交易的传统做法，在竞争激烈的市场条件下具有极大的定价灵活性，对于有效地对付竞争者、开拓新市场、调节需求的季节差异、形成最优产品组合可以发挥巨大的作用。但是，过低的成本有可能被指控为从事不正当竞争，并招致竞争者的报复。

4．盈亏平衡定价法

在销量既定的条件下，酒店产品的价格必须达到一定的水平才能做到盈亏平衡、收支相抵。既定的销量就称为盈亏平衡点，这种制定价格的方法就称为盈亏平衡定价法。科学地预测销量和已知固定成本是盈亏平衡定价的前提。

在此方法下，为了确定价格可利用如下公式：

盈亏平衡点价格（P）＝固定总成本（FC）÷销量（Q）+单位变动成本（VC）

以盈亏平衡点确定价格，只能使酒店的生产耗费得以补偿，而不能得到收益。因此，在实际均将盈亏平衡点价格作为价格的最低限度，通常再加上单位产品目标利润后才作为最终市场价格。有时，为了开展价格竞争或应付供过于求的市场格局，酒店采用这种定价方式以取得市场竞争的主动权。

从本质上说，成本导向定价法是一种卖方定价导向。它忽视了市场需求、竞争和价格水平的变化，有时会与定价目标相脱节，不能与之很好地配合。此外，运用这一方法制定的价格均是建立在对销量主管预测地基础上，从而降低了价格制定的科学性。因此，在采用成本导向定价法时，还需要充分考虑需求和竞争状况，来确定最终的市场价格水平。

（二）竞争导向定价法

在竞争十分激烈的市场上，酒店通过研究竞争对手的生产条件、服务状况、价格水平等因素，依据自身的竞争实力、参考成本和供求状况来确定产品价格。这种定价方法就是通常所说的竞争导向定价法。其特点是：价格与产品成本和需求不发生直接关系；产品成本或市场需求变化了，但竞争者的价格未变，就应维持原价；反之，虽然成本或需求都没有变动，但竞争者的价格变动了，则相应地调整其价格。当然，为实现酒店的定价目标和总体经营战略目标，谋求酒店的生存或发展，酒店可以在其他营销手段的配合下，将价格定得高于或低于竞争者的价格，并不一定要求和竞争对手的产品价格完全保持一致。竞争导向定价主要包括随行就市定价法和产品差别定价法。

1．随行就市定价法

在垄断竞争和完全竞争的市场结构条件下，任何一家酒店都无法凭借自己的实力而在市场上取得绝对的优势，为了避免竞争特别是价格竞争带来的损失，大多数酒店都采用随行就市定价法，即将本酒店某产品的价格保持在市场平均价格水平上，利用这样的价格来获得平均报酬。此外，采用随行就市定价法，酒店不必全面了解顾客对不同价差的反应，从而为营销、定价人员节约了很多时间。

采用随行就市定价法，最重要的就是确定目前的“行市”。在实践中，“行市”的形式有两种途径：第一种途径是在完全竞争的环境里，各家酒店都无权定价格，通过对市场的无数次试探，相互之间取得一种默契而将价格保持在一定的水准上；第二种途径是在垄断竞争的市场条件下，行业中的少数几个大酒店首先定价，其他酒店参考定价或追随定价。

2. 产品差别定价法

从根本上来说，随行就市定价法是一种防御性的定价方法，其在避免价格竞争的同时，也抛弃了价格这一竞争的“利器”。产品差别定价法则反其道而行之，它是指酒店通过不同的市场营销努力，使同种同质的产品在顾客心目中树立起不同的产品形象，进而根据自身特点，选取低于或高于竞争者的产品定价作为本酒店的产品价格。因此，产品差别定价法是一种进攻性的定价方法。

产品差别定价法的运用，首先要求酒店必须具备一定的实力，在行业或某一区域市场占有较大的市场份额，顾客能够将酒店产品与酒店本身联系起来。其次，在质量大体相同的条件下实行差别定价是有限的，尤其对于定位为“质优价高”形象的酒店来说，必须支付较多的广告、包装和售后服务方面的费用。因此，从长远来看，酒店只有通过提高产品质量，才能真正赢得顾客的信任，才能在竞争中立于不败之地。

（三）顾客导向定价法

现代营销观念要求酒店的一切生产经营必须以顾客需求为中心，并在产品、价格、分销和促销等方面予以充分体现。只考虑产品成本而不考虑竞争状况及顾客需求的定价，不符合现代营销观念。根据市场需求状况和顾客对产品的感觉差异来确定价格的方法称作顾客导向定价法，又称“市场导向定价法”“需求导向定价法”。其特点是灵活有效地运用价格差异，对平均成本相同的同一产品，价格随市场需求的变化而变化，不与成本因素发生直接关系。需求导向定价法主要包括理解价值定价法、需求差异定价法和逆向定价法。

1. 理解价值定价法

所谓“理解价值”也称“感受价值”或“认知价值”，是指顾客对酒店价值的主观评判。理解价值定价法指酒店以顾客对酒店价值的理解度为定价依据，运用各种营销策略和手段，影响顾客对酒店价值的认知，形成对酒店有利的价值观念，再根据酒店在顾客心目中的价值来制定价格。

理解价值定价法的关键和难点，是获得顾客对有关酒店价值理解的准确资料。酒店如果过高估计顾客的理解价值，其价格就可能过高，难以达到应有的销量；反之，若酒店低估了顾客的理解价值，其定价就可能低于应有水平，使酒店收入减少。因此，酒店必须通过广泛的市场调研，了解顾客的需求偏好，根据产品的性能、用途、质量、品牌、服务等要素，判定顾客对酒店的理解价值，制定酒店的初始价格。然后，在初始价格条件下，预期可能的销量，分析目标成本和销售收入，在比较成本与收入、销量与价格的基础上，确定该定价方案的可行性，并制定最终价格。

2. 需求差异定价法

所谓需求差异定价法，是指酒店产品价格的确定以需求为依据，首先强调适应顾客需求的不同特性，而将成本补偿只放在次要的地位。这种定价方法是对同一酒店在同一市场上制定两个或两个以上的价格，或使不同酒店产品价格之间的差额大于其成本时间的差额。其好处是可以使酒店定价最大限度地符合市场需求，促进酒店产品销售，有利于酒店获得最佳的经济效益。

根据需求特性不同，需求差异定价法通常有以下几种形式。

（1）以顾客为基础的差别定价　指酒店针对不同的顾客，制定不同的价格。比如，对老顾客和新顾客、长期客户和短期客户、女性和男性、儿童和成人、残疾人和健康人、团体顾客和个体顾客等，分别采用不同的价格。

（2）以地点为基础的差别定价　指随着地点的不同而收取不同的价格，酒店客房因楼层、朝向、方位的不同而满足不同消费者的需求和偏好，平衡市场供求。

（3）以时间为基础的差别定价　同一种产品，成本相同，而价格随季节、日期甚至钟点的不同而变化。酒店在销售旺季，人们接受以稍高的价格购买；而一到淡季，则购买意愿明显减弱。所以，在定价之初就应该考虑到淡、旺季的价格差别。

（4）以产品为基础的差别定价　不同外观、花色、型号、规模、用途的产品，也许成本有所不同，但它们价格上的差异并不完全反映成本之间的差异，而主要区别在于需求的不同。

（5）以销售环节为基础的差别定价　酒店产品出售给批发商、零售商和顾客的价格往往不同，通过经销商、代销商的经纪人销售产品，因责任、义务和风险不同，佣金、折扣及价格等都不一样。

（6）以交易条件为基础的差别定价　交易条件主要指交易量大小、交易方式、购买频率、支付手段等。交易条件不同，酒店可能对产品制定不同的价格。比如，交易批发量大的价格低，零星购买价格高；现金交易价格可适当降低，支票交易、分期付款适当提高；预付订金、连续购买的价格一般低于偶尔购买的价格。

由于需求差异定价法针对不同需求而采用不同的价格，实现顾客的不同满足感，能够为酒店谋取更多的利润，因此，在现实中得到广泛的运用。但是，也应该看到，实行需求差异定价必须具备一定的条件，否则，不仅达不到差别定价的目的，甚至会产生副作用。这些条件包括如下几个方面。

（1）从顾客方面来说，顾客对产品的需求有明显的差异　需求弹性不同，市场能够细分，不会因差别价格而导致顾客的反感。

（2）从酒店方面来说，实行不同价格的总收入要高于同一价格的收入　因而差别定价不是目的，而是一种获得更高利润的手段，所以酒店必须进行供求、成本和盈利分析。

（3）从产品方面来说，各个市场之间是分割的，低价市场的产品无法向高价市场转移　这种现象可能是由交通状况造成的，也可能是由产品本身特点造成的。

（4）从竞争状况来说，无法在高价市场上进行价格竞争　这可能是本酒店已垄断市场，竞争者极难进入；也可能是产品需求弹性小，低价不会对顾客需求产生较大的影响；还可能是顾客对本酒店产品已产生偏好。

3．逆向定价法

逆向定价法主要不是考虑产品成本，而是重点考虑需求状况。依据顾客能够接受的最终销售价格，逆向推算出酒店价格。逆向定价法的特点是：价格能反映市场需求情况，有利于加强与中间商的良好关系，保证中间商的正常利润，使产品迅速向市场渗透，并可根据市场供求情况及时调整，定价比较灵活。

二、价格调整

企业产品价格会受到各种因素的影响。企业的管理人员必须予以认真、充分的分析和研究，才有可能制定出有利于企业生存与发展的合适的产品价格。影响酒店产品定价的因素一般可分为两大类，即内部因素与外部因素。

（一）内部因素

内部因素指企业在定价时自己有能力控制的因素，如成本和费用、档次、原料、工艺、人力资源、经营水平、营销策略等。

1．成本和费用

任何企业经营的最基本要求即产品的价格必须高于其成本和费用，只有这样，企业才有利可图，因此，成本和费用是影响产品定价的最基本因素。从企业的实际经营活动看，企业总的成本和费用中占较大比例的是固定成本和变动成本，不同的成本结构对企业的营业收入和利润的影响较大。

在实际经营中，酒店产品的价格是按成本、利润和税金三部分来制定的。成本又可分解为固定成本和变动成本。产品的价格有时是由总成本决定的，有时又仅由变动成本决定。成本有时又分为社会平均成本和企业个别成本。就行业价格而言，主要受社会平均成本影响。在竞争很激烈的情况下，酒店个别成本高于或低于社会平均成本，对产品价格的影响不大。

一般来讲，成本是构成价格的主要因素，这只是就价格数量比例而言。如果就制定价格时要考虑的重要性而言，成本无疑也是重要的因素之一。因为价格如果过分高于成本会有失社会公平，价格过分低于成本，不可能长久维持。

酒店定价时，不应将成本孤立地对待，而应同产量、销售量、资金周转等因素综合起来考虑。

2．营销组合策略

定价只是酒店借以实现其营销目标的诸多营销组合工具当中的一种。价格一定要与产品设计、分销渠道以及促销策略相互协调，构成一个统一而有效的市场营销计划。对其他一些营销变量的决策，也会影响到价格的调整。例如，酒店计划通过批发商来分销其大多数的客房，酒店必须在客房定价时留有足够的利润空间，以便他们得以给批发商打比较低的折扣。反之促销组合对价格也有影响。在不同媒体上做广告、采取不同的促销方法和促销策略所需要的预算是不同的，而这些预算都要从酒店产品的价格中收回，所以，价格的高低和促销之间的关系密切。

（二）外部因素

促使酒店产品价格调整的外部因素是指企业无法控制的、但对企业定价有较大影响的因素，如市场需求、行业种类、竞争、市场的发展和环境等。

1．市场需求

按照现代市场营销学的观点，企业必须在满足市场需求的基础上实现收入。因此，酒店在进行产品定价时，必须充分了解市场需求，才能使企业实现自己的经营目标。但酒店面对的市场需求不稳定，经常变化而且比较复杂。因此，酒店应加强对市场的调查研究，并进行经常性的销售分析，以发现市场需求的变化动态及其规律，并采取相应的措施，以灵活的价格策略吸引消费者。

酒店产品价格受市场需求的影响主要表现为受供给与需求的相互关系的影响。当酒店的市场需求大于供给时，价格应高一些；当酒店的市场需求小于供给时，价格应低一些。反过来，价格变动影响市场需求总量，从而影响销售量，进而影响酒店目标的实现。因此，酒店制定价格就必须了解价格变动对市场需求的影响程度。反映这种影响程度的一个指标是酒店的价格需求弹性系数。

所谓价格需求弹性系数，是指由于价格的相对变动，而引起的需求相对变动的程度。通常可以用下面的公式表示：

需求弹性系数=需求量变动百分比÷价格变动百分比

假设酒店的价格提高2%时需求量下降了10%。这样，需求价格弹性系数就是5，那么酒店的需求弹性比较大。如果价格上升2%，需求下降2%，那么需求弹性系数是1，酒店的总收益没有变化。酒店虽然销售量减少，但价格的提高正好弥补了损失。如果价格上升2%而需求量下降1%，弹性系数就是1/2，酒店需求缺乏弹性，对于酒店而言提高价格有利。

2. 市场竞争

市场竞争也是影响价格变动的重要因素。根据竞争的程度不同，酒店定价策略也会有所不同。按照市场竞争程度，可以分为完全竞争、不完全竞争与完全垄断3种情况。

（1）完全竞争　所谓完全竞争也称自由竞争，它是一种理想化的极端情况。在完全竞争条件下，顾客和酒店都大量存在，产品都是同质的，不存在质量与功能上的差异，酒店自由地选择产品生产，买卖双方能充分地获得市场情报。在这种情况下，无论是顾客还是酒店都不能影响产品价格，只能在市场既定价格下从事生产和交易。

（2）不完全竞争　它介于完全竞争与完全垄断之间，是现实中存在的典型的市场竞争状况。不完全竞争条件下，最少有两个以上酒店或顾客，少数顾客或酒店对价格和交易数量起着较大的影响作用，买卖各方获得的市场信息是不充分的，他们的活动受到一定的限制，而且提供的同类商品有差异，因此，它们之间存在一定程度的竞争。在不完全竞争情况下，酒店的定价策略有比较大的回旋余地，它既要考虑竞争对手的价格策略，也要考虑本酒店定价策略对竞争态势的影响。

（3）完全垄断　它是完全竞争的反面，是指酒店的供应完全由独家控制，形成独占市场。在完全垄断竞争情况下，交易的数量与价格由垄断者单方面决定，完全垄断在现实中也很少见。

酒店的价格策略，要考虑到竞争状况的影响。完全竞争与完全垄断是竞争的两个极端，中间状况是不完全竞争，在不完全竞争条件下，竞争的强度对酒店的价格策略有重要影响。所以，首先，酒店要了解竞争的强度。竞争的强度主要取决于产品生产的难易程度、是否有专利保护、供求形势以及具体的竞争格局。其次，要了解竞争对手的价格策略，以及竞争对手的实力。再次，还要了解、分析本酒店在竞争中的地位。

3. 其他因素

酒店的产品价格除受成本、需求以及竞争状况等因素的影响外，还受其他多种因素的影响。这些因素包括政府或行业组织的干预、顾客心理和习惯、酒店或产品的形象等。

（1）政府或行业组织的干预　政府为了维护经济秩序，可能通过立法或者其他途径对酒店行业的价格进行干预。政府的干预包括规定毛利率，规定最高、最低限价，限制价格的幅度或者规定价格变动的审批手续，实行价格补贴等。

（2）顾客心理和习惯　价格的制定和变动在顾客心理上的反应也是价格策略必须考虑的因素。在现实生活中，很多顾客存在“一分钱一分货”的观念。面对不太熟悉的酒店，顾客常常从价格判断酒店质量的好坏，以经验把价格同酒店的质量挂钩。顾客心理和习惯上的反应很复杂，某些情况下会出现完全相反的反应。例如，在一般情况下，涨价会减少购买，但有时涨价会引起抢购，反而会增加购买。因此，在研究顾客心理对定价的影响时，要持谨慎态度，要仔细了解顾客心理及其变化规律。

（3）酒店或产品的形象　有时酒店根据其理念和酒店形象设计的要求，需要对产品价格做出限制。例如，酒店为了树立热心公益事业的形象，会将某些有关公益事业的产品价格定得较低；为了形成高贵的酒店形象，会将某些产品价格定得较高等。

【阅读资料】

— 旅游饭店市场上常用的差价形式 —

旅游饭店市场上常用的差价形式主要有以下几种：

季节差价。旅游饭店根据不同自然季节或人为假期安排对客源的影响制定不同的价格，目的在于在客源多时利用高价尽可能提高营业额，在客源少时利用低价尽可能多的吸引顾客。大多饭店的淡旺季价格之差都在30%以上，而实际卖出的房价中淡旺季价格之差很多在50%左右。

时间差价。旅游饭店根据每天早中晚或一星期中每天客流量的变化就同样的服务（餐厅或客房）拟定不同的价格。例如，餐厅午餐价格低于晚餐价格。在高档餐厅用餐花费时间较长，因此一般客人，特别是商务客人，不愿意在中午时间到高档餐厅用餐。为增加餐厅中午的营业收入，一些饭店在高档餐厅开展"一小时午餐"的推销活动，甚至提出，如果饭菜上桌时超过一小时可以免收客人费用。再有，城郊饭店可以将工作日期间的价格定得低于周末和公共假日期间的价格，以便在平常多吸引一些客人。

销量差价。销量差价有两种形式。一种是饭店根据客源公司往年为自己提供的客源情况，如使用房间数的多少、实现平均房价的高低等将客源公司分成几类，并与之内定不同的优惠价格，充分鼓励那些忠实于自己的关系公司。另一种是饭店根据销售代理商推销本饭店的情况，让出房价的一定百分比作为佣金。佣金的高低或是根据往年双方的生意情况而异，或是根据新签合同中的许诺而定。

项目差价。饭店的经营者根据营业情况和市场情况制定有一定主题的包价项目。价格中包括食宿、娱乐、游览等两项以上的服务，目的在于以牺牲某项服务（如客房部）的部分利润来提高整体营业额和整体利润。例如，周末包价中除含住宿费外，还包括早餐费用，免费使用康乐设施，甚至包括一顿正式晚餐。

另外，还有团队差价、长住户优惠价、区域差价、付款方式差价、俱乐部成员特价、政府代表团特价等各种各样的差价形式。

【项目实践应用】

1. 以小组为单位，为某酒店餐厅新开发的"自助餐"餐饮产品制定价格目标。

2. 以小组为单位，为某酒店餐厅新开发的"自助餐"餐饮产品制定定价策略。

3. 以小组为单位，调研本地四星级以上酒店的餐厅，为该酒店制定产品的价格目标与定价策略，形成方案书。

【拓展阅读】

1．建议阅读书籍

（1）杨卫，刘慧明．酒店营销经理培训教程［M］．广州：广东经济出版社，2006.

（2）严伟．旅游饭店市场营销［M］．上海：上海交通大学出版社，2003.

（3）郑红．现代酒店市场营销［M］．广州：广东旅游出版社，2007.

（4）胡宇橙，王文君．饭店市场营销管理［M］．北京：中国旅游出版社，2005.

（5）贺学良．饭店营销原理与实务［M］．上海：上海人民出版社，2007.

（6）黄浏英．现代饭店营销管理艺术［M］．广州：广东旅游出版社，2002.

2．建议阅读文章

（1）韩军．连锁经济型酒店产品策略探析［J］．贵州商业高等专科学校学报，2005（12）.

（2）赵艳丰．经济型酒店营销全攻略［J］．餐饮世界，2009（3）.

（3）陈江伟．如何走出当前酒店营销误区——兼论非价格竞争营销［J］．现代商业，2008（6）.

（4）马爱华．饭店业营销的几点思考［J］．河南理工大学学报，2004（4）.

（5）金怀玉．当前我国酒店营销的现状、问题及对策［J］．生产力研究，2007（7）.

3．建议浏览网站

（1）中国旅游饭店网，http://www.ctha.com.cn/

（2）旅游研究空间站，http://www.cttr.cn

（3）中国管理营销网，http://www.chinayx.org

项目六

酒店营销渠道策略

■ 项目学习目标

了解酒店营销渠道的选择方法与依据，分析现行酒店常用的营销中介，并能对具体酒店渠道的选择进行分析。

■ 项目学习任务

❶ 熟悉设计与选择酒店营销渠道的方法

❷ 了解酒店营销渠道的概念和模式

❸ 熟悉酒店营销渠道策略

❹ 能够为目标酒店设计营销渠道和具备管理酒店营销渠道的能力

■ 重点概念

酒店营销渠道　直接销售渠道　旅游批发商　渠道冲突

【案例导入】

— 网络酒店预订市场空间广阔 —

我国酒店网络预订的主要运作模式之一是酒店每通过网络预订获得一个客户，就需要将此客户消费价格的10%以上作为佣金支付给该网站，而在一些四星级以上的酒店，支付佣金的费用甚至高达酒店价格的16%以上，如果通过传统酒店预订网站订房，每次至少要额外支付100～200元的中介费。按现在的市场容量计算，因为酒店预订网站的这种“抽佣”，中国消费者每年的损失至少有20亿元。

2006年以前的网络预订模式仅仅将销售作为核心，为了获得高额的佣金回报，网络预订往往只是将注意力集中在那些价格较高的三星级以上的酒店群体，忽视了众多的经济型酒店，这使网络预订网站的会员酒店与中国普通客户的需求产生了割裂，造成用户并不能通过网络预订找到自己满意的旅途居住地，从而导致用户积极性的下降。

2006年12月15日，国内首家采取直销模式的酒店预订网站So-Hotel酒店直销网正式开通。其经营模式是通过采取“零佣金”“系统植入”等手段，取消了现有订房中心的佣金制度，从而使订房中心的业务范围从国内高星级酒店拓展到低星级、非星级酒店，并可以涉及会议、宴会、娱乐康体等此前酒店预订网站未曾涉及却又有广泛市场需求的领域。

通过缩短中间环节，这种新兴的直销模式一方面免除了酒店需要支付的高额佣金；另一方面还可以将这些节约的成本直接返还给顾客，从而减少顾客的花费。以酒店直销网为例，作为新兴营销模式的代表，在免除高额佣金的前提下，酒店直销网迅速吸纳了大量不同等级和特点的酒店，不仅迎合了顾客的个性化居住需求，同时还实现了对各类酒店的全面覆盖。

任务1 酒店营销渠道

一、酒店的营销渠道

（一）酒店营销渠道的概念

营销渠道，又称为“销售渠道”，也可称为“交易渠道”或“分销渠道”，是营销组合的重要决策元素之一。

酒店的营销渠道是指酒店把产品和服务向宾客提供的过程中经过的各个环节的形式。由于酒店产品和服务生产与消费同一性的特点，决定了酒店不是通过一定的营销渠道把酒店产品和服务输送给分散的消费者进行消费的，而是通过各种渠道把宾客吸引到酒店来进行消费。因此各种吸引宾客到酒店的销售渠道，应成为市场营销中的主要手段和工具，对酒店营销渠道的正确选择和运用，也就直接关系到酒店产品和服务的价值与使用价值能否顺利实现，也关系到酒店直接营销工作的成败与否。

（二）酒店营销渠道的设计

1. 影响因素

（1）产品特性　酒店产品特性影响着渠道的选择。如以商务设施为特色的商务酒店，适宜采用短渠道或直接销售，而休闲度假的酒店多通过旅行社代销。因此，在进行渠道设计时必须充分考虑产品特性的影响。

（2）中间商特性　渠道设计反映出不同类型的中间商在执行各种任务时所具有的优点和缺点。

（3）酒店自身条件和经营目的　酒店的自身条件在渠道选择中起着非常重要的作用。酒店规模决定了其市场规模，以及酒店所要求的中间商能力的大小。酒店财力决定了它应该执行的营销能力和委托给中间商的职能有哪些。财力薄弱的酒店一般更多地依赖中间商，减少营销开支。反之，财力雄厚的酒店在利用中间商的同时，也重视加强自身渠道的建设。

（4）竞争者　渠道设计受竞争者的影响，可以采取与竞争者相似的渠道，也可避开竞争者使用的渠道。

（5）环境因素　经济条件和法律限制也会影响渠道设计决策。

2. 设计过程

（1）整理本酒店有哪些销售渠道。

（2）确定销售渠道组合的目标。

（3）识别和明确渠道方案。

（4）评估主要渠道和方案。

二、酒店营销渠道的选择

（一）酒店营销渠道模式

酒店把产品及其所有权逐步转移给最终宾客的过程中的任何一个机构和个人，称为一个渠道层次。渠道层次的构成即销售渠道模式。

1. 直接销售渠道

直接销售渠道又称零层渠道。它是指酒店产品和服务在流向消费者的过程中不经过任何中间环节，具体体现为消费者未经预订直接住店或直接通过酒店预订系统亲自预订房间。目前，酒店直接销售渠道重点放在大的消费团体、大公司企业单位等，以求直接向他们组织客源。客户和大客户是酒店的顶梁柱。很多酒店的主营收入来源，即是单位协议客户。这部分客户主要是当地重要的大型国有企业、跨国公司以及政府部门，而这部分客源也是各家酒店争夺的焦点。

针对这部分客户，销售部高层一般会亲自维系。不过，由于大型协议客户数量增长有限，而且许多客户已经和熟悉的酒店打交道，对酒店而言是个难题。而中小企业往往与多家酒店签订协议，但也许一年也不到酒店来一次，可见，签这种协议并不能够有效地吸引和稳定客户。

酒店采取直接销售渠道的优势如下。

（1）可以对销售和促销服务进行有效的控制　销售或促进过程在消费者和酒店销售人员之

间直接发生，酒店可以对销售人员销售的过程、服务的态度等进行监督和管理，从而保证酒店一系列对客服务能最大限度地让顾客满意。

（2）可以及时获得顾客的反馈信息　了解消费者的需求及市场变化趋势。并进而根据消费者的需求，建议调整酒店产品结构，增减服务项目。

（3）有利于节省开支　直接销售渠道虽有优势，但事实上酒店仅靠直接销售是不现实的，大多数酒店还有赖于中间商作为纽带进行销售。因为酒店产品作为一种服务产品，不像其他实物产品，可以通过一定的运输途径直接到消费者手中，它必须通过一定的途径将消费者吸引到酒店来进行消费。这一过程就需要借助分布于各地的中间商来完成。

2. 间接销售渠道

间接销售渠道是酒店产品从酒店流向最终消费者或用户的过程中经过一层或一层以上的中间环节。在间接销售渠道中，只包含一种中间商的渠道形式称为一级渠道，包含两种甚至更多种类的中间商称为多级渠道。

（1）间接销售的渠道类型

①一级销售渠道：即酒店→酒店零售商→最终消费者。这种销售渠道只有一个中间环节，即零售商。适用于批量不大、地域狭窄或单一的客源市场。

②多级销售渠道：即酒店→酒店批发商→酒店零售商→最终消费者。这种销售渠道有两个中间环节，第一环节是从酒店到酒店批发商，第二环节是从酒店批发商到酒店零售商。这种销售渠道被酒店业广泛采用。与直接和零售商打交道相比，其优点在于：大的旅游批发商其自身的销售规模、手段、网点比零售商要大得多，成本也要低得多，而且销售地区客源量大。

③多级多元销售渠道：多级多元销售渠道是由各种销售环节和销售渠道组成的，它实际上存在五条并行的销售渠道：酒店→酒店总代理→酒店批发商→酒店零售商→最终消费者，酒店→酒店批发商→最终消费者，酒店→酒店批发商→酒店零售商→最终消费者，酒店→酒店零售商→最终消费者，酒店→最终消费者。

多级多元销售渠道应该根据客源市场的大小及其结构，选择一种或若干种销售渠道加以灵活组合使用。

（2）间接销售渠道的构成

①旅行社：一般的旅行社都具有预订酒店功能。旅行社签约的酒店相对固定，选择余地不大。对散客而言，通过旅行社预订酒店一般可以拿到折扣房，但是要向旅行社支付一定的手续费用。纵观酒店营销市场，旅行社与酒店的关系可谓相容共生，就订房量来说，旅行社几乎是酒店最大的常客。撇开房价不谈，旅行社的团队能为酒店输送大量客源，因为旅行社订房具有数量大、连续性强的特点，故而对酒店入住率的拉动效应十分明显。

但是旅行社的客户并非全部是品质型客户，特别是在国内，一些客房出租率不高的酒店，由于地理位置不佳，或经营管理不善，对旅行社客源的争抢相当厉害。而由于旅行社的旅游团队客户，并非对服务品质那么挑剔，这在客观上助长了这些酒店对旅行社客源的拼抢。针对这部分市场的短兵相接，质量和品质优秀的酒店往往未必是最后的赢家。

②旅游批发商："旅游批发商"指的是有权把旅游服务转卖给旅行代理商的人，或指的是通过旅游代理商或批发商，把另一个人提供的旅游服务卖掉的人。旅游批发商是酒店较重要的中间商，从事团体旅游的组织和销售活动，可以组团出境旅行，也可以组团入境旅行。这些旅

游批发商熟悉市场，拥有大批在产品组合方面有很强专业知识的专业人员，而且能够接近大量的各种旅游产品生产商。旅游批发商一般与酒店持续签约，包订大量客房，租用交通工具，购买旅游景点的门票，甚至合股经营旅游景点等，以分别满足各个旅游细分市场的需求。

按照国际上公认的“旅游批发商”定义，我国的“旅游批发商”几乎都远远不能符合标准。因为“批零兼营”的模式在中国的“旅游批发商”中十分常见。既要做批发商，又不舍弃零售商角色，这样的做法，其实是商业的公平操守和企业扩大市场目标的悖论。

③酒店代理商：酒店代理商是替酒店进行销售宣传并接受客人预订的组织和个人。酒店代理商一般要在每次推销中收取一定的手续费，约占每次销售额的15%。

国际上主要旅游客源国都有酒店代理机构，他们是独立的经营组织，主要业务是同时为世界各地的酒店进行某一地区的销售工作。他们掌握这一地域的市场情况，熟悉重要的客户和中间商，因而能较经济而有效地搞好该地区的销售工作。酒店可以在重要目标市场建立合适的销售代理机构，这比酒店自己在目标市场设立销售机构更为有效而经济。

④酒店联营组织：联营组织是指酒店出于互利的愿望，同意相互间处理客人预订的机构。酒店联营组织有一个预订系统，通过这一系统，为各成员酒店提供客源。联营预订系统的建立与运行对各成员酒店及客人均带来较大的好处，主要表现在：能及时得到肯定性的预订价，能改善酒店的出租率，提供方便、快捷的预订，能及时填补因预订取消而引起的空缺，有利于经营者对出租数据做不断的分析，能提供酒店预订人员的工作效率。

酒店联营组织大致可以分为三种主要形式：合作性酒店集团、自发形式的酒店协会、特许权经营集团。

· 合作性酒店集团

酒店集团预订系统为各成员酒店销售客房，进行联合广告推销工作。作为酒店集团的成员，必须密切与总部的联系，主动为别的成员介绍客源，争取到酒店集团中更多的客源。世界上许多著名的酒店集团，如希尔顿酒店集团、喜来登集团、凯悦集团等都有一个协作性的预订系统。客人只要打一个酒店提供的免费电话，就能从酒店集团中预订到合适的房间。

· 自发形式的酒店协会

一些小型酒店和酒店团体为了增强自己的竞争力，自发地组成酒店协会。酒店协会的成立对协会各成员都有好处，他们可以联合起来进行广告等促销活动，相互间形成集中性的预订系统，资金上彼此相互合作，利用团体优势招聘和培训人员，具有良好的形象和较好的代表性，有利于酒店市场定位。

大多数酒店协会属于非营利性组织，但每个协会成员必须按其客房数量每年向协会交纳一定比例的费用，用于酒店协会的联合促销。

· 特许权经营集团

特许权经营包括授权者和被授权者，双方通过某种契约达成协议，授权者愿意将酒店的名称、商标、预订系统等授予被授权的酒店，而被授权者必须向授权者支付一定的费用，并严格遵守合同规定。

⑤航空公司或其他交通运输公司：航空公司也为酒店输送客源，是酒店重要的销售渠道。以航空公司为依托互荐客源，便可把住宿市场和旅游市场结合起来。

⑥酒店电子商务：酒店电子商务系统在为酒店开拓异地客源上功不可没，而此前，异地客户可能对酒店一无所知或仅通过有限的口碑了解。网上订房的渠道特点在于，网上订房覆盖的有效客户数量比实际从网上订房的客户的数量大，因为有相当的客户，是在浏览网站介绍之后作出决定的，只不过他们是通过电话等其他渠道预订。此外，网上预订的属性，决定它有24小时不间断的资讯推介效用。

但酒店预订系统由于绩效考评，也越来越将返佣作为利润跟踪指标。酒店给网站的佣金影响酒店在网页上的排位，影响电话呼叫中心的推荐指向，以及是否能够双倍积分，而且归根结底，这部分客户是网站的客户，并没有真正融入酒店成为酒店自己的客户。而且现在不少网络公司要求酒店在任何情况下必须预留2～3间客房给网站，否则终止合作。这些霸道的做法，已经引起了部分酒店的不满。

越来越多的酒店已经意识到渠道单一对酒店造成的危害，并开始努力改变这一现状。建立自己的网站是酒店能够获得直接预订客户的渠道之一，而目前国内星级酒店对电子商务在销售渠道中的应用也基本上是限于利用网站进行宣传或简单的预订。电子商务在酒店更深层次的系统应用，包括eBooking（电子预订单管理）、代理渠道管理、会员管理、佣金结算、适时房态、电子银行支付、信用担保以及网络促销等，而这些却基本空白。这是因为部分酒店对电子商务所能发挥的作用认识不足，或缺少专业技术人才和经验，以及担心投资过大而不能取得回报。若能充分利用电子商务系统的功能，则酒店将会大大提高预订单处理效率，降低预订成本，并可充分建立自己的多种渠道，加强直销，加强资源共享，彻底摆脱对垄断型代理商的依赖。

以中国携程网为例。酒店的营销渠道，历来被公认为酒店经营中最难的一个环节。在携程CEO梁建章尚不知旅游为何物时，中国绝大多数酒店的营销渠道非常传统：要么设置路口广告、要么与三公里内的公司签协议、要么依托旅行社、要么建立呼叫中心。连锁酒店还可以靠规模优势，但无法获得共享资源。携程的出现，改变了中国酒店业的营销渠道。作为一个独特的资源整合者，携程一只手掌控着全国数十万会员客户，另一只手则控制了全国数千家酒店，逐渐形成了“低价销售—扩大市场规模—更低代理价格—更低价格销售”的循环模式，以佣金形式赚取较大利润。

（3）酒店采取间接销售渠道的优势

①提高销售效率，增加销售额：中间商往往对当地的市场环境、需求状况十分了解，因而可以根据当地的实际情况，及时地制订一些有利于销售的策略，促进销售量的增加。而酒店如果想直接打入当地市场，就需要经过一段时间的调研、分析以及宣传。由于对该地区了解程度不够，酒店不仅要投入人力、物力、财力以及时间进行市场研究，而且很可能与实际的市场状况有所偏颇，不利于销售工作的开展。

②扩大市场覆盖面，增加市场份额：市场经济越发达，中间商网络系统就越广大，产品与消费者之间的障碍也就越多，中间商的作用就越明显。中间商都有自己长期的稳定客源，酒店可以借助中间商的影响范围，赢得大量的客源。

③补充酒店客源，分担经营风险：中间商渠道可以辅助酒店协调人力、资金、物力资源，缓解酒店大量投入的压力，从而使酒店将有限的资源投入到酒店产品和服务中去。同时，以契约或其他形式提前将酒店产品的全部所有权或部分所有权转让给中间商，也使酒店的经营风险得到一定程度的分解。当酒店出现经营困难时，良好的销售渠道关系可以给酒店帮助，以摆脱

困境。

④扩大信息传播的范围，增加信息来源的途径：中间商向消费者介绍、推销酒店产品的同时，就是对酒店的宣传，从而使酒店扩大知名度和影响范围。此外，中间商也是酒店良好的信息来源，其所提供的市场需求信息、市场意见反馈对酒店产品的销售起着至关重要的作用。

（二）酒店营销渠道的选择策略

1. 渠道成员选择步骤

有效选择渠道成员可分为六个步骤：订立每种形态销售机构应具备的条件；列出期待的特性；将每个目标市场执行特定功能的销售组织汇集成表，包括竞争者的渠道成员；基于每个应具备的要件评估每一个潜在的渠道成员；根据所期待的特性去评估最具吸引力的方案；选择最合适的渠道成员。

2. 渠道成员的甄选条件

渠道成员甄选条件，可分为七项：中间商的财务状况、中间商的市场涵盖程度、中间商的销售能力、中间商经营酒店行业的经验、中间商与酒店的关系、中间商的客观条件、中间商未来发展的可能性。

酒店企业根据不同的市场需求选择不同的渠道开展产品营销工作。

3. 渠道选择策略

（1）广泛性销售渠道　尽可能通过不同的甚至相互竞争地销售点或分销商进行销售。优点是销售量大，但由于有大量的中间商，可能使价格偏低，对中间商的控制力不够。

（2）选择性销售渠道　即选择较好的中间商，以少数中间商创造大销售量的市场。这种渠道有三点好处：一是有利于两者之间互相配合和监督，共同对消费者负责；二是由于中间商数目较少，酒店和中间商可以配合更加默契，从而建立密切的业务关系；三是由于酒店与中间商相对固定，因而能增强市场竞争力。

（3）独家销售渠道　即酒店在某一地区市场只选择一家中间商。独家分销一般双方签订书面协议，规定在这个地区内只对选定的中间商提供产品与服务，而中间商也不能再经营其他竞争性的产品与服务。

【阅读资料】

— 酒店在线营销渠道介绍 —

总体而言，在线旅游服务商共分为以下五类。

第一类是以携程、艺龙为代表的OTA（Online Travel Agency)，以提供“机票+酒店”这两种旅行者最核心需求的产品起家发展壮大。其提供的产品虽然来自不同的旅游企业，但他们自身作为统一的交易平台，与旅游者进行结算。

第二类是以去哪儿网为代表的旅游垂直搜索引擎，他们搜索到的住宿产品来自不同的OTA或旅游企业，本身也具有交易结算功能，但更多的是将消费者引导到产品提供商的页面进行结算。

第三类是各传统的酒店自设线上平台进行产品销售，如国内三大旅行社中国国旅、港中旅和中青旅的在线旅游销售平台，即国旅在线、芒果网和遨游网。中小型酒店建设在线销售渠道的也越来越多。

第四类是传统电子商务网站加入旅游产品销售，如淘宝旅行、专业团购网站。

第五类是门户网站旅游频道或专业服务，即利用百度、谷歌等搜索引擎，提供信息平台，供酒店、旅行社等相关企业开展网上业务，如春秋旅游网。

根据以上服务商的分类，酒店在线营销也可做相应归类，其中，第一类和第四类属于中介代理，第二类（其中搜索结果直连酒店官网的那部分业务）、第三类和第五类属于酒店的直销模式。

1. 中介代理

中介代理是指酒店向专业代理机构（如携程、艺龙等)支付佣金，中介代理将各酒店信息发布到网站，由中介机构负责销售渠道的开发，属于酒店网络营销渠道的外包。

以携程为例，携程主要采取把消费者吸引到其网络平台，其自身作为统一的交易平台，与旅游者进行结算，从而达成交易。一般，消费者点击所要入住的酒店名称的超链接，并非直接进入此酒店界面，而是进入显示携程价的携程界面，进行访客支付。

优势：这种中介代理的网络辨识度高，产生的订单量比较大。

不足：一是中介代理不只代理一家酒店，其所代理的众多酒店在设定位置、区域等条件相同的搜索页面上存在激烈的竞争，尤其是价格方面的竞争；二是消费者通过中介代理来选择酒店时，他们更乐于在几个中介机构中选择自己信任的一个，这只有利于培养消费者对中介机构的忠诚度，而不是对酒店的忠诚度，容易形成酒店对中介的依赖；三是必须支付销售成本，即佣金。当酒店已形成对中介代理商的依赖、中介代理商占强势地位时，酒店将失去对佣金高低谈判的“话语权”。

2. 直销模式

直销是指独立饭店或饭店集团通过自己组建网络来实现网上订房，通过官网直销及搜索引擎排名是目前我国酒店网络直销的主要模式。

优势：直销模式能够充分向客户展示自身形象和实力，并且可以适时地根据需要变更价格，持久的直销将形成自己稳固的客源市场。

不足：在搜索引擎的搜索结果中如果酒店的排名不靠前的话，实际效用会大打折扣。目前我国酒店与银行的担保体系不健全，NO-SHOW率较高也是酒店直销要面对的一个问题。

对于规模较大、服务水准高的酒店，较适用于直销方式，即建立自己的网站，充分展示酒店的形象，通过酒店网站进行业务洽谈、房间预订等活动。持久的直销将形成酒店稳固的客源市场。

但有关调查数据显示，我国30%的单体酒店没有网站和网页，即使有独立网站和网页，也达不到搜索引擎优化排名的效果。

任务2 酒店营销渠道管理

渠道管理是指酒店为实现其分销的目标而对现有渠道进行管理，以确保渠道成员间，酒店和渠道成员间相互协调和能力合作的一切活动，其意义在于共同谋求最大化的长远利益。渠道管理对不同订房渠道能实现及时有效的管理，如GDS、酒店订房中心、携程、艺龙（E-long）、旅游批发商、公司直接订房、上门无协议散客等。当一家酒店拥有3种以上的渠道时，渠道管理的重要性就体现了出来，而这其中最关键的就是酒店的价格控制。

酒店要想对渠道进行有效的管理，必须做到所有渠道信息准确、全面，最重要的是，做到同一批订单如果通过不同渠道预订其价格应该一致，而不致让客户对价格等信息感到混乱失去对酒店的信任。如酒店上门无协议散客的房价应与订房中心的正常客户销售价一致，而不是给某个订房渠道特殊价格造成人为的某个订房渠道订房量上升（使终端住店客人为地从其他渠道转入该订房渠道）。

对于拥有多种渠道的酒店来说，如何制订良好的定价策略呢？通常首先确定一个市场能接受的Walk-in（不含早餐的房价作为基础价也作为柜台价），然后根据不同的细分市场和不同预订方式制订相应价格。其原则根据各酒店集团的要求不尽相同，应根据酒店自身的定位、产品优劣以及市场的接受程度和顾客对价格的不同敏感度作相应的定价。

而在多种渠道并行、多种价格变动复杂的同时，要确保酒店价格转化良好，避免出现价格的互串，这需要酒店的相关管理系统具有极强的联动性和可操作性。

渠道管理分为：选择渠道成员、激励渠道、评估渠道、调整销售渠道、退出渠道。现就其中的重要环节进行概述。

一、选择渠道成员

选择渠道成员是指酒店决定由谁来分销其产品的相关决策。选择渠道成员应该有一定的标准：如经营规模、管理水平、经营理念、对新生事物的接受程度、合作精神、对顾客的服务水平、其下游客户的数量以及发展潜力等。

如果酒店确定了其销售策略，选择间接渠道进入市场，下一步即应做出选择中间商的决策。中间商选择得是否得当，直接关系着酒店的市场营销效果。选择中间商首先要广泛搜集有关中间商的业务经营、资信、市场范围、服务水平等方面的信息，确定审核和比较的标准。选定了中间商还要努力说服对方接受你的产品，因为并不是所有的中间商对你都感兴趣。规模大的品牌酒店完成决策并付诸实际并不太困难，而对那些中小型酒店来说却不是一件容易的事情。

二、激励渠道

酒店可以利用多种方法激励营销中介，如与中间商联合进行广告宣传，并由酒店负担部分费用；支持中间商开展营销推广、公关活动；对业绩突出的中介给予价格、交易条件上的优惠，向中间商传授营销管理知识，提高其经营水平。通过这些办法，调动中间商推销产品的积极性。

首先，中间商必须在整个市场上塑造自己的形象，提高品牌的知名度，也就是必须对分销商提供服务、广告支持。其次，分销商在自己区域内执行酒店的服务、广告策略时，制造商还应给予支持，为分销商提供各种补贴措施（如焦点广告补贴），以换取他们的支持与合作，达成利益的统一体。酒店必须制订详细的措施，因地制宜地实施各种策略，争取分销商的广泛参与、积极协作。这既能提高自身品牌的知名度，又帮助分销商赚取利润，激发他们的热情，引导他们正当竞争，从而减少各种冲突，实现酒店与分销商的双赢。

（1）年销售目标奖励　厂家事先设定一个销售目标，如果客户在规定的时间内达到了这个目标，则按事先的约定给予奖励。为兼顾不同客户的经销能力，可分设不同等级的销售目标，其奖励额度也逐渐递增，使中间商向更高销售目标冲刺。

例如，批发商全年销售达到3万间客房，在年底结算房费的基础上，给予实际售房量的3%作为奖励；达到4万间，则给予4%的奖励；不足3万间者不给予奖励。

（2）阶段性促销奖励　为了提高某一段时间内的客房销量或特定目标，酒店也可以开展阶段性的促销奖励。例如，在销售淡季期间为刺激批发商销售客房，给予一定的优惠奖励。

三、调整销售渠道

1．增减渠道成员

在某类销售渠道内，定期对渠道成员进行评估，实行优胜劣汰的方式，增加销售业绩好的渠道成员，减少或删除销售业绩差的渠道成员。如在交通运输渠道内对航空公司、汽车站等不同的交通运输工具进行增减管理。

2．增减某一个销售渠道

定期对各种不同类型的销售渠道进行横向评估，增加销售业绩好的渠道类型，减少或删除销售业绩差的渠道类型。如对交通运输渠道、电子商务渠道等进行比较分析，进行有效管理。

3．调整整个销售渠道系统

定期对整个销售渠道系统进行综合评估，保留销售业绩好的渠道，删除销售业绩差的渠道，并拓展新的销售渠道网络，进而开拓市场。

任务3　酒店营销渠道的合作与冲突

一、渠道的合作

渠道合作指渠道成员为了共同及各自的目标而采取的共同且互利性的行动和意愿。渠道合作根源于渠道成员之间的互相依赖，而互相依赖则是专业分工的结果，专业分工则是规模经济的基本要求。因此，为了完成渠道任务，酒店营销渠道成员必须进行一定的合作，否则渠道也就不存在了。

渠道合作的方式很多，如联合促销、联合展示、联合储运、信息共享、联合培训、独家代理、地区保护、销售竞赛、销售培训等。不同细分行业、规模下的旅游酒店类企业可能采用不同的合作方式。如，针对酒店，制造商提供大量的合作广告津贴、有偿内部展示、赠券处理补贴；针对批发经销商，制造商经常提供销售竞赛和培训项目。

合作的程度越高，业绩也越好；反之，合作的程度越低，业绩越差。

二、渠道的冲突

（一）渠道冲突的产生

渠道冲突与渠道合作互为前提，没有渠道成员之间的合作，就没有渠道成员之间的冲突，而渠道成员之间要进行合作，冲突也是难免的。各渠道成员在目标、角色、意识以及资源、利润分配等方面存在阻碍其他成员实现目标的现实力量时，合作双方就会产生冲突。当一个渠道成员的行为与他的渠道合作者相反时，渠道冲突便产生了。渠道冲突以对手为中心和方向，并且其目标也由渠道合作者操控。

从上述分析可以看出，渠道冲突往往是伴随渠道合作而来的，产生于渠道成员实现各自目标的相互作用过程中。总的来说，渠道冲突有以下几种原因：成员目标不相容；成员角色冲突、不一致和区域划分失效；在制定决策过程中对现实的认知差异。

在现实营销环境下，制造商和销售商往往由于目标和角色不相同而导致冲突和矛盾。首先，在目标上，制造商的目标是扩大产品市场占有率，而销售商的目标则是产品的单位利润。双方的分歧由此产生。其次，角色冲突是指渠道成员对自身或其他成员在渠道中的角色作用和地位持反对态度。对于渠道领袖来说，要做好领袖角色自己必须拥有强大的实力和充足的资源，才能在整条营销渠道中把握主动权，从而影响其他渠道成员。

（二）渠道冲突的预防与控制

在酒店市场营销过程中，要预防与控制渠道冲突，可以采取以下方法。

1. 制定渠道冲突防范的制度和方法

企业应该及时分析导致渠道冲突的因素和原因、渠道冲突的后果和性质，将渠道冲突区分为不同类型，从而制定一整套分门别类的不同冲突预防和冲突处理的制度、政策、程序和方法，以便照章办事，防患于未然，临危不乱，从而将冲突的损失降到最低程度。冲突防范的制度和方法主要有：建立由各渠道成员参加的沟通协调委员会，定期交流信息、消除误会和化解矛盾；制定合理的价格政策和市场区域政策，并严格执行；对不可抗力的风险事件，预先予以投保，一旦风险事件发生，可以减轻损失，避免成员之间的互相抱怨指责；强化对中间商的业务培训和文化灌输，以增强成员的营销能力和品牌自豪感。

2. 形成渠道冲突的解决机制

包括贸易组织会员资格、经理会面交流会、分销商商会、仲裁和调解委员会以及诸如共同选择等议程。所有这些方法的目的在于促进渠道成员之间的互动和沟通。

三、渠道的竞争

竞争是指相互联系的个体之间的一种基本关系，反映相互联系、相互作用的事物、系统或要素具有个体性并力图保持个体性。为了保持个体性，个体之间就要相互排斥、相互竞争。竞争是使得系统丧失整体性、整体失稳、出现新情况的因素。

营销渠道主体间形成各种合作竞争关系的主要目的在于最大化交易价值而不仅仅是最小化交易成本。一方面，合作降低了交易成本；另一方面，合作创造了因交易而发生的价值。分工与专业化是合作竞争体系的实现形式之一，由分工与专业化所产生的超额价值则是合作价值创造的体现。营销渠道合作竞争博弈包含生产商群体和销售商群体，两个群体的可行策略和收益都是不同的，因此该博弈是多群体间相互作用的一种非对称博弈。每次博弈都是生产商群体中的一员与销售商群体中的一员随机配对进行合作竞争博弈。

渠道内成员企业通过从动态性和宏观性方面对上述相变过程进行分析，有利于促进企业提高对合作策略未来演化方向的预测能力，增强其对于渠道资源的控制能力，提高营销渠道这一重要外部资源的利用率。只有遵从合作利益极大化、建立良好的合作环境及坚持可持续发展的长远观点，在一定时期内营销渠道系统生产商群体与销售商群体才能有序、稳健发展，优化营销渠道环境建设，从而在竞争中达到“双赢”“多赢”的新境界。

因此，渠道管理就是要通过预防冲突、化解矛盾、鼓励良性竞争、增进合作关系，以实现渠道成员关系和谐、渠道分销能力增强和渠道整体效益最大化的目标。

【阅读资料】

— 网络平台是把“双刃剑”—

酒店业刚刚经历完漫漫长夜，茁壮成长的青春期刚要开始，就被踩着全球化浪潮的国际连锁酒店压得抬不起头。刚刚打开国门的短短二十余年，复苏的华夏土地上顷刻间布满了诸如假日、希尔顿、香格里拉、豪生这样的业界巨头。国内单体酒店刚刚站直身子，环顾四周，被一片取着英文名的酒店吓了一跳。如何在空前激烈的竞争局面中获取一席之地，在国际业界巨头林立的市场中独辟蹊径，开辟自己的发展空间，已成为单体酒店迫在眉睫的首要问题。

正如家电行业的国美一样，目前中国960多万平方公里的土地上，携程旅行网拥有最庞大的酒店、航空、旅游网络服务系统，它从最初的名不见经传到现在的霸气十足，也不过短短几年时间。

伴随互联网的无孔不入，携程网很大程度上改变了一些旅客、商务人士的生活习惯。人们变得更加时髦和懒惰，当他们得知足不出户甚至电话都不用拿起，就能把出差或出游的酒店客房、飞机班次敲定时，他们便不自觉地掉进了这个华丽的“陷阱”。无可厚非，在携程出现之初，国内诸多大酒店都面临着销售渠道无法拓宽的窘境，于是携程扮演了救命稻草的角色——尽管后来救命稻草变成缠缚身上的水蛇——但在当时看来，一切都是那么美好和令人向往。

酒店与携程签订了相关合作协议，牺牲部分利益所得，以佣金返还的方式进行合作，求得新鲜客流的垂青及销售业绩的提升。在携程建立起服务平台之初，各大酒店与携程合作甚欢，大家各尽其才、各取所得。

不愉快的事情因为彼此地位的变化开始频繁发生。携程2003年年底在美国纳斯达克上市，雄厚的资本撑起携程巨人。当越来越多的酒店和越来越多的客户都争相涌入携程怀抱时，携程开始“变心”，与酒店协议的条款也逐渐变得苛刻并且霸道，越来越高的返佣额度和预留客房数量，更大程度地缩小了酒店的利润空间。

尽管如此，酒店的前台仍然经常遭受携程客户的质疑：明明通过携程预订的房间，价格为何比一个随口报了协议号的人还要高？客户想不通，酒店也郁闷，因为酒店已不止一次提高了返给携程的佣金——虽然不幻想有多少用在降低客户的房价上——但酒店方面万万不会想到，这样戏剧性的场面在酒店大厅里一次又一次上演。

经常通过携程网订房的客户可能都会发现，在携程网基本上无法订到国际大型连锁酒店的客房，因为这些酒店有自己成熟的销售网络，它们不需屈尊携程。而国内大多的单体酒店苦于营销渠道狭窄、知名度散播不高，对新鲜客流的吸引只得寄托于携程网。但酒店在携程网上的遭遇显得有些所托非人，因为描述文字有限，排列在一起的酒店被高度同质化。酒店像菜市场的萝卜、白菜一样，任由网上预订的客户随意挑选，同时被挑选的往往是八竿子打不着的“竞争对手”。

携程都无法统计和肯定客户选择陌生酒店的偏好和决定性因素究竟是什么，地段、价格、星级、图片效果甚至酒店在网站的排序等都可能主导酒店成为客户的预订目标。网络让一切虚无飘渺，在携程的平台里竞争，酒店像孩子一样无助和迷茫。它们只能通过一个月的财务结算来推断在携程取得效果的好坏，而无法得知如何改善现有状况。

除了酒店和航空外，携程另一主营项目是度假旅游，宛若出现在众多酒店面前的肉包子，为了讨好携程能把客流带进本酒店，各大酒店极尽谄媚能事，甚至饮鸩止渴地一再降低姿态。但正如许多酒店面对旅行社的复杂心态一样，携程度假项目带来的客户，同样让酒店爱又无力恨又不舍。而携程常常在高峰时段不明情理的要求预留大量客房，当原本忠诚客户面对有房不能入住的尴尬境况时，肉包子恐怕已经蜕变成了鸡肋。

不仅如此，一个通过网上预订客房的客户对酒店的忠诚度能有多高？客户除了冷冰冰的网上介绍，再也无法从携程处获得更多有关酒店的详细信息，更别说优惠活动及特色餐饮。在客户越来越重视人性化服务的今天，携程以其独到的网络系统展示出傲人的高贵和冷漠。当客户宁愿打114查询酒店号码时，他们已经在发出信号，他们是渴望交流和被关注的，除了鼠标一点的方便快捷之外，他们还希望得到更多值得信任的信息。

好企业对好口碑的建立往往倾尽心血，尤其酒店业，对客户口碑好坏的依赖程度往往比其他企业更高。而携程因其庞大的系统、种类繁多的项目，极可能由于某些细节的不到位或处理不成熟导致城门失火，殃及池鱼。酒店作为携程的“同盟军”，付出巨大有形代价的同时，还承担着携程带来的与其网络平台一样庞大的口碑风险。

国内许多单体酒店在面对未来发展时，还来不及享受在携程怀抱里的温情甜梦，就已再次感到迷茫。这些酒店无法像其他大型跨国连锁酒店那样不用看携程脸色，依靠自己的连锁体系稳定属于自己的客户。因为资本匮乏和实力有限，它们眼见榜样却无法效仿，只得继续隐忍，因为网络销售渠道已成气候，谁也不想轻易丢掉这个烫手山芋。

近些年携程与艺龙双分天下的局面已开始面临破冰，更多传统旅游行业开始试图切分在线旅游市场这块大蛋糕，中青旅跟美国胜腾合作合资公司遨游网，港中旅的芒果网也在早些时间展开推广宣传攻势。不仅是在线旅游，航空和酒店的多家大型公司也希望绕过中介直接面对消费者，万豪、洲际已经在从事相关方面的建设，虽不妄图一口囫吞，但利润分流的趋势已日渐显出雏形。

如果说携程还在坐视不顾则是不公允的，携程积分奖励一向以奖品丰富、兑换便捷而得到广大携程用户的好评。近些时间，携程更是花大力气、下大成本用在奖品丰厚的程度上，其中包括的品种更是门类繁多。而在对酒店、航空及旅游行业的项目计划上，也出现了相对宽松的政策。作为行业老大，危机意识同样促进其成长，相信未来，会看到携程带给各方更多更新的气象。

【项目实践应用】

1. 以小组为单位，为某酒店新开发的“商务套房”设计并选择营销渠道。

2. 以小组为单位，对某酒店新开发的“商务套房”的营销渠道进行管理。

3. 以小组为单位，调研本地四星级以上酒店，围绕某种类型的酒店产品为其选择营销渠道并进行管理。

【拓展阅读】

1. 建议阅读书籍

（1）杨卫，刘慧明．酒店营销经理培训教程［M］．广州：广东经济出版社，2006.

（2）严伟．旅游饭店市场营销［M］．上海：上海交通大学出版社，2003.

（3）刘明会．饭店营销技巧［M］．北京：中国劳动社会保障出版社，2005.

（4）韩小芸，汪纯孝．服务性企业顾客满意感与忠诚感关系［M］．北京：清华大学出版社，2003.

（5）郑红．现代酒店市场营销［M］．广州：广东旅游出版社，2007.

（6）洪涛．饭店管理实务［M］．南京：东南大学出版社，2007.

（7）胡宇橙，王文君［M］．饭店市场营销管理．北京：中国旅游出版社，2005.

（8）贺学良．饭店营销原理与实务［M］．上海：上海人民出版社，2007.

（9）黄浏英．现代饭店营销管理艺术［M］．广州：广东旅游出版社，2002.

2. 建议阅读文章

（1）赵艳丰．经济型酒店营销全攻略［J］．餐饮世界，2009（3）.

（2）何传新．酒店网络营销跨入快车道［J］．连锁与特许：管理工程师，2008（1）.

（3）司马志．博客，酒店营销新概念［J］．饭店世界，2005（5）.

（4）马爱华．饭店业营销的几点思考［J］．河南理工大学学报，2004（4）.

（5）金怀玉．当前我国酒店营销的现状、问题及对策［J］．生产力研究，2007（7）.

3. 建议浏览网站

（1）中国旅游饭店网，http://www.ctha.com.cn/

（2）旅游研究空间站，http://www.cttr.cn

（3）中国管理营销网，http://www.chinayx.org

项目七

酒店促销策略

■ 项目学习目标

让学生了解酒店常用的各种促销策略的优缺点及实施条件，并能做具体的策略组合方案。

■ 项目学习任务

1. 熟悉酒店促销组合的要素
2. 掌握酒店人员促销、广告促销、营业推广、公共关系等促销策略的实施
3. 能够制订酒店广告策略
4. 能够独立开展人员促销
5. 具备从事酒店公关工作的能力

■ 重点概念

酒店促销组合　人员促销　广告促销　营业推广　公共关系

【案例导入】

— 丽思·卡尔顿酒店：内部营销为本 —

大多数公司都只注重外部营销，追求品牌忠诚度和顾客满意的价值，他们忽视了内部员工满意的一面，而丽思·卡尔顿酒店恰恰是从内部营销入手，提出“照顾好那些照顾顾客的人”，做出了营销创新。这也是许多卓越公司成功的奥秘，即要提高品牌忠诚度，必须首先培养忠诚的员工，提高员工的满意度。

丽思·卡尔顿酒店以杰出的服务闻名于世，吸引了5%的高层职员和上等旅客。超过90%的丽思·卡尔顿酒店的顾客仍回该饭店住宿。尽管该酒店的平均房租高达150美元，但丽思·卡尔顿酒店的入住率高达70%。该酒店的著名信条是：“在丽思·卡尔顿酒店，给予客人以关怀和舒适是我们最大的使命。我们保证为客人提供最好的个人服务和设施，创造一个温暖，轻松和优美的环境。丽思·卡尔顿酒店使客人感到快乐和幸福，甚至会实现客人没有表达出来的愿望的需求。”

丽思·卡尔顿酒店为了履行诺言，不仅对服务人员进行极为严格的挑选和训练，使新职员学会悉心照料客人的艺术，还培养职员的自豪感。在挑选职员时，就像酒店质量部门副经理帕特里克·米恩（Patrick Mene）说的那样：“我们只要那些关心别人的人。”为了不失去一个客人，职员被教导要做任何他们能做的事情。全体职员无论谁接到顾客的投诉，必须对此投诉负责，直到解决为止。丽思·卡尔顿酒店的职员还被授权当场解决问题，而不需要请示上级。每个职员都可以花2000美元来平息客人的不满，并且只要客人高兴，允许职员暂时离开自己的岗位。在丽思·卡尔顿酒店，每位职员被看作是“最敏感的哨兵、较早的报警系统。”丽思·卡尔顿酒店的职员们都理解他们在酒店的成功中所起的作用，正如一位职员所说：“我们或许住不起这样的酒店，但是我们却能让住得起的人还想到这儿来住。”丽思·卡尔顿酒店承认和奖励表现杰出的职员。根据它的“五星奖”方案，丽思·卡尔顿酒店向杰出的职员颁发各类奖章、“黄金标准”等作为奖励。酒店的职员流动率低于30%，而其他豪华酒店的职员流动率达到45%。

丽思·卡尔顿酒店的成功正是基于简单的内部营销原理，要照顾好顾客，首先必须照顾好那些照顾客人的人。满意的职员会提供高质量的服务，因而会带来满意的顾客，感到满意的顾客又反过来会给企业创造利润。

任务1 促销组合的选择

促销是在分销基础上的市场营销活动。促销是营销组合四大要素之一，是企业营销策略的重要组成部分，也是企业参与竞争、贯彻各项战略意图的重要手段之一。它的使命是配合分销渠道，运用一些特殊手段大力促进产品销售。它的内容包括促销组合、人员促销、广告、营业推广以及公共关系等。

一、酒店促销的概念

酒店促销（Promotion）是指酒店通过人员推销或非人员推销的方式，向目标顾客传递产品或劳务的存在及其性能、特征等信息，帮助消费者认识商品或劳务所带给购买者的利益，从而引起消费者的兴趣，激发消费者的购买欲望及购买行为的活动。

酒店作为产品和劳务的供应者，面对广泛的消费者，需要把有关酒店自身及产品、劳务的信息传递给顾客，使其充分了解企业及其产品、劳务的性质、特征、价格等，帮助其进行与消费有关的判断和选择。这种由卖方向买方的信息传递，是买方付诸购买行为的基本前提。同时在促销过程中，作为买方的消费者，又把对酒店及产品、劳务的认识和需求反馈到酒店，引导酒店根据市场的需求进行调整。这种由消费者到企业的信息传递，则是酒店适应市场需求的重要前提。

促销本质上是信息说服与沟通，是一种说服性的沟通活动。为了沟通市场信息，企业可以采取两种方式：一是单向沟通，即要么是“卖方—买方”的沟通，如广告、陈列、说明书、宣传报道等，要么是“买方—卖方”的沟通，如用户意见书、评议等；二是双向沟通，如上门推销、现场销售等方式。现代市场营销将上述促销方式归为四种类型：广告、人员推销、营业推广和公共关系。

促销的目的是要促进销售、强化购买欲望，甚至创造需求，从而促进企业产品销售的一系列活动。酒店必须通过各种手段，引起消费者的关注，使他们对企业发出的产品和劳务信息感兴趣，触发需求动机，进而采取购买行为，实现产品和劳务的转移。

在长期的沟通过程中，逐渐形成了一种沟通模式，这种沟通模式由九个要素构成：其中两个要素表示沟通的主要参与者——发送者和接受者；另外两个要素表示沟通的主要工具——信息和媒体；还有四个要素表示沟通的主要职能——编码、解码、反应和反馈；最后一个要素表示系统中噪声。

二、酒店促销的作用

威廉·斯坦顿研究认为：在不完全竞争的条件下，一个公司利用促销来帮助区别其产品、说服其购买者，并把更多的信息引入购买决策过程。用经济学术语来说，促销的基本目的是改变一个企业的产品需求（收入）曲线的形状。通过运用促销，一个企业有希望在任何一定价格的条件下，增加某种产品销售量。一般来说，促销具有以下几个方面的作用。

（一）传递信息，指导消费

市场交易包括买方和卖方，销售要顺利进行，双方要相互沟通。如果酒店推出了顾客喜爱的产品或劳务，但人们并不熟悉，甚至根本不了解，其产品、劳务也不会畅销。通过传递产品和劳务信息，把分散的、众多的消费者与酒店联系起来，为消费者提供产品与劳务情况，使顾客知道酒店提供什么劳务、有什么特点、到什么地点消费等。这不仅可以引发消费者购买的欲望，有时还可以创造需求，便于顾客消费，从而扩大销售。

（二）突出特点，刺激需求

虽然同类产品的市场竞争激烈，但产品、劳务之间还会有一些细致的差别，不过消费者往往不容易察觉这些差别。酒店通过促销活动宣传本企业的产品、服务，以区别于竞争对手的产品，使顾客认识到酒店产品与服务给顾客带来的特殊利益，激发他们消费的欲望。所以，促销不仅能使顾客充分了解产品和服务的特性，还能刺激需求，推动他们重复购买。

（三）形成偏好，稳定销售

由于商品市场的激烈竞争，可能引起酒店本身的商品销售起伏不定，使市场份额呈现不稳定状态，有时甚至可能出现较大幅度的滑坡。通过有效地实施促销活动，酒店可以及时得到反馈的市场信息，迅速采取相应的对策，加强促销，使更多的消费者对酒店的产品与服务由熟悉到偏爱，形成对酒店商品的购买动机，从而稳定销售，巩固酒店的市场地位。

（四）塑造形象，创造价值

成功的促销，不仅会带来消费者的消费热潮，而且会在更广泛的社会范围内引起一定的反响。酒店的无形资产将大大增加，产品的盈利能力也会因此大大加强。

三、酒店促销组合选择

促销组合指履行营销沟通过程的各个要素的选择、搭配及其运用。如何优化促销组合，如何选择、搭配、有效地运用促销组合，必须考虑以下几个方面的因素。

（一）促销组合的构成要素

促销组合的构成要素可以从广义和狭义两个角度来考虑。

1. 广义构成要素

就广义而言，市场营销组合的各个因素都可以纳入促销组合，诸如产品的功能、式样、包装的颜色与外观、价格、品牌、分销渠道等，因为它们都从不同角度传播产品的某些信息，推动对产品的需求。

2. 狭义构成要素

就狭义而言，促销组合只包括具有沟通性质的促销工具，主要包括各种形式的广告、展销会、商品陈列、销售辅助物（目录、说明书等）、劝诱工具（竞争、赠品券、赠送样品、彩券）以及宣传等。

企业的促销方式一般分为两类：人员推销和非人员推销。人员推销（Personal Selling），是企业通过人员与消费者口头交谈来传递信息、说服消费者购买的一种营销活动，它是一种古老的营销方式。在现代市场经济条件下，促销方式层出不穷，但人员推销仍然是重要的促销方式。非人员推销，是指借助其他媒体形式，间接向消费者介绍和传递商品信息的营销活动，它是随着商品经济的发展而逐渐发展起来的。非人员推销一般有三种形式：一是广告；二是营业推广；三是公共关系。

（二）促销组合选择

促销策略组合研究的是对各促销手段的选择及在组合中侧重使用某种促销手段。一般有以下三种策略可供选择。

1. 推式策略

推式策略，也称从上而下式策略，是指以人员推销为主，辅之以中间商销售促进，兼顾消费者的销售促进，把商品推向市场的促销策略，其目的是说服中间商与消费者购买企业产品，并层层渗透，最后到达消费者手中。这一策略需利用大量的推销人员推销产品，它适用于生产者和中间商对产品前景看法一致的产品。推式策略风险小、推销周期短、资金回收快，但其前提条件是须有中间商的共识和配合。

推式策略常用的方式有：派出推销人员上门推销产品，提供各种售前、售中、售后服务促销等。

2. 拉式策略

拉式策略，也称从下而上式策略，是指以广告促销为拳头产品，通过创意新、高投入、大规模的广告轰炸，直接诱发消费者的购买欲望，由消费者向零售商、零售商向批发商、批发商向制造商求购，由下至上，层层拉动购买。在市场营销过程中，由于中间商与生产者对某些新产品的市场前景常有不同的看法，因此，很多新产品上市时，中间商往往因过高估计市场风险而不愿经销。在这种情况下，生产者只能先向消费者直接推销，然后拉引中间商经销。

拉式策略常用的方式有：价格促销、广告及展览促销、代销、试销等。

3. 推拉结合策略

在通常情况下，企业也可以把上述两种策略配合起来运用，在向中间商进行大力促销的同时，通过广告刺激市场需求。在"推式"促销的同时进行"拉式"促销，用双向的促销努力把商品推向市场，这比单独地利用推式策略或拉式策略更为有效。

（三）影响促销组合因素

由于不同的促销手段具有不同的特点，企业要想制订出最佳组合策略，就必须对促销组合进行选择。企业在选择最佳促销组合时，应考虑以下因素。

1. 产品类型

产品类型不同，购买差异就很大，不同类型的产品应采用相应的促销策略。一般来说，产品类型分消费品和投资品。消费品的促销组合次序为：广告，销促，人员推销，公共关系；而投资品的促销组合次序为：人员推销，销促，广告，公共关系。

2. 产品生命周期

处在不同时期的产品，促销的重点目标不同，所以采用的促销方式也有所区别（表7-1）。

表7-1　产品生命周期与促销方式

产品生命周期	促销的主要目的	促销主要方法
导入期	使消费者认识商品，使中间商愿意经营	广告介绍，人员推销
成长期、成熟期	使消费者感兴趣，扩大市场占有率，使消费者成为"偏爱"	扩大广告宣传，搞好营业推销和广告宣传
衰退期	保持市场占有率，保持老顾客和用户推陈出新	适当的销售促进，辅之广告、减价

从表7-1中可以看出，在导入期和成熟期，促销活动十分重要，而在衰退期则可降低促销费用支出，缩小促销规模，以保证足够的利润收入。

3. 市场状况

市场需求情况不同，企业应采取的促销组合也不同。一般来说，市场范围小，潜在顾客较少以及产品专用程度较高的市场，应以人员推销为主；而对于无差异市场，因其用户分散，范围广，则应以广告宣传为主。

（四）促销组合的预算

在考虑促销组合时，必须从自身的能力出发。即采用何种方式的促销组合，在客观上要受到促销预算的制约。促销预算是企业制订营销组合时必须考虑的重要因素，一般以营业额为基准，按本年度的营业额或按下年度的计划营业额的一定比例来确定；或以主要竞争对手的促销预算为依据制订企业的促销预算。无论采用何种形式，企业都需要考虑自身的能力，既要达到促销的目的，又要避免浪费。

任务2 酒店广告促销策略

广告促销策略是一种密切结合市场营销而采用的广告策略。这种广告策略不仅告知消费者购买产品的获益，以说服其购买，而且结合市场营销的其他手段，给予消费者更多的附加利益，以引起消费者对广告的兴趣，在短期内收到即效性广告效果，有力地推动产品销售。广告促销策略是多种多样的，包括馈赠、娱乐、中奖、公益等促销手段。

一、广告的含义及作用

（一）广告的含义

酒店广告是指各酒店企业为推销产品、服务或观念，通过各种媒介和形式向公众发布的有关信息。大众传播媒介刊播的经济信息和各种服务信息，报道产品、服务的经营者、提供者，凡收取费用或报酬的均视为广告。具体地说，广告是一种宣传手段，但宣传并不等于广告。两者的根本区别在于是否支付费用。广告是以付费为前提的，而宣传不必支付费用，它是借助于新闻和出版物的报道来传播企业产品或服务信息。

（二）广告的作用

对于广告的作用，我们可以从市场、企业、消费者、环境四个层次进行分析。

1. 从市场看，广告是传播产品信息的主要工具

市场的一般定义是指买卖双方相互联系、相互作用的总表现。那么，买卖双方是如何相互联系、相互作用的呢？二者的沟通是通过商品流通来实现的。商品流通由三部分组成：商品交易流通，商品货物流通，商品信息流通。信息流是开拓市场的先锋。大量信息被人们所知，靠的是传播。当今世界具有传播商品信息功能的行业或渠道很多，最主要的就是广告信息渠道。

2. 从企业层看，广告是企业竞争的有力武器

主要表现在：

第一，利用庞大的广告预算开支，多投入多产出；

第二，利用广告策划制作，吸引受众，以尽可能少的投入获得尽可能大的产出；

第三，利用广告策略，树立企业文化。

3．从消费层看，广告可以引导消费，刺激消费，甚至创造需求

4．广告还起着美化环境，教育人们的作用

广告也是一种艺术，好的广告能给人以美的享受，能美化市容，美化环境。同时，广告内容设计得当，有利于树立消费者的道德观、人生观及优良的社会风尚。

二、广告媒体的选择

广告媒体是指广告信息的传递工具。按广告宣传对象接受的不同可分为视觉广告和听觉广告。视觉广告媒体有印刷品广告、电子媒体广告、户外广告、邮寄广告、POP广告、互联网广告等。

（一）印刷品广告

印刷品广告包括报纸广告、杂志广告、画册广告、交通工具时刻表广告等。

1．报纸广告

报纸是新闻报道的主要工具，酒店可利用报纸作为主要的广告媒体。报纸广告的表现形式多样，如文字形式、插图形式、漫画形式、摄影形式等。报纸广告具有以下优势：覆盖面宽，读者稳定，传递灵活迅速；具有新闻性、可读性、知识性、指导性和纪录性；便于保存，可以多次传播信息，制作成本低廉等。报纸广告的局限是：报纸以新闻为主，广告版面不能居突出地位，广告有效时间短；广告的设计、制作较为简单粗糙，广告照片，图画运用少。

一般来说，报纸广告的版面大致分为以下几类：跨版、整版、半版、双通栏、单通栏、报眼、报花等。酒店可根据自身需要选择以上版面做广告。

2．杂志广告

杂志广告是指利用杂志的封面、封底、内页、插页为媒体刊登的广告。杂志不以刊登新闻报道为主，具有很强的知识性、娱乐性和专业性，目标群体相对明确、稳定，有较高的文化水平。杂志广告的优势是：阅读有效时间长，便于长期保存；内容专业性较强，有独特的、固定的读者群。同时杂志广告也有其局限性：周期较长，不利于快速传播，时间性、季节性不够鲜明。

酒店广告应选择旅游类等专业性杂志做广告。内页广告应充分发挥画面的艺术表现力，信息内容可几乎全部通过画面来体现，文字要少而精。

（二）电子媒体广告

电子媒体广告包括：电视广告、电影广告、电台广播广告、电子显示大屏幕广告。

1．电视广告

电视是一种兼有听觉和视觉的广告媒介，是集图像、色彩、声音于一体的广告媒介。电视广告的优势有：覆盖面广泛，形象生动；形声兼备，视觉刺激强，能重复播放；收视率高，收视效果佳，插于精彩节目的中间，其广告效果是其他广告媒体无法相比的。它的局限性也很明显，主要是电视广告制作成本高，电视播放收费高，广告对象缺乏选择性；瞬间消失，无法长时间保留，企业通过电视做广告的费用很高，小型企业无力选择。

2．电台广播广告

电台广播是一种听觉媒介，不受空间距离限制，是一种大众化的广告媒介。电台广播广告是

指利用无线电或有线广播为媒体播送传导的广告。电台广播广告具有以下优势：电台广播广告传收同步，最快最新的传递酒店产品信息；重播频率高，听众层次广泛；广告制作费也低。广播广告的局限性是只有信息的听觉刺激，而没有视觉刺激，只有声音效果的广告不容易引人注意。

（三）户外广告

户外广告是指那些在交通要道、旅游点、商业中心、机场、车站、码头等地做的广告。主要包括：路牌广告（或称广告牌，它是户外广告的主要形式，除在铁皮、木板、铁板等耐用材料上绘制、张贴外，还包括广告柱、广告亭、公路上的拱形广告牌等）、霓虹灯广告和灯箱广告、交通车厢广告、招贴广告（或称海报）、旗帜广告、气球广告等。户外广告的优势主要表现在：信息传播范围广泛，行人可随时看到并反复接触；保留时间长；费用低廉。它的局限性主要是内容选择局限性大，人们对广告内容不能仔细研读；广告接受对象选择性差。

（四）直接邮寄广告

直接邮寄广告是通过国家邮政服务的渠道传播广告信息，供应给消费者或用户广告中所推销的酒店产品。邮寄广告内容包括：产品目录、产品说明书、宣传小册子、明信片、挂历等。邮寄广告是广告媒体中最灵活的一种，也是最不稳定的一种。邮寄广告的优势主要表现为：一是选择性强，由于直邮广告的信封上写有接受者的姓名，接受者会认为是“专门”为他服务的，且接受者一般收到这类广告较少，因此较容易接受广告的内容；二是所受限制少，酒店可根据自身实际情况需要，安排直邮广告的时间、对象、广告措辞、色彩、纸张等，并可在直邮广告中随寄预订单、折扣券等，便于接受者做出购买决策。它的局限性主要是因收信人的通信地址易改动，易造成浪费。

（五）POP广告

POP为英文Point of Purchasing Advertising的大写字母缩写，译为售点广告，即售货点和购物场所的广告。POP广告是指在一切购物场所（商场、百货公司、超级市场、零售店、专卖店、专业商店等）场内场外所做广告的总和。

POP广告的种类就外在形式的不同分为立式、悬挂式、墙壁式和柜台式四种；就内在性质的不同分为室内POP广告和室外POP广告两种。室内POP广告指酒店内部的各种广告，如柜台广告、货架陈列广告、模特儿广告、圆柱广告、空中悬转的广告、室内电子广告和灯箱广告；室外POP广告指酒店门前和周围的POP广告，包括门面装饰、酒店招牌、橱窗布置、活人广告、招贴画广告，以及广告牌、霓虹灯、灯箱和电子显示广告等。

（六）互联网广告

互联网的兴起为酒店的广告宣传打开了新的通道，酒店可以在互联网发布各种信息。消费者可以借助检索工具迅速找到所需要的酒店信息。常用的互联网广告形式有：旗帜广告、图标广告、文字链接、电子邮件广告、新闻组、网上问卷调查等。

网络广告本身是一种很有潜力的广告载体，它具有传统媒体广告无法比拟的优势。

（1）交互性　它可以使消费者随心所欲地选择自己感兴趣的广告信息，而且传播快速，发布和接收基本同步。

（2）广泛性　互联网的全球性使发布的广告也是全球性的。

（3）针对性　可以分析网站访问者的喜好，以精确定位投放广告。

（4）易于统计性　互联网广告的发布次数和效果均有技术手段可以精确统计。

（七）其他广告

其他广告指除以上五种广告以外的媒体广告，如馈赠广告、赞助广告、体育广告，以及包装纸广告、购物袋广告、火柴盒广告、手提包广告等。

三、酒店广告的创意制作

广告创意是广告设计制作者在酝酿广告时的构想。广告设计制作者根据广告主的要求，在详尽的市场调查后，经过精心思考和策划，最后完成一个商品、劳务、企业形象的综合广告方案。

广告创意就其内容而言可包括两类：一是战术型广告创意，指在已定的商场上，紧紧盯着目标，将产品的品牌迅速留在顾客心中，并得到有利地位；二是战略型广告创意，指找出可能的市场，确定广告目标和对象，提出切实可行的促销活动计划。

国际广告协会对创意新颖的广告有五点要求：（1）能体现愉快的感觉；（2）能体现创新进步的精神；（3）能解决某一实际问题；（4）有明确的承诺；（5）有潜力。

（一）酒店广告的市场定位

广告定位指从酒店产品中，寻找宣传产品的有竞争力的特点，在消费者心中树立该产品的一定地位。以什么样的方式，为什么人，提供什么样的服务，这是酒店广告必须要明确的。只有这样，酒店才具有竞争优势，才可能被人记住。在众多酒店广告千篇一律的情况下，与众不同的市场定位使得宣传酒店特色的广告更有必要。广告定位包括以下几点。

1．确立广告目标

广告目标是指在一个特定时期对特定消费群体所要完成的特定的传播任务。酒店的目标市场，既是对酒店产品有兴趣、有支付能力的消费者，也是酒店具备相应接待能力的消费人群。广告目标可分为通知、说服和提醒。

（1）通知性广告　通知性广告主要用于产品的开拓阶段，其目的在于触发初级需求。具体来说，一是开业广告；二是用来产生即时的反响；三是可以纠正消费者错误的印象；四是树立酒店的企业形象；五是缩短消费者和酒店之间的距离。通知性广告以短期效应为目标，多用于促销。

（2）说服性广告　说服性广告主要应用于竞争阶段，其目的是向一个特定的细分市场宣传酒店的优势或推介某一项产品。这类广告既可以为酒店塑造形象或突出优势，也可以用来对酒店进行重新定位。说服性广告通过表现酒店的特色和优势，说明能比竞争对手提供更多的物有所值的产品与服务。

（3）提醒性广告　提醒性广告，在产品的成熟期十分重要。其目的是保持顾客对该产品的记忆，从而使消费者在需要的时候，关于这个酒店的信息便能在脑海中出现；或者，即使在淡季，也能促使消费者记住它，以保持最高的知名度。

2．确定广告对象

酒店应该尽可能明确目标市场，对目标顾客做详尽的分析，以更好地利用这些信息所代表的机会，使顾客更加满意，最终增加销售额。常见的细分市场有：商务细分市场、享乐细分市场、人口统计细分市场、消费者细分市场、社会阶层细分市场等。

3．确定广告区域

针对广告区域的地方性、区域性、全国性、国际性的不同，选择不同的广告覆盖方法，如全面覆盖、渐进覆盖或轮番覆盖。

（二）酒店广告预算

广告费用预算可有以下三种不同的选择方案。

（1）量力支出法　酒店根据自己的实际情况，确定达成每笔预期销售所能承受的支出，估计销售数量，再将二者相乘即形成预算。

（2）按需支出法　选择目标市场，估计它所拥有的潜在消费者数量；预计广告可能带来的货币收益；确定能影响市场的媒体；估计需要传递的信息次数；根据实现沟通目标所需要的金额估算计划成本，形成预算。

（3）比例支出法　从酒店预期的年度总收入中，拨出一定比例的资金用于广告，形成预算。该项费用分为两部分：形象或定位广告，促销支持及直接的广告活动。这种方式中用到的百分比可以依据行业的平均数来决定。

大型酒店从总收入中拨出用于广告的经费比例较高，因为费用可以由许多家酒店分担，一些大的酒店集团都是如此。单体酒店做出大笔的广告预算是不合理的，尽管他们可能更需要多宣传以便公众了解。为解决这一问题，许多单体酒店组成一个营销群体，联合做广告。

（三）广告效果的评估

广告效果的评估就是指运用科学的方法来鉴定所做广告的效益。广告效益包括三方面：一是广告的经济效益，指广告促进商品或服务销售的程度和企业的产值、利税等经济指标增长的程度；二是广告的心理效益，指消费者对所做广告的心理认同程度和购买意向、购买频率；三是广告的社会效益，指广告是否符合社会公德，是否寓教于销。

广告效果的测定方法有很多种，可按不同的标准分类。

1. 以广告发布时间为界分类

（1）预先测试法　是指广告制作完成以后，在媒体发布以前所进行的广告效果测定和相应分析。具体可通过以下手段进行。

①模拟销售检验：就是通过人为的办法“选”一个销售环境，以此检验广告的促销功能。

②消费者试用：就是把一组同类产品放在消费者面前，其消费者可以是企业内部的职工，也可以是部分有兴趣的市民，各自产品均配以不同的广告，然后检验消费者对广告的反映程度、对相应产品的购买意向和购买结果。这类办法的优点是速度快，检验的是真正的消费者，价格费用不高，能利用完整的广告；局限性在于不是顾客主动地选购，而是被动地回答，购买行为不自然，而且由于消费者表达能力的不同，对其意见想法的回答难以准确。

③邮寄检验：邮寄检验可以通过各种各样的印刷品形式进行，如小册子、信件、说明书和明信片等。把不同的广告缩小印在明信片上，每张明信片都有一些免费小赠品，所有明信片的赠品都一样，然后把这些明信片寄给大量的、有一定代表性的消费者，根据有回信并已接受赠品者的比例大小，就可以检查出广告有效程度。

（2）反馈测量法　这是广告发布以后，为了分析广告效果，调整广告策略而进行的测量广告效果的方法。具体可通过以下手段进行。

①售后检验：这是最直接、也是用处最多的一种方法，它把广告发布后企业产品的新的销售量和广告发布前的销售额比较，从其中得出广告的促销功能。优点是简便易行，立竿见影，直接和企业销售量挂钩，不足之处是无法把广告促销的效果和同时作用的其他促销办法（如人

员促销，公共关系）的效果区分开来。

②调查检验：调查消费者，询问顾客，做一些广告并向读者提供一些好处，鼓励他们对广告作出评论。可以把同一则广告发布在不同的媒体上（电视，报纸，广播等），询问哪一种效果好；也可以同时发布在报纸上，准备两则广告，今天刊登一则广告，明天刊登另一则广告，然后询问哪一种广告效果较好，再决定取舍。

③回忆检验：一般来说，不给对方任何提醒或暗示，只是在受试者记忆的汪洋大海中检查所做广告深入人心的程度。其优点在于：它能提供有关广告深入人思想的程度方面的材料，而且还可以检测消费者是否领会了广告制作人员企图表达的广告主题、广告设计意图和受众的接受认同程度是否一致，缺点是费用大，受试者记忆兴趣和记忆程度有差别。

除了根据广告发布前后时间的不同进行划分外，广告效果的测定方法还可根据操作的具体工具的不同进行划分。

2. 以具体操作工具的不同分类

可分为统计法、实验法、历史法、评分法、邮寄法、问答法、机械法、采访法、媒体组合法等许多的具体操作手段。

【阅读资料】

—香格里拉酒店集团的创意广告—

2010年6月1日，香港香格里拉酒店集团在全球隆重推出其全新制作的品牌形象电视广告。广告主题为“至善盛情，源自天性”，创意大胆、风格前卫，传达了香格里拉在过去40年里所恪守的独特服务理念。

香格里拉酒店集团集思广益，与数千名员工、合作伙伴和宾客进行全方位沟通，从而为广告创意提供宝贵的灵感。而在内涵方面，广告则重点表现香格里拉的文化精髓——待客如亲，真心关爱。其具体分为怀抱篇、知音篇、温暖篇三个版本。

“香格里拉亚洲式热情待客的独特之处，就是我们同事对待客人的那份真诚和相互尊重。对我们来说，这比宫殿式的豪华建筑或风景优美的地理位置显得更加重要。这也是为什么我们会选择独特的、颇具震撼力的表现手法来展示这个广告。这种触动我们内心深处的真诚与善良，很容易在当今社会唤起人们的共鸣。”香格里拉酒店集团总裁兼首席执行官凯杜根说道。

由奥美广告设计创意，国际知名商业导演布鲁诺·阿维兰（Bruno Aveillan）执导，该广告将观众的视线带入极端的自然环境地区（图7-1，图7-2），只为传达一个简单而普遍的真理——至善真诚，莫过于对陌生人送上无微不至的关怀。

图7-1　深海

广告外景选在积雪覆顶的雪山上，故事由一个迷路的旅行者在寒冷的暴风雪中苦苦寻找一个落脚点展开。该故事也在印刷系列广告的其中一版出现，同时推出的还有另外两个印刷版本的广告，分别展现蓝色海洋中人与海豚嬉戏和一只美丽的天鹅沉浸在神秘

图7-2　雪原

奢华世界里的场景，将观众带入一种自然和谐的意境。这些广告展现的画面虽各不相同，但全都传达了香格里拉的品牌价值和承诺："至善盛情，源自天性"。

奥美广告香港董事总经理奥家乐（Adam O'Conor）表示："自与香格里拉开始合作之日起，我们就明显地感受到他们的那种与众不同和至善至美的品牌内涵。而我们需要做的就是用触动人们心灵、引发人们思考的方式将它们生动地诠释出来。我们相信香格里拉酒店集团这种独辟蹊径的品牌理念将打破人们对酒店行业的固有认知，为香格里拉在全球范围内提升品牌价值起到关键作用。"

任务3　酒店人员促销策略

人员推销是最古老的一种促销，也是现代国际旅游酒店市场常用的促销方式。在我国，虽然许多饭店设有销售部，但由于种种原因，人员推销往往被置于无足轻重的地位，推销人员的作用也得不到充分发挥。其实，人员推销是强有力的、可靠的促销手段。特别是对于顾客不熟悉、价格昂贵的饭店产品（会议设施、多功能厅、宴会厅）而言，人员推销更不失为一种行之有效的推销方式。因此，忽视人员推销，将导致旅游饭店销售上的失误。人员推销有着一般宣传和广告无法替代的优点。首先，人员推销有助于双向沟通信息，饭店推销人员可以把饭店的设施、服务、价格等信息传递给潜在的顾客，并针对消费者要求和建议，纠正他们对饭店产品服务的偏见，同时改进饭店工作；其次，人员推销有助于获取反馈信息，调整饭店营销策略。人员推销使消费者与饭店之间联系直接化，便于推销，有助于直接了解产品在消费者心目中的定位，了解有关市场方面种种信息；再次，人员推销有助于开拓饭店市场的回头客。人员推销是面对面的推销，能够沟通思想与情感，建立友谊，取得对产品的信任，增强饭店的吸引力，最后，人员推销因人而异和因地制宜，对不同旅游消费者采取不同的推销方法争取长期主顾。

人员推销作为一种直接的销售方式，可以直接接触目标顾客和中间商，不但有利于向他们介绍饭店产品，还能迅速得到来自他们的较为准确的信息反馈，直接成交效果显著，命中率也高。但人员促销也需要投入大量的人力、物力甚至财力，对销售人员的业务技能要求也较高，在人员推销中，推销人员起着决定性作用，饭店产品的无形性、不可转移性等特点，又给推销人员提出了更高的要求。为此，应加强对推销人员的培训和实践锻炼，特别使他们掌握推销技巧，善于拉客，这是人员推销成功的关键。

就酒店方面而言，为达到更理想的人员推销的效果，就必须先解决好对营销人员的授权制度和激励机制。要促使营销人员独立开展工作，就要建立健全的授权制度，赋予他们在特定条件下对价格有独立处置、先斩后奏的权力。通常情况下，酒店的价格政策总会有一定的局限性，许多潜在的顾客就经常由于价格规定中的部分条款无法接受而转投他店，在这种时候处于营销一线的销售员是最了解情况的，也同样清醒地知道做出少许的让步，能给酒店带来利润，而为了不适合市场形势的条文坚持不必要的原则只会使酒店的路子越来越窄。另一种不容忽视的情况就是营销的激励机制，对于销售员的工作评价与激励只能用市场经济的办法来实现，而不能过分地采用行政手段。要看到目前许多地区已经出现的供大于求、粥多僧少的市场实际形势，认识到员工为此付出了更多的劳动和投入，因此酒店管理层应该对此予以充分的肯定和奖励，对那些成绩斐然、兢兢业业的员工应予以适当的物质和精神奖励，并将此形成长期性的制度。加强人员推销，是在现有条件下使企业摆脱困境的最佳捷径。

一、酒店人员促销形式

所谓酒店人员促销，是指酒店通过派出推销人员与一个或一个以上可能成为购买者的人交谈，作口头陈述，以推销酒店产品，促进和扩大销售。人员促销可以采取以下三种形式。

（一）建立自己的销售队伍，使用本企业的推销人员来推销产品

在西方国家，企业自己的推销队伍的成员称作推销员、销售代表、业务经理、销售工程师。这种推销人员又分为两类：一类是内部推销人员，他们一般在办公室内用电话等来联系、洽谈业务，并接待可能成为购买者的来访人员；另一类是外勤推销人员，他们做旅行推销，上门访问客户。

（二）使用专业合同推销人员

使用制造商的代理商、销售代理商、经纪人等，按照其代销额付给佣金，西方国家的大公司甚至雇佣国内外退休的高级官员当推销员。

（三）雇佣兼职的售点推销员

通过雇佣售点推销员在各种零售营业场合，用各种方式促销，按销售额比例提取佣金。方式如产品操作演示、现场模特、咨询介绍等。一般称这种促销员为售点促销小姐或促销先生。

二、酒店人员推销的特点

酒店人员推销是市场营销的一种主要方式。酒店销售人员直接与客人交流沟通，推销酒店的产品、服务，解释或答复对方的疑问，与客人保持双向交流，人员销售与广告推销最大的区别是单向交流，酒店只能通过广告为客人提供产品和服务信息，但无法得到客人的信息反馈。而人员销售时营销人员与客人之间彼此互通信息，营销人员在为客人提供信息时，又能从客人那里得到反馈信息。

人员销售的好处是直接接触，酒店与客人保持畅通的交流渠道，提高客人对酒店产品和服务的满意度。通过销售，能够争取潜在的客人购买酒店产品，提高酒店产品利用率。经常性地

与客人直接接触，可以加深双方的了解，建立融洽的关系，加深对酒店的印象，增强吸引力，进而争夺客源。

人员销售直接与客人接触，向客人提供面对面的服务，如介绍酒店产品及服务、提供方方面面的信息，解决疑难问题，提供各种帮助，诱发客人的购买动机，及时捕捉机会，劝说与鼓动客人，促成当场预订，直接成交。

销售人员与客人之间的交流，不仅是信息的双向沟通，还提供了面对面的服务。久而久之，加深了销售人员与客人之间感性的交流，建立了友谊，形成长期友好的合作关系，维系住稳定的客源。此外，销售人员直接与客人接触，能够及时收集客人的意见和竞争对手的情况，有利于酒店调整销售策略、改进服务程序、提高服务质量，并增强酒店的竞争力。

不过，人员销售也有不足之处：人力资源成本偏大，费用过高，有时会效率低下。营销效果与营销人员的素质高低有关。这些取决于对营销人员的选择、任用及发挥上。

三、酒店人员推销的任务及其工作步骤

（一）酒店推销人员的任务

（1）探寻市场　促销人员应该寻求机会，发现潜在顾客，创造需求，开拓新的市场。

（2）传递信息　促销人员要及时向消费者传递产品和劳务信息，为消费者提供购买决策的参考资料。

（3）销售产品。

（4）收集情报　促销人员在推销过程中还要收集情报，反馈信息。

（5）开展售前、售中、售后服务。

（二）酒店推销人员的工作步骤

1．销售前的准备

酒店销售人员在拜访客户或洽谈业务之前，一定要准备好酒店的简介，如宣传小册子、价目表、酒店设施设备和服务项目的介绍、预订单、明信片、销售记录卡、名片及有关酒店产品和服务的各种资料。

重点客户或大的客户访问要拟订销售访问计划，要明确访问的目的，访问前要锁定好访问的对象及要达到什么目标，拟好要点，按顺序排列，依次执行。比如你访问的目的，或是为了获得订单，或是为了达成某个协议，希望被访者租用酒店的宴会厅、会议室、或是想通过被访者介绍新的客户。

销售人员不可能拜访所有的潜在客人，只能通过筛选，排列出顺序，根据具体情况做好准备，明确对方的需求，知己知彼，提高访问的成功率。对客户的筛选要根据酒店销售目标确定，如果商务客人或散客减少，则要加强与旅行社或中间商的联系，争取旅游团队的客源。淡季散客少时，可以多接待一些团体或会议客人。

2．拜访客户

确定拜访客户的时间、方法、做好谈话提纲，确定销售的方式。拜访过程如下。

（1）问好　对老客户问好后顺便提及以前交往的印象如何，有何建议；对新客户，先自我介绍和报名，态度热情诚恳大方，彬彬有礼送上名片。

（2）礼貌和技巧性的客套问话　例如，“打扰您了”或“没打扰您吧？”“能占用您几分钟

时间吗？”。让对方有所准备，不致反感，或回避访问。

（3）开门见山，说明来意　对老客户，首先感谢上次预定或客人的支持，顺便递上酒店新产品或服务的介绍资料，征求改进意见；对于新客户，应送上酒店详细的介绍资料，要察言观色，揣摸对方心理，赢得对方的好感，引起对方的兴趣，介绍酒店产品和服务，包括优惠及折扣，争取客人对预订的明确答复，随之抓紧时间签约。然后向客人道谢。但销售人员在洽谈时不可操之过急，不能让对方产生一种你来推销的印象，特别是潜在的客户。必要时可以聊聊双方关心的问题，或感兴趣的话题，密切双方的关系，拉近距离。

销售人员在销售时说话不能迟疑不决，或是吞吞吐吐，否则会影响对方对你的信任。销售时不要采取强迫的推销方式，潜在的客人愿意自己购买，而不是被动地购买。要用循循善诱的方式，比较容易为客人所接受。

客人对酒店产品或服务有抱怨、投诉时，要虚心接受，表示歉意，并表示下次一定让客人满意。不要辩解、不要解释，即使你没有错，或错在客人。处理得当就缓解了矛盾，平息了对方的怨气，争取了再次预订的机会。

3. 拜访后的工作

拜访活动结束后，立即填好记录卡，对预订的情况立刻向有关部门如前台部、客房部、餐饮部、宴会部等通报，做好接待安排计划，对贵宾要填贵宾卡，拟订接待规格。对客人的多种要求，要尽量满足。对客人的投诉，要记录在案，并尽快处理，将书面材料送达相关部门或领导。

四、酒店人员推销技巧

销售人员在销售时，要明白一个观点：我们不是在向客人销售房间或餐厅，而是在向客人提供舒适、享受、豪华的服务，在向客人提供一段愉快的经历。对于不同价格的客房，应强调其不同的设施和服务，报价格时可以采用先报基本房价，再加服务费、再加税额，不要只报总价格，给人不合理或价格太高的感觉。也可采用“三明治”报价法，即一项一项服务报价，而不是先报总价。

对于不同的客房，要说明其优点和缺点，不要掩盖缺点，更不要欺骗客人。但缺点要一带而过，详细地说明其优点和特点，如套房要强调豪华舒适，便于社交或商务活动，有气派，靠近走道或电梯的客房强调进出方便；无窗的客房强调其清静和安全等。

推销附加服务。客人白天入住时，可以介绍康乐中心的服务项目。美容厅或桑拿浴及餐饮服务，客人夜间入住可以介绍房间用膳服务、娱乐服务项目、餐饮特色项目等。

争取每一个客人。要尽量向客人提供信息，便于客人选择。详细介绍酒店的产品和服务，陪同客人参观房间及营业场所和各种服务设施，让客人身临其境，深刻地感受，才便于选择。对性格内向，不善言辞的客人要耐心介绍，实事求是地提供信息，帮助对方决策；对于有主见的客人，介绍完毕后让他自己考虑并做决定。

向客人销售时，要察言观色，要看销售对象，根据客人的需求来介绍。生动描述酒店产品的优点，以及能够给予客人的方便和利益，还有附加的心理方面的满足感，这样会取得较好的效果。

在销售中，要避免讲“我不知道，让我查一查。”等不确定的话，这会让客人感到你业务不熟。要尽快记住客人的名字，称呼客人的名字，会使客人感到亲切。

下面介绍“几招”具体的销售技巧。

（1）招徕　先介绍酒店产品和服务的特色，再介绍价格，即使客人感到价格太高，而采取低一档的价格，但前者的特点或服务也许在客人心中留有印象，以后也会愿意尝试一下。有时，客人在比较了价格和服务之后，还会重新选择前者。这是招徕产生的影响。

（2）吸引　带客人参观各种档次和规格的客房、餐厅及服务设施，或让客人试用，或品尝某些菜肴和点心，使客人依依不舍，无法拒绝。客人品尝了美味食品，或受到温馨典雅环境的吸引，对价格也就不那么关注，这就是一种吸引的策略。

（3）包围　在接待客人时，将接待逐步升级，先是销售人员出面，然后是销售部经理出面，再是销售总监出面，最后是老总出面。使对方感到受到极大的重视。

（4）滚雪球　利用长住客人或VIP客人的口碑或影响，提高酒店知名度，扩大客源队伍。许多酒店的商务客人或散客是由长住客介绍进来的，这一比例高达25%，酒店的长住客或常客成为酒店义务推销员，起到了积极的作用，所以酒店要定期或不定期地拜访长住客或常客，关心他们，节假日时给予问候或邀请他们参加节庆活动。

五、酒店内部全员推销策略

内部全员推销是营销的基础保证。内部推销即全员推销，这是新时期的促销手段。遗憾的是现在很多酒店并没有重视内部推销。内部全员推销的优势如下。

第一，内部推销是面向已有的住客或顾客进行的促销，对内总比对外容易和方便。

第二，内部推销不需要专职人员，从总经理到清洁工，前台到后台，人人都可参与。酒店全员都是产品义务推销员，只要把积极性、主动性调动起来，再适当地掌握一些方法和技巧，就会形成强大的推销实力。

第三，内部推销不需要专门的经费投入，它不像广告、公关等要有专项的预算，经费开支大。内部推销是在完成本职工作的同时，不失时机地、恰到好处地推销，只需多一些灵活多变的方法、语言和形式。因而是成本最低、见效最快的促销手段。

第四，内部推销没有时限性，一年365天，每天24小时，随时都可进行。所以，内部推销做好了，是外部推销的继续和深入，也是外部推销的基础和保证。内部推销取得成效的关键是优质服务，只有优质服务才会令客人满意，才能让客人乐于消费、多消费、再次消费。内部推销还取决于酒店内部竞争、激励机制的建立健全，从上到下要树立全员营销意识，对在内部推销方面成效显著的个人或部门实行奖励，只有管理制度过硬，奖罚分明，才能使内部推销工作落到实处。

【阅读资料】

—— 金海大厦：分片推销 ——

金海大厦是一家新成立的四星级酒店，为了在市场中站稳脚跟，酒店首先成立营销部。从各部门里精选出8名业务熟悉、素质过硬的业务骨干，简短地开个动员会，营销部就开始运转了。为了明确责任，提高效率，赵总亲任营销部经理。8名骨干，每人分工一条线，有负责财经、金融、商贸系统营销的，有负责政府、政法、电力系统的，有负责文教卫生部门的，还有负责市属各级企业的、分工明确，任务到人，一目了然。

万事开头难，刚开始运转的营销部要钱没钱，要粮没粮，连上电视打广告的经费都有困难。面对窘境，赵总咬咬牙，没钱就先不打广告，走出酒店，上门推销。说起来容易，真做起来就有点困难了，头几天营销人员都早早出门，不到半天就全回来了。赵总一看，没有发火，事出必有因。谈过话后，赵总迅速调整了策略。一方面从市旅游学校聘请专职教师对营销员进行推销业务培训，另一方面将几位副总、书记等主要领导临时分配到营销部，每位领导带一个徒弟，共同出门推销。

一段时间以后，营销员们已经基本熟悉了推销业务，不需要师傅帮带了。赵总便跟他们约法三章：第一，早上8：30准时出门，下午4点后才许回酒店述职汇报；第二，上门推销一定要落到实处，找到关键人物，宣传酒店形象；第三，每天都要有收获，即使签不下订单，也必须带回有价值的信息。随着营销代表们的努力，酒店的面貌发生了巨大的变化。在热情的营销员的号召下，越来越多的陌生新鲜的面孔走进了酒店，试一试，看一看，惊讶地发现不起眼的金海大厦真正不赖，一传十,十传百，赵总的营销工作初显成效。为了保持营销工作的良好势头，赵总又不时调整了营销人员的收入核算办法，将每人的工作实绩与经济收入直接挂起钩来，并下达了基本指标和奖励办法。营销员们的积极性得到了激发，干劲更足了，连续半年来始终稳居销售榜首的小丁平均每个月都要为酒店创造近20万元的营业收入，而其他最少的也能创造八九万元的月收入。

任务4 酒店营业推广策略

营业推广是酒店为了促使目标市场的消费者尽快购买、大量购买自己的产品和服务而采取的一系列鼓励性的促销措施。酒店通过产品的直接销售而进行促销宣传的活动，适用于一定时期、一定任务的短期特别推销，目的是在短期内迅速刺激需求，取得立竿见影的效果。通过活动，可集中宣传企业，展示企业形象。文化品位高、艺术氛围浓、内容新颖独特、形式健康活泼的营业推广活动不仅能直接增加销量和收入，更能扩大酒店知名度，为树立良好的企业声誉、营造企业文化内涵、塑造产品品牌起到推波助澜的作用。精心策划组织的活动，能使旺季更旺，淡季不淡。

一、酒店营业推广的含义和特点

（一）酒店营业推广的含义

酒店营业推广又称销售促进，指那些不同于人员推销、广告和公共关系的销售活动，酒店企业为了促使目标市场的顾客尽快、大量、重复购买其经营的酒店产品而采取的一系列鼓励性促销措施，诸如陈列、展出与展览表演和许多非常规的、非经常性的销售尝试。酒店营销推广活动的目的是吸引顾客，特别是在推出新产品、新服务或吸引新顾客方面。由于推广活动营销的刺激性比较强，因而容易吸引顾客的注意力，使顾客在了解产品、服务的基础上采取购买行动，也可能使顾客追求某些方面的优惠而使用产品。

（二）营业推广的特点

概括起来，营业推广有三个明显特点。

1. 直观的表现形式

许多营业推广工具具有吸引注意力的性质，可以打破顾客购买某一特殊产品的惰性。这种吸引力，尤其是对于那些精打细算的人是一种很强的吸引力，但这类人对于任何一种品牌的产品都不会永远购买，是品牌转换者，而不是品牌忠实者。

2. 灵活多样，适应性强

可根据顾客心理和市场营销环境等因素，采取针对性很强的营业推广方法，向消费者提供特殊的购买机会，具有强烈的吸引力和诱惑力，能够唤起顾客的广泛关注，立即促成购买行为，在较大范围内收到立竿见影的功效。

3. 一定的局限性和副作用

有些方式显现出卖者急于出售的意图，容易造成顾客的逆反心理。如果使用太多，或使用不当，顾客会怀疑此产品的品质及产品的品牌，或产品的价格是否合理。因此，酒店在开展营业推广活动时，要注意恰当的方式和时机。

二、酒店营业推广的形式

营业推广没有固定的形式，各种庆典活动、节假日促销活动、主题活动、文化活动、美食活动、康体活动、展览活动等都是营业推广活动常见的形式，要根据酒店的经营特点、经济实力、顾客消费心理特点、市场需求变化等因素来设计具体推广方式。

三、酒店营业推广的实施过程

酒店在运用营业推广时，必须确定目标、选择工具、制订方案、实施和控制方案及评价结果。

（一）确定营业推广目标

就消费者而言，目标包括鼓励消费者更多地购买酒店商品；争取潜在消费者购买，吸引竞争者品牌的购买者。就销售队伍而言，目标包括鼓励他们支持一种新产品，激励他们寻找更多的潜在顾客和刺激他们推销商品。

（二）制订营业推广方案

营业推广方案应该包括以下几个因素。

（1）费用　营销人员必须决定准备拿出多少费用进行刺激。

（2）参加者的条件　刺激可以提供给任何人，或经过选择的一部分人。

（3）营业推广措施的分配途径　营销人员必须确定怎样去促销和实现促销方案。

（4）营业推广时间　酒店在开展营业推广活动时，要注意恰当的方式和时机。

（5）营业推广的总预算。

（三）方案试验

面向消费者市场的营业推广能轻易地进行预试，可邀请消费者对几种不同的、可能的优惠办法做出评价和分级，也可以在有限的地区进行试用性测试。

（四）评价营业推广效果

对营业推广方案的评价很少受到关注，以盈利率加以评价不多见。最普遍的一种方法是把推广前、推广中和推广后的销售进行比较。

任务5 酒店公共关系策略

酒店是一个小社会，人与人之间呈现出较为复杂的社会及宾客关系。酒店公关工作比起其他行业的公关工作来讲，完成公众由敌视到同情，由偏见到认可，由冷漠到关心，由无知到了解的转变更为重要。将这四种消极态度变成积极态度，最终让社会公众和服务对象对酒店由了解形成理解，广结良缘，创造良好的组织形象和社会声誉，创造宽松的社会环境，是公关工作的主要目标。

一、酒店公共关系的含义和作用

（一）酒店公共关系的含义

所谓公共关系就是形象塑造，公共关系是一个社会组织运用信息双向传播手段，通过长期的、经常的、有计划的努力，在公众中建立良好的形象，赢得公众的理解、信任与合作，开拓内求团结，外求发展局面的一种现代管理活动。而由此派生出来的酒店公共关系又有其特殊性，它是指酒店运用信息传播手段，与公众建立起相互了解和信赖的关系，树立良好的酒店形象和信誉，以促进酒店总目标的实现的一种管理职能。由此我们可以看出，酒店公共关系一方面强调企业和公众的关系是相互的，另一方面又强调酒店公共关系具有管理职能，从而使我们加深对公共关系本质的认识。

（二）酒店公共关系的作用

公共关系作为一门经营管理的艺术，其功用、职能主要表现在以下六个方面。

1．扩大影响，提高酒店知名度

酒店的知名度是指酒店在公众心目中名气的大小。提高酒店的知名度，让公众了解酒店，知道酒店，从而扩大酒店的影响，一个很重要的因素就是要充分发挥公共关系的作用。所谓酒香也怕巷子深，一个酒店无论它的设施多么豪华、服务多么热情周到，若无人知道，无人光顾，酒店的生存和发展都会受到影响。因此，酒店发展的首要因素是让宾客了解酒店，知道酒店，从而光顾酒店，使用和享受酒店的设施与服务。

2．树立和发展酒店良好形象

酒店的企业形象是社会公众包括酒店员工心目中对酒店整体的评价。它是公众对酒店的发展史、管理人员、团体气氛、行为准则、物质条件、产品、服务、酒店名称、店徽等的总体认知，反映了公众对酒店的整体特点、总的精神的了解和情感倾向。

公共关系的根本目的就是通过深入细致、持之以恒的具体工作，树立与发展酒店的良好形象，建立良好的信誉，以取得社会公众的理解和接受，进而赢得信任和支持，而良好形象和信誉的建立，又会促进酒店目标的实现，所以人们常把良好的形象和信誉称为酒店无形的财富。同时，酒店良好的形象也是吸引客人至关重要的因素。但是，酒店形象的树立并不是一朝一夕的事，酒店本身处在一个不断发展的过程之中，因此，酒店公共关系工作要为酒店的发展不断地创造良好的社会环境和舆论环境，酒店公关人员必须充分发挥公关的积极作用，经常进行市场调查，了解酒店形象在公众心目中的变化，分析公众的心理、意向及其变化趋势，及时做出预测，及时调整公关策略，使酒店的发展趋势与公众意向相吻合，让酒店良好的形象在公众的心目中经久不衰。

3. 提供信息，发挥决策参谋作用

酒店决策是一个系统工程，整个决策过程包括调查分析、确定目标、制定方案、方案评估、执行实施等步骤，公共关系在决策过程中始终发挥着重要作用，为决策的准确制定提供各种信息。公共关系影响着酒店决策的实施。酒店每一项决策的实施并不是酒店组织孤立的行为，它需要得到内外部公众广泛的理解和支持，需要引导他们在不同层次上以不同形式参与到实施决策的行动中来。因此，酒店公共关系活动是酒店能否有效实施决策的关键因素。

4. 协调酒店内外关系

现代酒店是一个开放型的组织，它既有一定的内在联系，同时又受到外部环境的影响，因此，酒店内各部门之间以及酒店与外部环境之间的协调是非常重要的，这种协调能使酒店内所有部门的活动同步化、和谐化，并使酒店与环境相适应。协调影响到酒店中的所有部门和人群，也影响到酒店的外部环境，缺乏协调就会使酒店在时间、人力、金钱等方面造成浪费，使酒店形象受到损害。公共关系在现代酒店管理中，能够恰到好处地发挥这种协调作用，使酒店在和谐稳定的环境中健康发展。

公共关系在酒店管理中的协调作用主要表现在与公众沟通信息、建立感情，取得理解和支持等方面。与公众的信息沟通是酒店公共关系的基本职能，对内包括管理者与员工之间的沟通、各职能部门之间的沟通、酒店与股东之间的沟通；对外有酒店与客人之间、与社区之间、与新闻界之间、与政府之间的沟通等。

公共关系在酒店内部的信息沟通方面起着十分重要的作用，它可以及时向员工传达和解释酒店的政策、决策、指令和意向；向各级部门反映员工的建议和要求；提高员工的参与意识和参与管理的热情。

酒店公共关系的协调作用对外部公众而言，首先是与客人沟通，这种沟通工作既是大量的，也是极为重要的，必须始终树立顾客第一、客人总是对的的经营思想，尽力根据客人的要求建立和完善服务项目和服务设施，真正与客人做到相互沟通，彼此信任，互促互进。此外，还要注意发挥与政府、社区和新闻界之间的信息沟通作用，取得他们的理解和支持，为酒店的发展创造一个良好的外部环境。

5. 促进酒店效益的提高

现代酒店经营的最终目标是为了获得理想的经济效益和社会效益，在酒店经营过程中，无论是消费决策还是投资决策，无论是生产还是销售，都离不开信息服务，信息服务越充分、越及时、越全面，越能强化企业的生存与竞争的地位，而信息服务工作又与公共关系工作紧密相联，公共关系工作通过采集、分析和处理信息，能促进酒店经济效益的提高，它虽然不像餐饮、客房能产生直接经济效益，但是，它对酒店经济效益的影响却非常大。

6. 处理突发事件，维护酒店信誉

突发事件是酒店经营管理过程中由于工作的疏忽或其他原因而产生的一些特殊情况，主要包括火灾、食物中毒、停电停水、自然灾害以及大的劳资纠纷等，所有这些都会给酒店的信誉带来极为不良的影响。因此，正确处理各种突发事件，维护酒店的形象和信誉具有十分重要的意义。

公共关系在处理酒店突发事件中起着举足轻重的作用，一方面，通过公共关系活动，建立一套完整的检查制度，通过科学的调研与预测，防患于未然，避免各种事件的发生；另一方面，当事件发生以后，必须充分听取公众的意见，设法查清事实真相，与公众进行必要的沟通，相互之间达成谅解，从而妥善解决矛盾，维护酒店的信誉和形象。

二、酒店公共关系的内容

酒店公共关系的主要对象是“公众”，它包括内部公众和外部公众两方面。因此，内部关系和外部关系构成了酒店公共关系的主要内容。内部关系主要是指内部成员关系，它是酒店做好一切工作的基础；外部关系包括宾客关系、媒介关系、政府关系、社区关系、名流关系等，这些关系的处理直接影响到酒店的发展。

（一）对内部公众的公关

一个酒店的存在价值和整体形象在取得社会的认可之前，首先需要得到自己成员的认可；酒店的目标和任务在赢得社会支持之前，首先需要赢得自己成员的配合与支持。因此，良好的内部关系是公共关系的起点，酒店内部的公关工作首先要增强内聚力，将全体成员组合成为一个有机的整体。要达到这一目的，就需要将本酒店的成员视作传播沟通的首要对象，尊重酒店成员分享信息的权利，争取他们的了解与理解，形成信任与和谐的内部气氛。如果内部传播障碍，沟通不灵，成员对本酒店的信息没有了解的优先权，甚至外部社会早已纷纷扬扬，自己的成员还蒙在鼓里，就会在酒店内部产生麻木不仁、忧虑不安、焦急烦恼、猜疑等消极情绪和现象，从而形成隔阂冷漠、离心离德的状况。要避免这种情况的发生，就需要健全酒店内部的传播渠道，完善酒店内部的沟通机制，使全体成员在信息分享和感情沟通中与酒店融为一体。

同时，酒店的对外影响力有赖于全体成员的努力与配合。因为酒店的每一个成员都是酒店与外部公众接触的形象代表，都处在对外公共关系的第一线。在对外交往中，酒店任何成员的一言一行都代表着酒店的形象。在对外交往中，每一位组织成员都是非常重要的公共关系行为主体。酒店如果希望其成员能够时时处处自觉地维护酒店的形象，就应该时时处处善待和尊重自己的成员，将他们作为重要的公共关系对象，努力培养他们对酒店的认同感、归属感，增强他们对酒店的向心力、凝聚力。

（二）对宾客公众的公关

一个酒店的存在价值，很大程度上在于其提供的服务能够得到宾客的接受和欢迎。酒店的经济效益需要在市场上实现，而宾客就是市场，有了宾客才有市场。虽然与宾客的沟通并不等同于市场经营中的销售关系、直接的买卖关系，但良好的宾客公共关系的确有利于企业组织的市场销售关系，能够给企业带来直接的利益。因此，宾客公众是酒店公共关系对象中利益关系最直接、明显的外部公众。宾客关系是企业市场经营的生命线。在酒店与宾客的市场供求关系之中，存在大量的信息交流关系和情感沟通关系。没有充分的信息传播，没有融洽的感情沟通，市场的商品交换关系就难以建立，更难以稳定和持久。在争取宾客的注意力、影响宾客的消费选择和消费行为的市场信息传播竞争中，公共关系日益成为企业青睐的市场传播手段。它运用多元化的传播沟通方法去疏通渠道，理顺关系，清除障碍，联络感情，吸引公众，争取人心，为产品的销售营造一个良好的氛围与和谐的环境。

宾客公共关系工作要求酒店将宾客的利益和需求摆在首位，通过满足宾客的需求和权利来换取酒店的利益。酒店的性质决定了它必然要通过经济活动去赢取利润；而公共关系的经营思想认为，利润不应该是酒店贪婪的追求，而应该是宾客接受、赞赏和欢迎酒店服务所投的信任票。只有赢得宾客的心、获得宾客的信任与好感的酒店，才可能较好地获得自己的利润。因此，酒店的一切政策和行为都必须以宾客的利益和需求为导向，在经营观念和行为上自觉地为客人所有、为客人所治、为客人所享。而这种经营观念和行为必然表现为酒店良好的宾客公共关系，即酒店在市场公众心目中具有良好的声誉和形象。

（三）对媒介公众的公关

新闻传播机构及人士是社会信息流通过程中的“把关人”（Gatekeeper，传播学中也称为“守门人”），他们决定着各种社会信息的取舍、流量和流向，确定公众舆论的中心议题，能够赋予被传播者特殊的、重要的社会地位，即具有“确定议程”和“授予地位”的功能。某个组织、人物、产品或时间如果成为新闻界报道的热点，便会成为具有公众影响力的舆论话题，获得较高的社会知名度。而且，一个信息通过新闻界作客观的报道，容易获得公众的信任，有利于美誉度的提高。公共关系的一项重要任务，就是为组织创造良好的公众舆论，争取舆论的理解和支持。因此，与“把关人”建立良好的关系，有助于争取媒介报道的机会，使酒店的有关信息比较顺利地通过传播过程中的层层关口，形成良好的公众舆论环境。

酒店要实现大范围、远距离的沟通，就必须借助各种现代化大众传播媒介。大众传播借助于现代印刷、电子等传播技术，大量地、高速度地复制信息，跨越时间和空间的限制，实现大范围、远距离的传播。这是现代公共关系的主要手段之一。但是，大众传播媒介一般不是由组织内的公共关系人员直接掌握和控制的。有关的信息能否被大众媒介所报道，以及报道的时机、频率、角度等，要取决于专业的传播机构和人士。除花钱做广告之外，公共关系对大众媒介的使用必须通过新闻界人士才可能实现。因此，与新闻界人士建立广泛、良好的关系，是运用大众媒介、争取媒介宣传机会的必要前提。与新闻界关系越多，酒店有关信息的报道数量越多；与新闻界关系越好，组织有关信息的报道质量就越好。媒介关系的这种公关传播性之强，是其他公众对象难以比拟的。

（四）对政府公众的公关

政府掌握着制定政策、执行法律、管理社会的权力职能，具有强大的宏观调控力量，代表公众的意志来协调各种社会关系。酒店的政策、行为和服务如果能够得到政府官方的认可和支持，无疑将对社会各个方面产生重大影响，甚至使组织的各种渠道畅通无阻。为此，应该把握一切有利时机，扩大酒店在政府部门中的信誉和影响，使政府了解酒店对社会的贡献和成就。

酒店可以利用周年庆等机会，邀请、安排政府主管部门领导及党政要人士出席酒店的重要活动，通过种种现场活动，提高政府部门对酒店的好感和重视程度。

政策、法律、管理条例是一个组织决策与活动的依据和基本规范，酒店的一切行为都必须保持在政策法令许可的范围之内。通过良好的政府关系，酒店能够及时了解到有关政策的变动，能够较方便地争取到政策性的优惠或支持。为此，应该主动建立和加强酒店与政府有关部门之间的双向沟通。一方面，酒店的公关部门应该详尽地研究政府的方针、政策、法令，提供给本酒店领导及各部门参考，使组织的一切活动都保持在政策法令许可的范围内，并随时按照政策法令的变动来修正本组织的政策和活动。另一方面，酒店的公关部门应随时将实际工作部门的具体情况上传至政府有关部门，并根据本地区、本行业、本部门的特殊情况，主动地提出新的政策设想和方案，并通过适当的渠道进行说服性的工作，协助发现及纠正政策执行中出现的偏差或失误。

此外，处理政府关系，还需要熟悉政府机构的内部层次、工作范围和办事程序，并与各主管部门的具体工作人员保持良好关系，以免因办事未遵循正规的程序或越出固定的工作范围而走了弯路，减少人为造成的“公文旅行”或“踢皮球”的现象，提高行政沟通的效率。

（五）对社区公众的公关

社区是酒店扎根的土壤，没有良好的社区关系，酒店就会失去立足之地。社区公众是由特定的活动空间所确定的，区域性、空间性很强。酒店的活动直接受社区公众的制约，社区关系直接影响酒店其他各方面的关系，如员工家属关系、本地宾客关系、地方的政府关系和媒介关系等。因此，酒店需要将社区作为自身发展的一个组成部分，将社区公众视作“准自家人”。

社区公众涉及当地社会政治、经济、文化、教育等各个方面和阶层，类型繁多、涉及面广，对酒店客观上存在着各种不同的感受、要求和评价；由于处在同一社区，对酒店的某一种评价和看法又极容易相互传播，形成区域性的影响，从而形成组织的某一种公众形象。很显然，酒店的社区关系好坏，直接影响组织的社会公众形象。酒店要提高自身在社区中的地位，就要树立一个“合格公民”的形象，主动承担必要的社会责任和义务，像爱护自己的家业一样爱护社区，在社区的物质文明和精神文明建设方面发挥中坚作用，为社区造福，为社区公众多做贡献。

（六）对名流公众的公关

利用名人公关，竭力影响公众。名人大都是公众关注的对象，他们的一举一动都可能影响公众。利用名人公关一般可分为三个步骤。一是收集名人的信息资料并加以整理；二是对名人进行超常服务，以获得其对酒店的最佳印象；三是通过新闻媒介大力渲染传播，影响公众。例如，有一次，世界著名艺术大师朱宾·梅特率纽约交响乐团到泰国演出，住在泰国曼谷东方宾馆。宾馆公关部早以通过各种渠道了解到大师喜欢吃杧果、玩蟋蟀。经理们四处奔波，在杧果早已下市之际，送来了杧果；还动用外交途径，得到了一盒新出版的蟋蟀比赛录像带，赠送给大师。结果朱宾·梅特率喜出望外，新闻媒体大加渲染。曼谷东方宾馆的美名不仅在泰国，在美国，而且在全世界得到了宣传。社会名流对公众舆论和社会生活有特大的影响力，往往是新闻界和公众舆论关注的焦点。利用名人进行公关，不仅能为酒店创造良好的舆论气氛，而且还可以通过名人疏通各种公众关系，扩大社会关注，提高酒店在公众心目中的地位。宾馆酒店利用名人公关，费用比较节俭，有时只是提供些超常服务就会达到惊人的效益。

【阅读资料】

—酒店公关部门与传媒机构的关系—

引用一位酒店职业经理人的话："我的成功七分得益于酒店，三分得益于媒体。"那么酒店公关部门应该如何与传媒机构建立良好的公共关系呢？以塑造组织形象为基本目标的公共关系活动，历来被喻为是一种公关人员应该熟稔的必修课。必须指出，媒体以其传播迅速而广泛的特点，能在广大公众面前建立舆论导向，施加正负影响，甚至制造商机和瓦解声誉。所以，媒体对于公众人员来说，具有双重意义。

一方面，它是实现公关目标的重要媒介；另一方面，它是公关活动必须努力争取的重要公众。换言之，酒店不仅要获取编辑记者的好感。而且要依靠编辑记者获取更多公众的好感。当然，如何同媒体打交道，不仅是一个认识问题，也是一个操作问题。

一、要认识媒体的重要性

媒体的最大特点是能在同一时间内把某一个信息传播给许多人，以求同时与为数众多的人建立联系或留下印象，因为新闻界在一般人心目中是公众舆论的代表，立场比较客观。通过媒体，公共关系的传播。甚至会比组织或企业本身的公关人员向公众直接传播更为有效。北京东三环附近的一座待评五星级酒店，从1999年1月开业至今，就不受媒体关注，而且当地所有的新版电话号码簿、通信工具书甚至旅游企业要览都没有收录该酒店的条目。笔者的一位朋友小张曾同该酒店的公关部联系，想为他们发个开业消息。可是两次电话都被对方经理粗暴挂断。他只听清小张是某杂志编辑，却不想听有什么话要讲，只草率地答复："我忙，对不起，就这样。"小张本身出自好意却换来这样的结果，令人不胜感慨，也许该公关经理被媒体的广告部缠烦了，也许他曾受到媒体片面报道的指责，但无论如何，身为酒店公关经理，以自己的情绪来对抗媒体，是他所代表的酒店的悲哀。

二、要恰当地认识媒体

作为酒店公关人员，能认识到媒体的重要性，并将之视为对外宣传工具的重要途径和手段，固然正确，但过分地视媒体为工具，单纯地施舍利用，就有失公平互惠的原则。有的酒店对媒体的态度是不用时不睬，用时就收买，用过了就废。北京机场附近的一家酒店的公关人员，平时对媒体不知有着怎样的成见，态度冷漠。可是，今年中秋节，搞了个慈善公益活动，邀请孤儿院的孩子来酒店共度佳节，并送学费、文具等礼物。就这项义举，公关部门准备好新闻稿和各新闻媒体联系。可众媒体一致拒绝，说这是酒店沽名钓誉的软性宣传，不交费无法见报。公关部只好作罢，他的外方经理为此大惑不解。所以，酒店与媒体之间的合作应建立在平等互惠的基础上，大家相互支持，如果单纯地视对方为工具，"临渴掘井"，是不会有效果的。

三、要善于和媒体打交道

新闻工作的性质需要媒体广交各路朋友，建立通信联络。而酒店公关部正好可以利用自己作为酒店代言人或对外联络员的身份，同编辑记者保持经常的接触，建立良好的工作关系和融洽的个人关系，才能保障有个畅通的宣传。

四、酒店公关策划

酒店公关策划应超前、创新。超前意识和大胆创新是公关工作取得最大成功的重要因素。公关工作人员应当有敏捷的思维，观念和活动都应适当超前。在公关活动的策划中，要富有创造性，产生新、奇、绝的效果。

创新的公关来源于加倍的投入。在酒店的公关中，凡属有创意的事，在策划和实践上，往往要花上两三倍的力气。要去想他人没想到的，干他人没干过的。让社会公众在公关活动中感到有所启迪、有所得益，而本酒店的形象又因之得以美化而更深入人心。这是公关策划活动的共同宗旨。

【项目实践应用】

1. 以小组为单位，为某酒店新推出市场的“宴会餐厅”制订促销组合策略。
2. 以小组为单位，为某酒店新推出市场的“宴会餐厅”制订广告策略。
3. 以小组为单位，为某酒店新推出市场的“宴会餐厅”制订人员促销策略。
4. 以小组为单位，为某酒店新推出市场的“宴会餐厅”制订营业推广策略。
5. 以小组为单位，为某酒店新推出市场的“宴会餐厅”制订公共关系策略。
6. 以小组为单位，调研本地四星级以上酒店，综合应用两种以上促销策略销售酒店产品，并提交方案书。

【拓展阅读】

1. 建议阅读书籍

（1）杨卫，刘慧明. 酒店营销经理培训教程［M］. 广州：广东经济出版社，2006.

（2）严伟. 旅游饭店市场营销［M］. 上海：上海交通大学出版社，2003.

（3）刘明会. 饭店营销技巧［M］. 北京：中国劳动社会保障出版社，2005.

（4）韩小芸，汪纯孝. 服务性企业顾客满意感与忠诚感关系［M］. 北京：清华大学出版社，2003.

（5）郑红. 现代酒店市场营销［M］. 广州：广东旅游出版社，2007.

（6）洪涛. 饭店管理实务［M］. 南京：东南大学出版社，2007.

（7）胡宇橙，王文君. 饭店市场营销管理［M］. 北京：中国旅游出版社，2005.

（8）贺学良. 饭店营销原理与实务［M］. 上海：上海人民出版社，2007.

（9）黄浏英. 现代饭店营销管理艺术［M］. 广州：广东旅游出版社，2002.

2. 建议阅读文章

（1）王建军. 不这样，又怎样促销？——酒店促销的现状与思考［J］. 华糖商情，2002（1）.

（2）蒋定芝. 酒店促销面面谈［J］. 饭店世界，2007（1）.

（3）陈振东. 浅析中高档酒店营销新导向——内部营销［J］. 人力资源管理：学术版，2009（9）.

（4）马爱华. 饭店业营销的几点思考［J］. 河南理工大学学报，2004（4）.

（5）金怀玉. 当前我国酒店营销的现状、问题及对策［J］. 生产力研究，2007（7）.

3. 建议浏览网站

（1）中国旅游饭店网，http：//www.ctha.com.cn/

（2）旅游研究空间站，http：//www.cttr.cn

（3）中国管理营销网，http：//www.chinayx.org

项目八

酒店营销模式的创新

■ 项目学习目标

本项目通过酒店营销创新模式：关系营销、网络营销、绿色营销的介绍，让学生了解酒店营销的新发展，开阔视野，更有利于其未来职业能力的锻炼。

■ 项目学习任务

1. 熟悉酒店关系营销的特征及应用
2. 掌握酒店网络营销的现状及未来发展的趋势
3. 掌握酒店绿色营销策略
4. 能够根据酒店的实际条件进行营销模式的创新

■ 重点概念

酒店营销模式　关系营销　交易营销　网络营销　绿色营销

【案例导入】

—7天酒店：会员制营销让淡季不淡—

2008年9月，一封封E-mail被发送到“7天会”会员的邮箱里，其主题是“金秋10月入住7天连锁酒店，享三重厚礼”，邮件正文中更是有着“礼品疯狂送”“价值200万”的诱人字眼。

7天酒店创办于2005年，至2008年拥有300多家连锁店。“7天会”为7天酒店的会员俱乐部，它推出了多项会员专享服务、丰富多彩的会员积分奖励计划，拥有行业内最为庞大的会员体系。

与受到商务活动因素影响而淡旺季明显的商务型酒店相比，经济型酒店通常没有太明显的淡旺季之分，其价格常年保持一致。7天酒店能够让淡季不淡，秘诀在于一贯坚持的会员制、IT系统平台以及“滚雪球式”的扩张模式，由此节省了分销成本，同时拥有了一个忠诚的客户群体。

在经济型酒店业，通过携程、E龙等网站做推广是许多酒店习以为常的做法。但7天酒店却摆脱了对中介代理的依赖，自成立之日起，就一直坚持做会员制营销，并不依赖旅行社和酒店预订代理机构，使7天酒店不受制于人，也因此大大节省了分销成本。7天酒店CEO说：“传统的代理，一间客房一天要付给中介30～40元，一年按每个客人住6天计算，每个客人至少要付给中介180元。而我们自己推行会员制，可以做到长效管理，而且非常方便。”

7天酒店重点推广会员制，利用会员的反馈提高服务质量，大大减少了人力投入和管理成本，做到了成本最低。该酒店营销的核心是直接发展会员，以确保其享受低价，同时，会员制推广也是7天酒店品牌推广的主要方式。7天酒店并没有很刻意地去打造品牌，而是在销售的过程中逐渐强化品牌，会员制对7天酒店的品牌塑造有着更持久的影响力，当然成本也更低。

任务1 酒店关系营销

一、酒店关系营销的内涵

酒店业需求与竞争的新特点是对顾客争夺的重点已经从以前争取新的顾客转向目前保留已有的顾客与争夺竞争对手的顾客。为了实施好这种转变，除了采用消费者价值理论外，还需要采用关系营销理论来补充甚至替代传统的交易营销理论。

（一）交易营销与关系营销

交易营销理论（transaction marketing）是指每一个销售人员在其销售定额和报酬计划指导下，分别在各自的销售区域里进行推销工作，他们仅为获得每一资助交易额而努力，不关心对消费者长期情感与业务关系的培育。典型的是大多数酒店在淡季推销大量的剩余客房时所普遍采用的策略，只求尽快将客房销售出去。

关系营销理论（relationship marketing）是指识别、建立、维护和巩固饭店与顾客及其他利益相关者的关系的营销活动，其实质是在买卖关系的基础上发展良好的非交易关系，以保证交易关系能够持续不断地建立和发生。关系营销的核心是建立和发展同相关个人与组织的兼顾双方利益的长期联系。

关系营销与传统的交易营销相比，不仅将注意力集中于发展和维持与顾客的关系，而且扩大了营销的视野，它涉及的关系包含了酒店与其所有利益相关者间发生的所有关系。

对酒店来说从交易营销发展到关系营销有哪几种具体选择呢？至少有以下五种与消费者的关系形态可供选择。

第一种是基本关系形态。它是指基本的交易关系，即指酒店的销售人员只负责销售酒店的产品，不关心和提供销售。

第二种是反应性关系形态。它是指酒店的销售人员不仅负责销售产品，而且鼓励购买者在发现产品有问题时可以打电话与他们联系。

第三种是负责任关系型。它是指在酒店产品销售以后的一段时间内，酒店销售人员主动打电话给购买者，调查产品是否能满足购买者的期望。同时，酒店销售人员也向购买者征求改进酒店产品的意见。

第四种是主动联系关系形态。它是指一家酒店的销售人员或其他人员经常打电话给消费者，特别是老顾客，了解他们对改进现有酒店产品功能和开发酒店新产品的建议。

第五种是合伙者关系形态。它是指一家酒店不断地与其客户一起工作来帮助他们，并不断发现能为他们提供更有价值的产品与服务的方法。

（二）关系营销的中心——顾客忠诚

美国著名管理大师彼得·德鲁克认为顾客是唯一的利润中心。顾客关系营销是关系营销的核心和归宿。与交易营销相比，关系营销更关注的是如何提高顾客满意度，如何保持顾客，培育顾客忠诚。顾客忠诚是指顾客对产品和服务的认可和信赖，坚持长期购买和使用该产品和服务，并在此过程中所表现出的在心理和情感上的一种高度信任和忠诚的程度，是顾客对产品和服务在长期竞争中所表现出的优势的综合评价和肯定。

建立顾客的忠诚度，即提高回头率是饭店重要的营销目标。因为只有忠诚的顾客才会重复购买。要使顾客不流失，关键是顾客满意，因为一位满意的顾客会：①光临次数更多，对酒店忠诚度高；②愿意购买酒店推荐的新产品；③主动向周围的人积极地评价酒店，并向他人推荐酒店；④忽视竞争酒店的广告、对价格不敏感；⑤像老朋友一样乐意给酒店一些好的建议；⑥与新顾客相比，降低了营销费用和服务成本。

大量的研究也表明，忠诚的顾客能给服务性企业带来巨大的经济效益。美国学者雷环赫德和塞斯研究后发现，顾客回头率每上升5%，利润相应可以提高5%～12%。这是因为：首先，相对于普通顾客来说，经常惠顾的顾客对价格的敏感程度较低，消费能力更强；其次，增加忠诚的顾客有助于节约饭店的营销费用，因为忠诚的顾客平均会向10个人进行有利的口头宣传，同时，保有一位老顾客的成本只有争取一位新顾客的成本的20%；最后，忠诚的顾客具有高度的“参与意识”，是饭店的“兼职咨询顾客”，愿意为饭店提供各类重要信息。

（三）关系营销的三种层次

根据美国康奈尔大学饭店业研究中心的研究，决定客人忠诚度有四个因素：价值、利益、（可控制的）支出和（对饭店/品牌的）信任，其中最关键的是“利益”和“信任”。因此关系营销必须为顾客制订增值策略，提供特殊的优待。如建立常客档案，实施常客计划，给予更加个性化的服务等。根据特殊优待给顾客创造不同的价值，市场营销学教授贝瑞和帕拉苏拉曼把关系营销归纳成一级关系营销、二级关系营销和三级关系营销三种层次。

一级关系营销：一级关系营销又被称作频繁市场营销或频率市场营销，是最低层次的关系营销。它维持顾客关系的主要手段是利用价格刺激增加目标市场顾客的财务利益。即采取顾客分级的方式，对忠诚度越高的顾客，做越多的投资，让他们享受特殊的优惠和更多的好处。如很多酒店建立会员制，对会员订房入住给予一定的折扣和积分，当积分达到一定程度时，可以享受免费住房或客房免费升级的激励，逐渐建立起顾客对饭店产品的偏好。目前，大多数的国际酒店集团都利用其国际化的客源网络，建立广泛的会员制度，如广州的福朋喜来登酒店正是受惠于喜来登酒店集团的会员客源，虽身处广州市近郊的不利位置，却能保持很高的客房出租率。

二级关系营销：二级关系营销就是在增加目标顾客财务利益的同时，也增加他们的社会利益。在这种情况下，营销在建立关系方面优于价格刺激，饭店员工可以通过了解单个顾客的需要和愿望，不断充实顾客信息资料，并使服务个性化和人性化，以此来增加饭店与顾客的社会联系。因而，二级关系营销把人与人之间的营销和酒店与人之间的营销结合起来。如服务时尽量称呼客人姓名，逢年过节或顾客生日时送一些卡片之类的小礼物或电话问候，以及与顾客共享一些私人信息等，都会增加顾客入住同一饭店的可能性。当然，饭店建立完善的回访机制，与顾客建立持续对话的通道，妥善处理顾客投诉，及时发现饭店服务中的差错和不足，改进服务质量，也是二级关系营销中非常重要的内容。

【阅读资料】

— 短信营销 —

短信营销在近几年已经被很多行业认识、接受并开始使用，酒店行业采用这种关系营销方式，细水长流式地维护着与新老顾客的关系，成本低、效果理想。

1. 新客户——体验营销之道

短信营销的基础是客户分析，要分析首先要分门别类，对于新客户的开发酒店会很重视，对于没有来过本店的潜在客户群体，要做细致分析：年龄、收入、职业、区域等属性进行筛选。锁定目标客户群体之后，开始策划短信的内容，一般来说，对于新客户采用免费体验的方式比较合适，可以到店或邮寄体验券。

2. 初次到店客户——细致贴心服务取胜

当客户到店后，酒店要根据客户住店后行动的范围和形式，提供一些贴心服务。比如利用短信进行天气、景点、购物等资讯的提醒功能，这样会让住店客户感到温暖和被关怀。从而增加客户对酒店的好感、亲切感。

3. 较长时间未到店客户——主动询问，优惠推荐

对于三个月或更长时间未到店的顾客，酒店可以采用问候或优惠推荐的方式，进行短信营

销，可以询问客户对酒店的建议和意见，同时告知酒店最新的优惠活动，这样增加顾客和酒店之间的联系密度，更好地维护客户。

4. 节日问候

这种方式是最常用的短信营销策略。虽然现在的问候短信确实比较泛滥，但在节日里酒店送上真诚、温馨的祝福，顾客还是不会反对的，在这里要注意短信内容的编辑策划。

三级关系营销就是增加与顾客的结构纽带，与此同时附加财务利益和社会利益。结构性联系要求在营销中要与顾客建立稳定、便利的联系方式。例如，北京王府饭店规定，凡入住王府饭店20次以上，就列入“王府常客”名单，并可享受下列特殊待遇：拥有一套烫金名字的个人信封、信纸、火柴，一件合身定制的专用浴衣，浴衣上用金线绣着客人的名字，客人离店时收起，下次来店入住时，客房部又取出为客人挂好。只要可能，饭店尽量安排客人中意的同一间客房。

三级关系营销还有一种方式，就是根据自身客源结构的特点，通过顾客组织化的形式，建立特殊的团队，并为这个团队提供特别的服务，使顾客感觉饭店销售的不仅仅是一种产品，还是一种生活方式。如上海和平饭店的“金融家俱乐部”，上海某饭店的“建筑师之家”，北京某饭店的“企业家俱乐部”等，饭店为专业会员免费定期提供专业论坛、洽谈会、优惠卡、经营信息资料、饭店产品介绍和组织一些文体活动等，深受顾客欢迎。

二、关系营销的本质特征

（1）双向沟通　在关系营销中，沟通应该是双向而非单向的。只有广泛的信息交流和信息共享，才可能使企业赢得各个利益相关者的支持与合作。

（2）合作　一般而言，关系有两种基本状态，即对立和合作。只有通过合作才能实现协同，因此合作是“双赢”的基础。

（3）双赢　即关系营销旨在通过合作增加关系双方的利益，而不是通过损害其中一方或多方的利益来增加其他各方的利益。

（4）亲密　关系能否得到稳定和发展，情感因素也起着重要作用。因此关系营销不只是要实现物质利益的互惠，还必须让参与各方能从关系中获得情感需求的满足。

（5）控制　关系营销要求建立专门的部门，用以跟踪客户、分销商、供应商及营销系统中其他参与者的态度，由此了解关系的动态变化，及时采取措施消除关系中的不稳定因素和不利于关系各方利益共同增长的因素。此外通过有效的信息反馈，也有利于企业及时改进产品与服务，更好地满足市场的需求。

三、关系营销的四个步骤

关系营销的四个步骤分别是识别客户（Identify）、对客户进行差异分析（Differentiate）、与客户互动（Interact）、定制化服务（Customize）。

第一步，客户识别。酒店必须与大量客户进行接触，至少要和那些对酒店最有价值的“金牌客户”打成一片，通过每一次接触、每一种渠道来深入了解客户的点点滴滴，不断积累客户的个性化信息。

第二步，客户差异分析。不同客户之间的差异主要表现在两点：一是他们对酒店的价值不同；二是他们对产品或服务的需求不同。对客户进行有效的差异分析，可以帮助酒店更好地配置资源，使产品或服务的改进更有效，识别并掌握最有价值的客户以期获得最大的收益。在将客户信息转化为客户关系的过程中，酒店必须按照客户的利润贡献度或终身价值区分不同的群体，并根据其利润贡献度，采取对应的客户关系管理与营销策略。并不是所有的客户都需要重点关注，目前顾客关系管理理论的重要成果之一，就是提出了客户价值的判别标准并且运用它进行客户细分。在这些理论中，客户价值被认为是客户在全价值生涯中给酒店带来的利益（即全生涯周期利润CLP），而不仅仅是客户的交易额，从而纠正了实践中的一些错误倾向。同时基于对CLP的预测，选择客户当前价值与客户增值潜力两个维度指标，依次按两个指标的“大”和“小”的顺序进行排列组合，从而将客户分为白金客户（IV）、黄金客户（III）、铁质客户（II）和铅质客户（I）四种类型（图8-1），这就是目前最流行的客户细分理论。

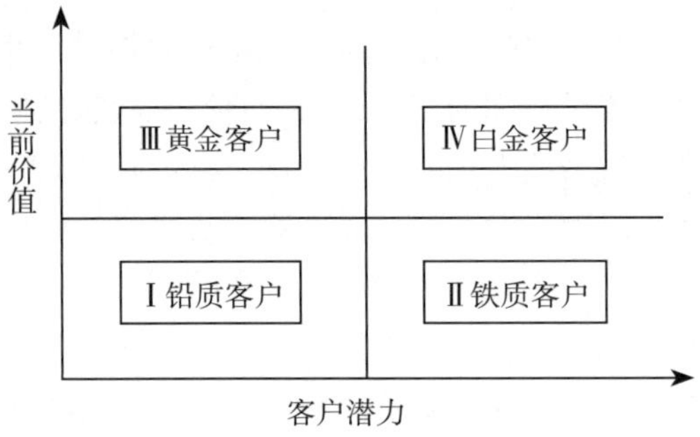

图8-1　客户分区图

对于区域I，由于此类客户带给酒店的直接收益和今后的潜在发展都不大，因此作为一般客户来对待。对于区域II的客户，虽然其当前带来收益不大，但是有很大的成长空间，因此应该尽力开发此类客户的购买潜力。区域III的客户给酒店带来很高的收益但今后的潜力不大，此类客户着重在于保持，保证其持续购买本酒店的产品和服务，努力提高客户的忠诚度。区域IV是最为重要的客户群，需要酒店重点发展此区域的客户关系，开发客户潜在购买力。尽管在理论上，每个客户的重要性不容低估，但将酒店资源平均分配到每个客户身上的做法既不合经济性也不切合实际。营销大师菲利普·科特勒在其营销新著《如何创造、赢取并主宰市场》中，将营销定义为“发展、维系并培养具获利性顾客的科学与艺术”，并强调需分析“客户获得成本”与“客户终身收益”，指出营销符合“20/80/30定律”，即最能让酒店获利的20%的客户，贡献了酒店总利润的80%，而最差的30%的客户会使酒店的潜在利润减半。

第三步，保持与客户积极的、良性的接触。保持与客户的积极接触，及时、全面地更新客户信息，从而加强对客户需求的透视深度，更精确地描述客户的需求。酒店应该将与客户的每一次接触都放到酒店对该客户的历史记录环境中，使每一次新的接触都成为上一次接触的无缝延续，从而得到一条连续的客户信息链，使酒店能够对客户的整个生命周期有一个全面的了解。所谓与客户的良性接触是指采用这样一种交流载体，这种载体对客户来说最方便，而对酒店来说性价比最高，因特网就是这种载体之一。

第四步，确定个性化产品或服务。通过客户识别、客户差异分析以及与客户积极的良性的接触，酒店应不断调整自己的产品和服务，针对不同客户提供个性化的产品或服务，以实现“关系营销”。酒店应力求将客户锁定于学习型关系中，从而实现客户的终身价值。

“个性化”的表现并非仅局限于客户直接接触的产品和服务，实际上往往是这些产品和服务的外延。

四、关系营销的实施过程

首先，建立专门的酒店关系营销管理机构。为了加强对顾客的联系，对外向公众发布消息，处理意见，对内协调部门之间，员工之间的关系，酒店必须根据正规性、针对性、协调性和效益性原则建立关系营销管理机构，该机构除协调内外部关系外，还将担负收集信息资料，参与酒店决策谋划的责任，这个组织要由一名副总经理负责。

其次，必须建立顾客数据库，这是关系营销的“硬件”基础。没有客户资料，连顾客都不知道在哪里，也就根本谈不上关系营销。目前在美国，已有80%的公司建立了自己的市场营销数据库，这个数字如果具体到服务行业，比例还要高。如果饭店在每位顾客消费时，通过数据库，建立起详细的顾客档案，包括顾客的消费时间、消费频率、偏好等一系列特征，饭店就可借此准确找到自己的目标顾客群，降低营销成本，提高营销效率。另外，饭店还可以通过数据库营销，经常保持与顾客的沟通和联系，强化顾客与饭店密切的社会性关系，并预测顾客需求，提供更加个性化的服务。在建立顾客数据库的基础上，通过一定标准的筛选，确立应得关系营销关照的主要客户，一个酒店可根据自身的规模和档次，选定一批最大的、最有实力的客户，为他们专门设计关系营销，如果其他客户的业务有极大的增长，则可随时增补主要客户。

最后，实施关系营销，还必须强化“软件”，即员工的素质保证。为每个客户选派精干的关系经理，为关系经理规定明确的职责。现在正为客户服务的酒店销售人员必须要接受专门的关系营销培训，对关系经理要明确规定报告关系、目标、责任和评价标准，关系经理对客户负责，他们是客户所有信息的集中点，是协调部门为客户服务的动员人，每个关系经理必须制订长期和年度客户管理计划，计划要明确目标、战略和具体活动以及所需要的资源。直接频繁面对顾客的员工，作为最直接、对顾客影响最大的“品牌接触点”，必须经过严格的专业培训和标准化管理，具备较高的专业素质和服务水平。因为，如果一个顾客第一次接触饭店，就不是很满意，那么很可能这是第一次，也是最后一次了。

总之，对一个现代酒店企业来说，除了要处理好企业内部关系，还要有可能与其他企业结成联盟，酒店营销过程的核心是建立并发展与消费者、供应商、分销商、竞争者、政府机构及其他公众的良好关系，无论在哪一个市场上，关系营销都具有很重要的作用，甚至成为酒店市场营销活动成败的关键，所以关系营销对酒店业市场的开拓至关重要。

【阅读资料】

— 经济型酒店如何进行忠诚营销 —

按照“20/80定律”，企业大约80%的收益来自于20%的核心客户，现代经营理念CRM（客户关系管理）从系统的角度更深地阐释了“企业——客户”的关系。在世界500强的成功案例中也可以发现，客人很多规律性的主动消费行为，使企业降低了很多推广成本。这些都归功于企业营销规划中的“客户忠诚度计划”。“家宾俱乐部”是经济型酒店品牌如家酒店连锁公司的客户忠诚度计划，创建以来收效甚好，这些持有家宾卡的忠诚客户是在如家品牌成长中一路走来的伙伴。客户忠诚被定义为顾客行为的“持续性”，指顾客对企业产品或服务的信赖和认可，坚持长期购买和使用，即使出现了价格更加低廉的替代品，也不会轻易转投他人，还自愿向别人推荐。根据客户忠诚本身的属性，如家连锁酒店也制定并逐步完善了持续性的、递进式的会员制度和计划，不同级别的会员独享优惠、会员优先权、完善的积分奖励体系、会员增值服务、网络建设等。从20世纪80年代开始，忠诚度计划被航空、酒店等行业广泛使用，出现了无数的VIP卡、贵宾卡和折扣卡，但是其中有众多“沉睡的会员”，会员对所谓的贵宾卡一点也不珍惜，客人的“转换成本”相当低，随时可以转投其他品牌。为此，如家连锁酒店将忠诚度计划与品牌建设、产品更新、酒店运营、客户服务以及营销战略等相结合，避免其成为一张普通的卡。

很多企业将打折作为忠诚度计划的核心，甚至成为唯一的内容，但是累计积分才是客户忠诚度计划的核心形式，同时也有部分积分形式变异的忠诚度计划。积分是酒店与客人进行互动的有效载体，它可以取代货币，加深酒店与客人在精神上和物质上的联系，并促进双方的相互了解。

目前，积分体系主要有独立积分计划和联盟积分计划两种。酒店行业中，这两种积分体系都存在，外资酒店品牌或高星级酒店较多采用联盟式积分体系，也是国内酒店品牌发展的方向。酒店品牌与相关行业的商家、银行等形成联盟式积分，可实施积分互换，奖励共享等；又有一些较大的酒店集团，本身包括多种行业的经营项目，于是将集团内的各经营项目集合成一个小型联盟式积分体系。但是联盟中合作商家实力不对等，是该形式最大的问题，这一问题在中国市场表现得尤为突出。

如家连锁酒店目前实行独立积分体系，即为会员在全国所有如家酒店产生的消费行为或推荐行为等提供积分，根据积分额度，有不同级别的奖励。因为经济型酒店是容易产生多次重复消费的行业，且目前仍属于成长型，所以比较适合这种积分体系。但是，经济型酒店是低成本操作的酒店，与独立积分体系的成本要求相矛盾。独立积分体系往往需要自行开发软件，建立数据库系统，进行数据收集和分析。硬件的投入成本，专职人员成本都将增加等；同时，提供给客人的积分奖励额度又要有足够的吸引力。

酒店行业作为一个服务型行业，对客户的满意度尤为在意。但是传统观念都认为，发现客人需求，使客人达到满意，然后营造客人忠诚，即所谓的“顾客满意必然造就顾客忠诚”。

但是，根据研究机构调查表明，40%左右对产品满意的客人还会因种种原因转投竞争对手。如家连锁酒店既以客户满意为服务目标，也为客户忠诚造就了优质的平台。客户满意度衡量的是客户的期望和感受，是酒店管理运营的追求；客户忠诚度反映客户未来的购买行动、购买承诺和心理喜好，是一个转换成本的问题。

如家家宾俱乐部会员会提出很多中肯的建议，说明其满意度并非全部100分，但是仍能在一年内多次入住，说明其具备一定的忠诚度。

因此忠诚营销的重点在于“转换成本”，具体分以下三类：程序转换成本，主要指耗费的时间和精力上的成本；财政转换成本，主要指客户在经济上的损失；情感转换成本，主要是在情感上、个人关系和品牌关系上的损失。如家营造的客户忠诚度平台相当于间接地在这些方面对客人进行投资，从而获得客人对品牌的回报。

任务2 酒店网络营销

随着互联网的发展及网络用户的迅速膨胀，电子商务已成为目前酒店经营发展的趋势，它代表着酒店业在网络新时代生存发展的必然方向。由于资金以及观念和思路的问题，目前网络营销还没有引起我国酒店经营者的普遍重视。已在网络上开展营销的酒店网络营销效益也不明显。很多已开展网络营销的酒店包括高星级酒店和经济型酒店，目前在网上的营销更多还只是提供网上的住店信息和网络预订。虽然，他们已经认识到酒店开展网络营销的必要性，但他们对网络营销的重要性仍然认识不足。有些企业只是觉得没有一个网站会显得落伍，有损企业形象，把网站变成了一个摆设。由于对网络营销的认识、理念和思路不到位，许多酒店对网络营销并没有引起真正的重视，更缺少认真的调查研究，导致网络营销缺乏思路、人才和技术，当然也就更缺乏网络营销的能力。

虽然我国酒店在线预订的比例还远达不到国外发达国家的水平，但随着国际旅游业的不断发展以及网民数量的不断增长和出游人次的增加，通过网络查询酒店并进行预订（包括在线预订和电话预订）的人也越来越多。越来越多的大型连锁酒店和单体酒店在为选择合适的网络分销渠道以吸引网民群体的购买而做出各种各样的努力。然而，从我国酒店业的网络营销现状来看，还存在许多问题。例如，我国酒店业网络营销发展的总体水平还较低，成本居高不下；酒店服务与网络脱节现象严重，回报效果低；网站设计技术落后，忽视网络营销基础工作；网上支付、安全认证都是制约网络营销的瓶颈。

一、酒店业开展网络营销的必要性

（一）网络营销可使酒店降低销售成本与宣传成本

网络营销使酒店减少销售环节，降低销售成本。酒店客人可以通过网络和酒店直接取得联系，获取所需的相关信息；网上预订房间，不仅节约时间，而且节省了人力销售和给予中间机构让利销售的成本。通过网络，酒店还可以直接向客人宣传，扩大知名度，及时推荐新产品与服务，而所需的宣传费用远远低于传统的广告支出。

（二）网络营销可为酒店带来稳定与潜在的客源

酒店可以通过网络与客人建立固定而长久的联系，尤其是创造了酒店大部分的销售额和利润的那些忠实客户，针对这些重要客户的不同需求，酒店可以通过网络与其进行远程信息交换，使酒店随时掌握他们的需求动态和想法。同时，酒店可以利用已有的酒店宣传与销售网络，使大客户随时掌握酒店新的服务项目和优惠政策，做到针对大客户的需求进行有针对性的促销。同时，网络的开放性，使全球的网民都能以不同的方式“触网”。也就是说，凡是浏览了酒店网站的人们都可能成为该酒店的潜在客户。

（三）网络营销有利于顾客与酒店之间的信息交流

客人可以通过网络及时获得该酒店相关的准确信息，比如价格、客房介绍、优惠活动等，从而决定自己是否入住该酒店。而酒店可以通过网络了解客房的入住率、市场需求量及变化等信息，从而进行决策和管理。

（四）网络营销可以为顾客提供更加多样化和个性化的服务

根据调查显示，21世纪酒店客人消费需求将更加追求个性化、求新与多变。网上酒店一方面让顾客事先就可以了解自己所订酒店的位置、价格与类型等；使客人无忧无虑的享受旅行生活，不用再为一些如食宿、乘车、订票的小事而烦恼，只要轻轻一点，任何关于酒店特色服务及旅游的信息都可以一览无余。另一方面，酒店可以更好地从网上信息平台获取顾客的兴趣与偏好，针对顾客的个性化需求和自身能力重新整合酒店产品，全面提升顾客服务和酒店管理，充分体现酒店与顾客共同设计产品的特色，最大程度地满足顾客的个性化需求。再次，还通过虚拟客房，让顾客在入住前就能充分体验酒店的有关产品与服务。另外，网络营销使酒店具备在线支付功能，实现各种银行信用卡的网上划拨支付，从而使酒店和顾客的交易活动更为便捷。

二、酒店业网络营销中存在的问题

作为我国酒店新的营销方式，网络营销具有强大的生命力，许多酒店逐渐重视网络营销在经营活动中的作用，但因为我国酒店网络营销的发展还处于初级阶段，与国际比较成熟的酒店网络营销相比还存在很多问题，还有一定的差距。

（一）酒店业网络营销发展的总体水平还较低

大多数的酒店都还只是简单地把网络视为介绍酒店服务的工具，并没有将自身的核心业务流程、客户关系管理、客户服务等延伸到互联网上，只是一些简单的网上预订、网上促销、旅游信息的提供等基本功能，并没有开发设置论坛、2e邮件（E2mail）等能与客户形成互动交流的功能，只有极少数几家在信息容量、业务功能、交互性和及时性等方面具有比较高的水平，绝大多数的酒店网站还是摆设而已，根本没有发挥实际的作用，仅仅存在于类似于广告宣传的初级功能阶段，还没有进入实质性网络营销阶段，不能很好地满足顾客的要求，很难得到顾客的认同。

（二）酒店业的网络营销观念和意识落后

我国许多酒店还没有真正认识到网络营销的重要性，对于从经营战略的高度去审视网络订房以及开展电子商务对酒店未来发展的重要性和必要性认识不足，仍然固守着传统的营销方式，不明白网络营销这一新的营销方式是酒店业21世纪的主流营销趋势，没有认识到网络电子商务正在彻底改变传统市场营销方式，没有按市场营销的原理来指导酒店网络营销体系的建设，因而仍然使酒店网站基本停留在门户网站阶段。由于自身网络营销意识淡薄再加上大部分酒店网络技术的落后，不知道怎样建设有自身特色的网站，招不到合适的网络营销管理人员、维护人员和更新人员。有的网站一年也没多少人浏览，收入基本为零。主观认识的不到位，加上客观原因，导致酒店网站粗制滥造的居多，不仅浪费了互联网资源，更严重的是使我国的酒店业在网络时代的竞争中处于十分不利的地位。

（三）酒店业服务与网络脱节现象严重

开展电子商务的酒店往往会把网上业务和网下业务分开来单独进行处理，这样很容易造成两者的脱节。比如，顾客在网站上已经预订了客房，而酒店的总台由于没有及时从网上获得相应的信息，常常会遗漏网上客户的订单，从而引起顾客的不满；还有一种情况是，很多酒店网上提供的预订服务不是直接通过中心数据库处理的，不能实现票据、单据的实时查询，顾客必须进行较长时间的等待才能得到回复，使客户参与这种网上业务的兴趣大减，影响了网络营销的实际效果。

（四）酒店业网络营销的回报率低、佣金高

通过对多家酒店的调查，许多酒店网站的在线网络预订寥寥，而有时客人通过网上预订后，酒店未及时跟进或根本无人关注，经常发生客人到达后没有订单的尴尬状况，所以国内大部分客户均由于此种方式太麻烦而弃之不用，仍采取网上浏览，网下预订。酒店在线预订形同虚设。有些酒店通过加入GDS（全球分销系统）进行网络营销，虽有客源保证但需支付高昂的系统架设费用。

（五）酒店业网站设计技术落后，忽视了网络营销基础工作

有许多酒店制作了几个网页，就等着客户上门了，很少做网络营销的基础工作。有的网站营销目标不明确，属于纯静态页面制作，主页一般都是几幅图片和千篇一律的文字介绍，几幅图片也不外乎是酒店外观、大堂、客房和餐厅的照片，而且网页更新速度慢，无法实现实时更新。这些和酒店提供的《宣传单》《服务指南》上的一模一样，对访问者没有吸引力，访问者访问第一次后就不想再次访问。

（六）网上支付、安全认证都是制约我国酒店网络营销的瓶颈

目前网上支付用户最关注的依然是安全问题，超过一半以上的消费者希望可以更有保障地进行安全支付。大部分网民对网上支付的安全性存在担忧，对其普及的前景也缺乏信心。犯罪分子常常通过电子邮件、木马、病毒等方式侵入电子系统盗取消费者的个人安全信息，造成网络支付的安全隐患，影响了酒店客人网上交易的积极性。

三、酒店业开展网络营销的策略

（一）加强网络营销意识

酒店建立网站或开展网络订房并不意味着酒店网络营销工作的终结，而这恰恰才是整个网络营销过程的开始。从我国酒店业看，很多酒店还没有上网或建立自己的网站，个别酒店加入了订房中心的预订系统或制作了几个网页，就等着客户上门了，很少去做网络营销的基础工作，这是没有网络营销意识的表现。酒店要在网络上展现自己的风采就必须体现自己有别于他人的特色，需不断地变化自己的主页，和传统营销一样，要不断地在网上尽显其特色来吸引客人。

（二）进一步优化其网站

在网站建设初期，应以在互联网创建一个宣传“窗口”，重点突出酒店特色和优势，实现客户和酒店互动目的为主，而不能抱太大的“盈利”希望。所以初期投资不宜太高，以网页设计的特色化和实用性为主。在网络订房初见成效、有一定规模和效益之后，再对酒店网站进行后期维护及推广计划投资。如在国内主要的门户网站和搜索引擎上建立链接，才能保证点击率和访问人数，实现有效营销。还应急待加强服务网上、网下的信息集成，实现数据的共享。网站优化的目的在于将更多的网络浏览者转变为预订客，即提高“转化率”，同时提高酒店网站在主要搜索引擎上的搜索排名，尽量提高网站的用户友好程度。

（三）酒店业网络营销应注重为顾客提供个性化服务

现在很多成功的电子商务网站都采用个性化的页面设计，酒店产品也是个性化消费品，酒

店甚至可以在标准化的基础上更全面地收集、提炼和整合不同消费者的需求特点，然后将这些信息加以细分，并提供相应产品和服务。不同的年龄段，不同的住宿动机，不同的阶层对客房的要求是有所差别的，酒店应该针对不同的目标客户群体设计不同的页面风格。例如，对于价格重视型的顾客可以专门设计一个链接介绍酒店价格折扣以及与其他酒店相比所具有的价格优势，也可以适当地运用一些其他优惠措施；对于商务客人可以专门介绍酒店的设施、服务、气氛、地理位置等。当然对于不同语言、国家、宗教信仰的潜在顾客都可以从语言文字、内容、页面色调图案等各个方面进行“个性化的关怀”，使顾客未订房之前就先体验到酒店所带给他们的亲切感，也大大提高客人对酒店整体服务的满意度。

（四）制定有效的网站营销策略

有效的网站营销策略能使酒店的网络营销事半功倍，互联网没有时间和空间的限制，它每天运行24小时，触角伸向世界的每一个地方。因此，如果酒店在网上设立站点，营造一个规范的服务环境，它就能在全国甚至全世界范围内找到客源，触及到过去所不能到达的市场。酒店的网站要富有创意，要具有吸引力。在整体上必须充分代表酒店的形象，要与酒店的市场定位相符，体现出自己的特点；在内容上，应该覆盖酒店的大部分业务，使之成为酒店在虚拟空间中的化身，但其中值得注意的问题是要避免过于繁杂，同时要尽可能提高网站的链接速度。

（五）建立酒店独立的网站，降低对其他网上预订系统的依赖

建立酒店独立的网站，切实进行网络营销，降低对其他网上预订系统的依赖，这是我国酒店业特别是单体酒店不断开拓营销渠道、提高销售和市场营销的管理水平，建立品牌意识、加强客户资源管理和竞争观念的需要，同时也能提高酒店的自主定价和控制权，符合酒店定位和长期发展战略。目前，我国酒店应采用“订房系统+酒店网站”的二元营销模式。网络订房系统作为现阶段无投入、见效快的方式，应与酒店网站营销相结合，作为营销的有效补充。同时随着酒店网络预订的规模化，酒店独立网站可逐步实现功能升级和更强大的广告推广，逐步降低对网络订房系统的依赖性，最终实现网络直接营销，为酒店提供长期竞争优势。

（六）注重网络安全的保障

网络安全对于电子商务网站来说具有十分重要的意义，网络安全可归纳为信息安全平台与信息内容及商业数据的安全两个层面。网络营销需要储备大量的客户资料及供应商资料，其个性化服务，差异性定价策略等都将成为竞争对手有价值的重要信息，一旦泄露将直接导致酒店竞争力的丧失及巨大的经济损失。另外，内部数据的保密与监控也要求网站具有一套完整而严密的安全体系。因此，网络安全保障将直接影响酒店应用互联网的信心并最终成为网络营销能否顺利开展的决定性因素。同时，从消费者一方来看，要健康地开展网络营销最突出的问题还是要解决好网上交易、结算中的安全问题，包括网上购买产品及服务、交易、结算个体之间建立的信任问题。网络营销及其支付的安全问题，是酒店网上交易时所必须面对而且是首先要考虑的问题。

（七）建立现代企业制度，扩大酒店集团化规模

集团化酒店是建立在较大规模经济基础上的一体化酒店服务、经营管理体系。我国酒店业应在建立现代企业制度的体制改革中，有计划、有选择地扶持具备条件的大型骨干企业组建集团化酒店，将各相关酒店按核心层、紧密层、半紧密层和协作层联合起来，在集团中实行内部调控、协调运转、自我保护，以便节约成本。毫无疑问，酒店集团化，能够在市场上树立自己特定而鲜明的形象，进而建立牢固的市场信誉，容易创出品牌，有利于抵御市场风险。尤其是

可以运用先进的网络数据库系统，在市场营销、客房预订、财务管理、服务跟进等方面的巨大优势，创造出网络营销的规模和效益。我国酒店要在网络营销领域有所作为，首先必须走集团化的道路，利用集团化的优势来开展网络营销活动。

四、连锁酒店网络营销系统内容

目前很多酒店还只停留在建立一个简单的网站、利用订房网进行酒店预订等初级阶段。其实，酒店网络营销是一项系统工程，要取得很好的网络营销业绩，酒店应该建立一整套网络营销体系，包括：客房促销系统、网络预订系统、中央采购系统、资讯发布系统、在线客户中心、付费广告宣传（关键词广告、行业门户广告、B2B 广告等）、免费推广（邮件推广、短信推广、软文推广、海量信息发布等）、网络公司合作、病毒营销、博客营销等。

（一）营销型网站设计

在进行连锁酒店网络营销之前，建立一种营销型网站是非常必要的，它不是传统意义上简单的酒店资讯展示平台，它应该富有“营销性”，连锁酒店营销型网站应该具有以下特点：站内搜索引擎优化、带有注册功能的资讯、有销售力的图片和视频、建立在线客户系统、建立网络营销分析系统、网站功能导航、网络预订系统、中央采购系统等。

为应对激烈的市场竞争保持行业领先优势，部分酒店已经开始将网站“搬”上了手机，注册启用了无线网址，建立了手机网站（WAP网站），游客只需通过手机就能查询企业促销活动，提前预订。不但方便了游客，也招揽了大量生意。业内人士形容，无线网址更像是企业的一张“移动名片”，它可以让手机用户轻易记住企业产品名称和企业品牌，为企业衍生巨大的商业价值。

（二）网络营销的实战要求

很多酒店在进行网络营销时，往往把它看成是网络信息部的事情，这是一个比较大的误区，实际上，网络营销的技术成分只占30%左右，更多的是体现营销成分。网络营销是一项系统工程，需要很多部门协助参与，在管理上也需要有相应的管理体系和管理方法，主要体现在以下几个方面。

1. 确定网络营销组织架构是实战的基础

只有分工明确，职责清晰，各岗位人员才能进行有效的配合，才能进行全员营销推广，各岗位人员的绩效考核也会更加清晰，从而达到我们预期的网络营销效果。网络营销系统各岗位配置情况如下。

网络营销经理：1人，进行网络营销组织、网站策划；网络推广专员：4人，可兼职分布在集团多个部门，进行网络营销推广；网站编辑专员：1 人，进行网站内容编辑和制作；网络客服专员：1 人，在线与客户交流，及时处理客户的问题；网站开发人员：1 人，负责网站后台程序开发。

2. 网站的优化和改进

要建立具有营销性的网站，就必须根据客户需求、营销手段和网络技术不断地优化和改进网站。目前，建立连锁酒店营销型网站应该包括如下内容：连锁酒店介绍、连锁酒店产品展示、连锁酒店促销、网络实时预订、品牌在线加盟、在线招标和投标、在线客户交流中心、会员注册、功能导航等，连锁酒店可以根据自身需要，在经过周密的分析后，不断对网站内容进行优化改进。例如，强化网站流量分析：客人浏览网站页面时，实时记录和客人所在地、网络来源等；增加企业电视台栏目：创建网站个性化视频，形成企业电视台；资讯页面加入客户注册功能：将“品牌加盟”和“中央采购”列入左边导航栏目，在其资讯页面加入客户注册功能；增加电子优惠券：将客人引入网络，获取电子优惠券，享受折扣优惠或其他实惠；实现网上支付：客人进入网站进行网络预订时，可以直接在网上支付订金。

3. 网络“全员化”推广

对于连锁酒店来说，网络营销涉及很多部门，例如：市场营销部、品牌拓展部、运营部、中央预订部、酒店项目开发部、中央采购部、人力资源部、电子商务部等，如何发挥各个部门在网络营销方面的作用，除了建立网络营销组织架构之外，还需要建立相应的推广网络营销计划，明确各个部门在网络营销推广过程中所处的位置和作用，例如，连锁酒店可以进行以下项目的网络营销推广。

（1）博客营销　在各著名网站建立集团博客、发表富有创意和感情色彩的文章，并连接集团网站和400电话。病毒式营销：将分店优惠方案，通过电子邮件以病毒式营销方式进行全员推广；酒店合作（含品牌加盟），通过电子邮件、论坛、博客、视频等方式以病毒式营销方式全员推广。

（2）线下推广　分店开发票、会员卡和会员手册派发、代金券发放等的同时收集客人信息和宣传网络预订。

（3）借势营销　将著名连锁酒店名称（如：7天、如家等）、“奥运”等借力关键词融入集团网站；借助名人入住酒店或包装集团领导进行网络借势营销。

（4）关键词拓展　除了“连锁酒店”“酒店预订”“酒店集团”等关键词之外，还需要引入区域关键词等；在百度、谷歌中运用问题关键词，自己回答，回答内容将品牌和网址融入其中。

（5）商务合作　与腾讯公司、网易公司等进行商务合作，如电子贺卡合作、客户资源合作等。

（6）网站优化　对网络流量和网络营销结果进行精准分析；创建各分店吸引眼球的图片和视频资料，将各分店信息以文字、图片和视频方式进行全面和全方位的展示；不断更新网站内容。

（7）完善会员体系　建立有吸引力的会员政策；加强会员网络预订；加大异地店会员量拓展；全面收集和整理会员资料进行会员结构的分析。

【阅读资料】

— OTA或现垄断 酒店B2B直销市场机会凸显 —

2015年10月26日晚，携程宣布与百度公司达成一项股权置换交易。交易完成后，百度成为携程第一大股东；而携程则成为去哪儿网最大股东，新“携去”成功占据在线旅游市场近7成的份额。

“携去”对在线旅游市场的绝对控制，使其在客户端市场成为酒店在线销售的“巨无霸”式渠道。业内人士表示，未来酒店业必须在直销模式上做更多的探索和尝试，酒店B2B直销市场的机会或将凸显。以蜘蛛旅游网为代表的酒店B2B平台的颠覆式创新和快速增长，则给在线旅游的未来格局带来新的看点。

一、新“携去”锁定7成份额，客户端市场格局已定

据了解，此次合并，携程将拥有去哪儿45%的总投票权，百度将持有携程25%的总投票权。在市场份额方面，根据易观智库的数据，今年二季度，携程在在线旅游市场的份额达到

38.65%，去哪儿30.01%紧随其后。

对于OTA两巨头联手，业内人士认为，此前携程和去哪儿一直在进行价格战，无法抽身拓展新的业务，美团与大众点评合并后，对旅游市场的快速切入增加了携程和去哪儿的危机感，对后两者本次合作起到了刺激作用。

二者联手后，新“携去”在酒店和机票预订等领域已经没有相当体量的竞争对手与之抗衡。双方不仅可以停止在酒店和机票领域的内耗战，将更多精力投入到快速增长的诸如出境游在内的在线旅游其他市场。此外，强强合并之后可以塑造行业壁垒，用品牌和流量优势加速市场洗牌。

有分析指出，未来行业变局将不再是用户体量的竞争，而是模式的竞争，这一变量最有可能出现在酒店直销领域。

二、酒店B2B直销平台或成新蓝海

蜘蛛旅游网CEO李圣楠表示：“携程、去哪儿等泛OTA平台强大的技术及服务体系是多数酒店无法具备的，很好地服务了C端这个分散的市场。”在李圣楠看来，与其纠结于OTA对客户端的“垄断”，酒店不如思考在线时代如何更好地对B端客户进行直销管理。“毕竟OTA市场只占到酒店销售额的10%略多，而B端客户市场规模更大，是酒店更能够控制的。”

然而长期以来，中国酒店B2B市场还基本停留在销售人员线下人工沟通、电话、传真交易的原始阶段，交易效率极其低下。而在这个市场，还存在着数量众多的大小包房商、批发商玩家，随着泛OTA的开放供应商战略，进一步加剧了整个市场的混乱格局。一个整合的、酒店可自我管理的B2B在线直销平台价值将越来越凸显。

李圣楠说：“与OTA平台掌控预订流量模式不同，酒店B2B在线直销平台应该解决的问题是如何使用互联网技术帮助酒店更好地做生意，提升酒店从客户拓展及管理、协议及订单撮合、预订及财务结算等各个交易环节的效率。我们关注的不应该仅仅是预订环节，而是酒店整体收益的提升。”目前，蜘蛛旅游网地推团队已经覆盖了全国100个主要城市，有近2万家旅行社及企业活跃用户，每月增长率达到50%。

业内人士表示，随着酒店与客户在B2B直销平台上的不断对接，未来，公开透明且不设置沟通障碍的直销平台将有可能带来传统酒店行业销售机制的根本变化。

任务3 酒店绿色营销

一、绿色营销的含义

所谓“绿色营销”，是指社会和企业在充分意识到消费者日益提高的环保意识和由此产生的对清洁型无公害产品需要的基础上，发现、创造并选择市场机会，通过一系列理性化的营销手段来满足消费者以及社会生态环境发展的需要，实现可持续发展的过程。它有三层含义：一是倡导消费者在消费时选择未被污染或有助于公众健康的绿色产品。二是在消费过程中注重对垃圾的处置，不造成环境污染。三是引导消费者转变消费观念，崇尚自然、追求健康，在追求生活舒适的同时，注重环保、节约资源和能源，实现可持续消费。

绿色营销的核心是按照环保与生态原则来选择和确定营销组合的策略，是建立在绿色技术、绿色市场和绿色经济基础上的、对人类的生态关注给予回应的一种经营方式。绿色营销不是一种诱导顾客消费的手段，也不是酒店塑造公众形象的“美容法”，它是一个导向持续发展、永续经营的过程，其最终目的是在化解环境危机的过程中获得商业机会，在实现酒店利润和消费者满意的同时，达成人与自然的和谐相处，共存共荣。

酒店行业因为大量使用一次性用品、每天更换清洗床上用品、大量使用各种洗涤剂成为耗能大户和水污染元凶之一而广为环保人士所诟病。越来越多的酒店经营者接受绿色营销观念，减少使用甚至弃用一次性用品，并呼吁客人配合重复使用床单至离店，并以此宣扬酒店文化，树立良好的酒店形象。

二、酒店绿色营销策略的具体表现

（1）对酒店设施进行“绿化” 建造饭店时采用节能环保材料，使用节能设备和节能电器，尽可能采用清洁能源；改造饭店灯光、采风、取暖设备，使酒店建筑成为绿色建筑；做好废物处理工作，对有利用价值的物品进行二次利用。

（2）采用绿色技术 所谓绿色技术是技术的使用达到降低污染、保护生态、减少浪费、循环使用、节能降耗的要求，且符合环境保护和生态平衡的要求。绿色技术的采用是绿色营销的物质保证，没有绿色科技，便没有绿色营销。

（3）开发绿色产品是实施绿色营销的关键环节和支撑点 绿色产品是指从内在质量到外部包装都无害于人体健康和安全，而且在其生产、使用及处理过程中符合环保要求，不会对环境产生危害，且有利于资源再生和回收利用的产品。目前，饭店业的绿色产品包括三大类：绿色客房、绿色餐厅和绿色服务。

①开辟绿色客房：是饭店的主体，也是酒店向客人提供的主要产品，创建绿色酒店就应该开辟绿色客房。严格意义上的绿色客房要求饭店从设计开始到提供产品的全过程所涉及的环境行为必须符合环保要求。房屋设计必须使用绿色建筑材料，客房采用生态建筑材料、天然涂料以及木头、天然石料等装饰材料；厨房的装修可使用瓷砖、不锈钢和玻璃等无污染材料。此外，要求客房所有用品都是绿色产品，减少一次性客人用品，尽可能多次反复使用，地板是天然木材和石料，家具选择天然的藤木制品或玻璃器皿，床上用品是纯天然棉麻织物，肥皂使用纯天然油脂皂，使用绿色文具、绿色冰箱、节能空调和灯具，减少房间物品的洗涤次数，房间使用分类垃圾筒和节水马桶、淋浴设施，并摆放生机盎然的绿色植物花卉，降低客房噪音等。

②开设绿色餐厅：开设绿色餐厅的关键是推广绿色食品。绿色食品是指遵循生态经济的原则，按照特定生产方式生产，经专门机构认证，许可使用绿色食品标志的无污染的安全、优质、营养类食品。绿色食品应具备的条件，一是原料产地必须符合绿色食品生态环境质量标准；二是农作物种植、畜禽饲养、水产养殖及食品加工必须符合绿色食品生产操作过程；三是

产品必须符合绿色食品质量和卫生标准；四是产品包装、储运必须符合绿色食品包装储运标准。酒店餐饮部应慎重选购绿色食品，在烧菜及制作点心时使用天然色素，不用化学合成添加剂；不用珍稀动物和野生动物制作菜肴；尽量多地使用具有“绿色标志”的原材料。

③提供绿色服务：是指以保护自然资源、生态环境和人类健康为宗旨，并能满足绿色消费者要求的服务。饭店的绿色服务主要伴随其产品一起向消费者提供，并贯穿生产和消费全过程。如在餐饮服务中，向客人推荐绿色食品和饮料，点菜做到经济实惠、营养合理、资源不浪费；餐后主动为客人提供“打包”服务。与此同时，酒店应该利用自己在食、住、行、游、购、娱中独特的地位，以及买方市场较多的选择机会，促使所有向酒店供应物品的供应商增强环保意识，要求他们同样提供绿色产品和绿色服务。这样一来，酒店便通过控制自身服务和供应商的配合，保证了绿色服务的全部性和完整性。

（4）引导绿色消费　不少酒店在客房内放上了这样的卡片：“如果你不需要更换被单，请把卡片放到你的枕头上”，让客人自己做出选择。

【阅读资料】

— 丹麦酒店倡导环保　客人蹬车发电可免费吃饭 —

2009年年底，全球气候变化峰会在丹麦首都哥本哈根召开，让丹麦掀起了一股环保之风。当时，乘着这股流行风，丹麦著名环保时尚酒店——皇冠广场酒店推出了一项诱人的环保促销活动：凡是入住该酒店的客人，只要能够坚持在酒店自备的健身自行车上通过运动发电0.01度，便可以获得酒店餐厅的免费餐。

据报道，这家酒店是一家符合欧盟环保建筑要求的低碳酒店，拥有北欧最大的太阳能电池板，酒店任何一处可以接收到阳光的地方都可以发电，为酒店运营提供能源支持。该酒店距离哥本哈根机场仅5分钟车程，提供免费的无线网络连接，客人还可以免费使用健身俱乐部（图8-2）。

图8-2　丹麦一家酒店的健身俱乐部

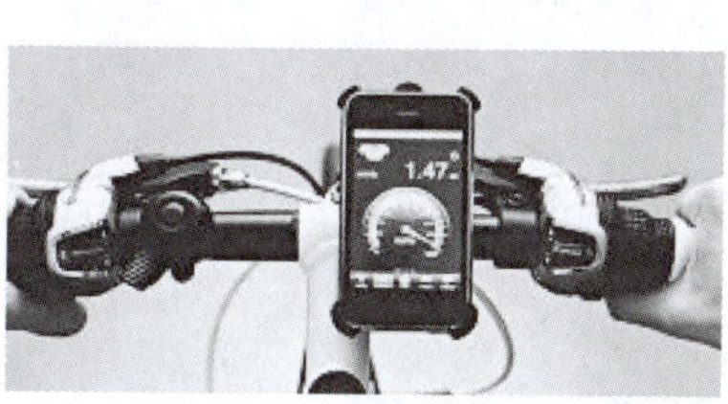
图8-3　发电自行车

后来，为进一步体现酒店的环保特质，酒店运营方专门在酒店健身俱乐部安装了几辆健身自行车。不过，这些自行车并不一般，它们直接连接着一台发电机，客人蹬踏健身时除健身外还可以发电。

不仅如此，为了鼓励客人参与健身发电，酒店还推出了一个意想不到的妙招：凡是在自行车上能够蹬出0.01度电的客人，均可以获得酒店的免费餐。酒店厨房团队为客人提供的是独具魅力的菜肴，所以酒店健身俱乐部顿时成为酒店最热闹的地方。

不过，0.01度电虽少，客人们却得在自行车上使劲狂蹬15分钟（图8-3）。尽管如此，客人们还是非常乐意参加活动。对此，酒店发言人称，通过环保科技既可以健身还能为酒店提供电能，可谓一举两得。此外，客人们参与进来，自己发电本身就是件非常有趣的事情。

不过，也有客人戏称，千万别让连续七届环法自行车大赛冠军兰斯·阿姆斯特朗路过，不然酒店非破产不可。

【项目实践应用】

1. 以小组为单位，以某酒店为对象，首先确立重点关系营销客户的标准，再确立普通关系营销客户，并分别为他们策划一个营销方案。

2. 以小组为单位，讨论单体酒店和连锁酒店进行网络营销的不同策略，分别为两者选择一家有代表性的酒店，搜集相关资料，分析其网络营销的具体方案。

3. 以小组为单位，调研本地经济型酒店、五星级酒店集团，综合分析两者的网络营销策略，并提交调研报告。

【拓展阅读】

1. 建议阅读书籍

（1）郑凤萍. 酒店营销实务 [M]. 北京：中国人民大学出版社，2008.

（2）郑红. 现代酒店市场营销 [M]. 广州：广东旅游出版社，2007.

（3）[加] 刘易斯，等. 饭店业营销案例（第3版）[M]. 谢彦君，李森等译. 大连：东北财经大学出版社，2006.

（4）韩小芸，汪纯孝. 服务性企业顾客满意感与忠诚感关系 [M]. 北京：清华大学出版社，2003.

（5）洪涛. 饭店管理实务 [M]. 南京：东南大学出版社，2007.

（6）胡宇橙，王文君. 饭店市场营销管理 [M]. 北京：中国旅游出版社，2005.

2. 建议阅读文章

（1）刘慧明. 论我国酒店企业的关系营销 [J]. 商场现代化，2005.

（2）张加春. 我国酒店业客户关系对策 [J]. 上海：中国西部科技，2006.

（3）陈振东. 浅析中高档酒店营销新导向——内部营销 [J]. 人力资源管理：学术版，2009（9）.

（4）马爱华. 饭店业营销的几点思考 [J]. 河南理工大学学报，2004（4）.

（5）杨玲. 我国经济型酒店营销模式分析 [J]. 中国市场，2008.

3. 建议浏览网站

（1）中国旅游饭店网，http：//www.ctha.com.cn/

（2）旅游研究空间站，http：//www.cttr.cn

（3）中国管理营销网，http：//www.chinayx.org

项目九

酒店营销策划方案

■ 项目学习目标

本项目的学习希望能让学生掌握酒店营销策划的方法、程序，并能运用理论知识对具体案例做策划方案。

■ 项目学习任务

❶ 了解营销策划的含义及原则
❷ 理解酒店营销策划的程序
❸ 掌握酒店营销策划方案的编写
❹ 能够运用正确的酒店营销理论去组织各种类型的策划活动

■ 重点概念

酒店营销策划　酒店渠道策划　酒店营销策划方案　酒店营销策划程序

【案例导入】

—上海希尔顿酒店情人节营销活动策划—

一、主题

浪漫情人节，单身离人节。让单身男女在情人节不再寂寞，给他们一次努力寻找缘分的机会。

二、目标市场定位

至今仍单身的高薪阶层、高级白领，随后向社会中级阶层进一步推广。

三、活动口号

今天情人节，告别单身汉。

四、具体活动

时间：2009年2月13日。

1. 参与者上午入住酒店，并带上由酒店独家制作的单身戒指，代表参与者参与这个活动，同时也发出了自己正单身、寻找爱情的信号。

2. 中午在室内进行烧烤聚会，参与者自我介绍、互相熟悉。此时，由女生一一选出心仪对象，完成第一次男女速配。

3. 分开活动至晚餐前，配对双方可自由活动，互相了解。游憩地点可以是酒店咖啡厅、康娱中心或是影院等。

4. 在酒店酒吧进行晚间的化妆舞会，同时也供应自助餐，参与者盛装出席，凭单身戒指入场，有才艺特长者可凭借此机会上台秀一把，也可以在一旁默默关注、寻觅自己心中的伴侣，同时也是速配成功的男女加强进一步互相了解的好机会。

5. 半夜，向天空放飞爱心状的天灯（孔明灯），双手合十、许下心愿，同时酒店配合燃起烟花。完美的一天顺利结束。

2月14日：

1. 上午继续进行游艺活动。有“K歌之王”与“背着女友跑”两项比赛活动，优胜者都可以获得酒店提供的免费入住酒店一晚客房，客房标准由优胜者自选。

2. 午餐则是简单的自助餐，让参与者在轻松的氛围中继续点燃自己的爱火。

3. 午餐过后，由男生选择女生，完成第二次男女速配。

4. 由陶艺老师教情侣们动手制作手工陶艺，作为情人节礼物。

5. 晚餐前，最终是爱情大告白。

6. 配对成功者可继续留下，享受酒店为其提供的情人节大餐！之后可向许愿树许愿，在“天涯海角”的石壁上锁上他们的爱情锁，拍照留念，爱情长长久久。而不成功者则可自行退房离开。

任务1 酒店营销策划概述

一、酒店营销策划（Marketing Plan）含义

策划一词最早出现在《后汉书·隗嚣传》中“是以功名终申，策画复得”之句。其中“画”与“划”相通互代，“策画”即“策划”，意思是计划、打算。策最主要的意思是指计谋，如：决策、献策、下策、束手无策。策划指设计，工作计划、筹划、谋划，指“划”，意思为处置、安排。从本质上说，策划就是管理学上所谓的“计划”，即确定组织未来发展目标以及实现目标的方式。营销策划是根据企业的营销目标，以满足消费者需求和欲望为核心，设计和规划企业产品、服务和创意、价格、渠道、促销，从而实现个人和组织的交换过程。对未来营销发展目标的策划或计划就是所谓的营销战略，而对实现营销目标方式的策划就是所谓营销的具体战术的应用。

营销策划随着市场经济的发展不断扩展、延伸，在营销发展的新思路、新趋势中出现了策划营销。它是在一般市场营销基础上的一门更高层次的艺术，其实际操作性更强。随着市场竞争日益激烈，好的营销策划更成为企业创名牌、迎战市场的决胜利器。

酒店营销策划是指为了使一个酒店有更好的盈利、更好的发展，通过对酒店的市场环境以及相关环境进行科学的分析，并有效运用经营资源的基础上，制定出来的酒店在一定时期内营销活动的行为方针、战略、目标以及实施方案。简言之，酒店营销策划就是对某一酒店组织或酒店产品进行谋划和构思的一个运筹过程，带有前瞻性、全局性、创新性、系统性。营销策划适合任何一个产品，包括无形的服务，它要求酒店根据市场环境变化和自身资源状况做出相适应的规划，从而提高产品销售，获取利润。营销策划的内容包含市场细分、产品创新、营销战略设计、营销组合战术等四个方面的内容。

具体来说，营销策划的基本思想如下。

其一，营销策划是解决营销过程中某一领域、某一问题的创意思维。营销策划的灵魂是创意思维。创意思维的科学性决定了营销策划的有效性。

其二，营销策划是从营销方案的构思、实施到评价的一整套规范程序和科学方法的综合运用。策划人员必须进行科学分析、判断、推理、预测、构思、设计、传播、交流、反馈、评价等工作。

其三，营销策划是企业决策者与策划者共同寻找最佳的市场机会，实施创新职能。策划者要学会利用各种新思维、新方法制造“轰动效应”，以确定科学实施方案，扩大市场影响，塑造消费者认可的形象。

其四，营销策划突出营销策略策划（Strategic Marketing Planning），包括市场策略、产品策略、价格策略、渠道策略等方面。以在现有资源、现有市场、现有营销目标的基础上，扩大市

场份额。

其五，营销策划是营销管理活动的核心，是将科学构想与创新融入营销活动的每一个环节和每一个营销执行者。使营销策划思想，成为企业经营管理活动的指导思想；使营销策划目标，成为酒店经营管理活动的目标。

二、酒店营销策划的主要内容

在一般人的眼里，营销策划就是创意策划或者促销活动的策划。事实上，营销策划所包含的内容要广得多，可以说，所有市场营销管理活动所产生的结果就是一种策划方案，比如酒店产品或服务策划、渠道策划、广告策划和促销策划等。从策划科学的层面来说，策划其实是一个集收集、分析、控制、反馈、决策等多项工作于一体的综合性的系统工程，其所采用的方法也就是系统分析与设计的方法。

营销策划的主要内容从总体上讲，就是设计一整套有关酒店营销的未来方案或行动措施，这些方案或措施要涵盖酒店营销活动的所有环节和方面。具体而言，其内容主要为以下方面。

（一）有关酒店营销信息的搜集和分析

信息是策划的基础，没有真实的、丰富的酒店营销信息作为依据，营销策划方案很可能是脱离具体酒店营销实际的。这里的营销信息主要包括对具体酒店所处的大营销环境的信息，酒店所具有的营销能力的信息等。

（二）市场细分，确定目标市场的策划

随着酒店业竞争的日益激烈化，酒店市场进一步细分，酒店业从传统的商务型、会议型、度假型、公寓型到现在进一步细化为主题酒店、精品酒店、经济型酒店、产权式酒店等，顾客的需求也呈快速变化的趋势。对于同一档次的酒店，不同的顾客有不同的消费关注点，如有人关注价格，有人关注服务，有人关注功能，有人关注地点，有人关注品牌等。所以，任何酒店都不可能满足所有顾客的需求，这就需要酒店进行市场细分和目标市场的策划，以使其能最有效地占领市场和吸引消费者。

（三）市场竞争战略与市场发展战略的策划

在现代市场经济中，酒店间的竞争已越来越激烈。酒店要想在这种激烈的竞争中取胜，在选定了目标市场之后，还要根据这一目标市场的竞争情况及本酒店在竞争结构中所处的地位，即是处于市场领先者地位，还是处于挑战者地位，抑或是处于市场追随者地位，从而迅速策划符合本酒店实际的市场竞争战略和市场发展战略。

（四）产品策划

对一个酒店来说，没有高质量的客房或餐饮产品，酒店就失去了赖以生存和发展的基础。没有好的产品、定价策划、营销渠道及促销策划等都很难进行，因为策划不能违背不损害消费者权益的原则。因此，酒店通过提高餐饮、客房的产品质量，再依借各种节日，进行产品策划。

（五）定价策划

产品定价是酒店营销组合中一项非常敏感的内容。在酒店营销活动中，价格是能产生收入的唯一因素，而其他因素皆表现为成本。定价是否合理，不仅影响酒店利润暂时能实现多少，更重要的是还要影响酒店在市场中的形象以及酒店是否能最终在市场竞争中获得大的市场份

额。由此可以看出，定价需要认真策划。科学定价是整个营销策划中最有生命力的部分，它既是定价策略的选择，也是定价策划艺术最直接的表现。

（六）销售渠道策划

销售渠道也称为分销渠道、分配渠道或营销渠道，它是指某种产品从生产者向消费者转移过程中所经过的一切取得所有权的商业组织和个人。对销售渠道的策划，重点是打破单一的、一成不变的分销形式，要根据酒店及市场营销实际，灵活采取“广泛分销”策略、“选择性分销”策略和“专营性分销”策略。一个酒店在某一个特定时期，在某一个特定地区，宜采取何种分销渠道，酒店要进行动态分销渠道的策划。

（七）促销策划

促销是促进销售的简称，具体是指酒店将有关酒店及其产品信息通过各种方式传递给消费者，促进其了解、依赖本酒店产品，激发其欲望和兴趣，以推销产品和品牌形象，吸引消费者购买的一种营销活动。促销活动主要是通过广告、公关、人员推销和营业推广四种方式来进行的。促销活动在向消费者传递信息、激发、引导消费者的需求，突出本酒店及产品的特点，巩固和扩大酒店的市场份额等方面都具有极大的作用。

三、策划的一般程序及原则

营销策划是一项极其复杂的特殊决策活动，好的营销方案的设计，绝非是靠某人心血来潮，拍拍脑袋就能产生出来的，而必须要严格地按照策划程序来进行。此外，策划不是设计陷阱和圈套，策划的方案一定是有利于酒店产品的销售而不是有害于产品的销售，这就要求营销策划要遵循其必要的原则。

从营销策划方案产生的过程来看，有三种策划方式：第一种是拍脑袋的策划方式，就是指策划人员根据一时的灵感而突然产生的策划方案；第二种就是模仿式的策划方式，就是模仿竞争对手或其他行业的策划方案，是一种换汤不换药的策划模式。这两种策划方式由于缺乏科学的策划方法，其成功率肯定是很低的；第三种就是通过现代的营销理论和数学统计方法，在对环境、顾客、自己和竞争对手的科学分析的基础上而得出的营销策划方案。

（一）酒店营销策划的一般程序

营销策划程序并不存在一个标准的模式，但对其全部操作过程进行分析，可将程序分为具有上下逻辑联系的三个阶段。第一阶段：问题识别。这一阶段的重心是确定问题所在，提出策划的目标，其主要工作是对有关营销信息搜集分析和营销目标的初步设立。第二阶段：诊断阶段。这一阶段的核心任务是对前面所提出的各种方案进行逐个论证、分析。第三阶段：方案选择。这一阶段的主要任务是从各种可能方案中选出最合适的方案。

（二）酒店营销策划的原则

第一，目标性原则。目标明确是营销策划的关键。在营销策划中，目标是首要的、关键的问题，没有正确的目标，就谈不上整个策划活动的开展。好的营销策划目标，必须有利于企业整体经营目标的实现。

第二，信息性原则。当今世界，已进入了信息时代，信息已成为酒店资源的一部分。营销策划就是这一特殊资源的充分利用，缺乏信息的营销策划很可能是危险的策划。

第三，战略性原则。酒店营销策划不是对营销活动的某一个小环节或某一个具体事情进行安排、处理，它必须要站在酒店经营的战略高度对酒店营销整个活动进行系统的、全方位的、具有远见性的策划。营销策划一旦完成，就成为酒店相当长一段时间的营销方针，酒店的每一位营销人员，包括主管人员，都必须严格执行，贯彻到底。

第四，系统性原则。营销策划必须要站在酒店全局经营的高度来设计与实施。表现为：

（1）营销策划的具体目标必须与酒店整体的营销战略目标相一致，形成一个完整的系统；

（2）营销策划方案的资源配置方式必须与酒店自身的资源特点相一致。

第五，创新性原则。酒店营销策划一定要创新，不创新就没有特色，没有特色就没有生命力。正如彼得·德鲁克曾经说过的那样，管理最基本的两项职能就是营销和创新。而对营销策划来说，其最本质的要求就是要具有创新性，攻击对手于不备之中。俗话说，无规矩不成方圆。在营销策划过程中，也要遵循一定的“规矩”，也就是上面提到的科学分析方法。但是，在科学分析的基础上，应追求创新性。营销策划创新主要是对营销策略的创新和营销理念的创新。

第六，灵活性原则。古人云“时移则势异，势异则情变，情变则法不同”，实践证明，策划不能一成不变，要有灵活性。所谓灵活就是随机应变，就是要在策划过程中及时准确地掌握策划的目标、对象及其环境变化的信息，以动态的调研预测为依据，调整策划目标并修正策划方案。酒店营销策划从本质上来说就是一种营销计划。人们常说计划得快不如变化得快。因此要勇于根据环境的变化和竞争对手的反应对自己的策划方案做出修改，甚至是自我否定。一份成功的策划方案是在不断的实践—修改的过程中完成自己的使命的。

第七，可行性原则。酒店营销策划所设计出的方案是酒店必须要具体实施的，如果方案很抽象、笼统、弹性很大，或者是脱离现实可能性太远、太理想化，这都会导致方案无法实施或实施失败。

第八，效益性原则。如果进行营销策划后，酒店营销的成本与利润的比率比不进行策划还高，那营销策划就失去了意义。酒店进行营销策划，必须要注重以最小的投入产生最大的收益，或者是投入大，但收益要更大，否则，宁可不策划。

四、酒店营销策划的作用

随着酒店经营观念由原来的生产观念、产品观念和销售观念向营销观念的逐渐转变，营销策划在酒店经营中也越来越占有重要的地位。营销策划对酒店经营的诸多重要影响主要表现为以下几点。

1．营销策划可以大大提高酒店的环境适应力

策划活动不仅表现为适应市场的一种能力，而且表现为一种创造力，即能够营造一种和谐的市场环境，在顾客和社会公众中塑造一种良好的社会形象。从酒店策划活动看，保持酒店与市场的适应性是策划活动的重要任务，因为酒店只有在市场竞争中才能求得生存和发展，但被动地适应市场的活动不是有效的商务活动。有效策划活动是一种能动地适应市场的活动。一方面，要根据变化了的市场情况适时调整酒店的竞争战略和经营方式，恰当地采用营销手段，使酒店服务能够适应变化了的市场要求；另一方面，要努力营造一个良好的市场氛围，妥善处理各种市场冲突，协调好与顾客（用户）、供应者、股东、政府、新闻媒体、竞争者、社区及社会公众的关系，把扩大销售、增加利润、承担社会责任有机统一起来，树立良好的社会形象。

2．营销策划能够强化酒店的核心竞争力

核心竞争力的形成，依靠酒店的综合素质，其中包括酒店的营销策划力。在诸如市场调查、产品设计、市场开拓、营业推广等许多环节中，起关键作用的常常是“策划”！没有科学的策划，就没有可信的调查，就没有过硬的产品，也就没有市场占有率。

3．提高酒店经营决策水平，避免经营活动的盲目性，减少经营失误

实行科学的营销策划，可以使酒店对市场中众多的复杂因素进行了解、分析与预测，在策划方案中充分利用有利因素避免、克服不利因素的影响，进而使酒店可以多抓住机遇并尽可能回避风险，以此将酒店经营决策水平提高到一个新的高度。

4．促使酒店积极创新，增强酒店竞争活力

一个酒店如果根本不重视营销策划，只是在老的经营思路与理念框架内打圈，势必会墨守成规，固步自封，或碰到新的问题一筹莫展，“无”计可施。当一个酒店把科学的营销策划摆到“生命线”的位置时，它在设计竞争方案时就可能深谋远虑，独具匠心，就可能要考虑到酒店内部的配套改革问题，这样的方案常以创新作为其显著特征。

5．使酒店的经营不断适应快速发展的科技进步和市场变化情况

当今世界，科学技术的发展突飞猛进，顾客对酒店的要求越来越高，引致经营难度越来越大。酒店实行科学的营销策划，可以使酒店能紧随科学技术与市场发展的步伐，及时开发新产品、新服务项目，并对时间、成本、质量、销售环节进行严格的控制。这样，酒店就不会因科学技术进步和市场的快速变化而落伍。

6．有利于酒店在经营管理过程中坚持“以人为本”的经营理念，自觉开展全方位的企业文化建设

现阶段的市场竞争已由产品竞争、战略业务竞争转到了酒店形象竞争方面，而形象中最重要的是人的形象，所以酒店要把塑造具有新的精神风貌的“人”放在经营管理的首位，管理与营销活动不能见物不见人。实行营销策划可以促进酒店既重视服务质量，又重视“现代人”的培养；既重酒店产品的推销，又重酒店形象（包括人员价值观）的推销，从而完成管理和竞争观念上的又一次飞跃。

7．有利于酒店经营人才的培养

酒店的竞争在很大程度上是人才的竞争。重视营销策划的酒店，一方面要重用高素质人才，唯其如此，营销策划才能顺利地展开；另一方面，长期坚持科学的营销策划，又会极大地促进有关人员，包括经营者的素质的进一步提高。这样，就形成了重视人才，培养人才，锻炼人才的良性循环。

五、酒店营销策划的基本要素

酒店策划一般由策划者、策划目标、策划对象、策划方案四个基本要素构成。策划者是酒店策划活动和酒店策划系统的创造主体，在酒店策划几个要素中居首要位置；策划目标是酒店策划的动力和指南，目的在于要明确“策划什么”“策划到什么程度”“取得什么样的策划效果”等问题；策划对象，可以是酒店组织，也可以是一个部门，或者一个产品，一件事情；策划方案是策划思想的一种物化，但因策划活动的角度不同，策划水平和标准不一，策划方案会风格各异。不管怎么说，策划是一项复杂的系统工程，并不是几个要素的简单堆积，因此，在

策划活动中有机协调和优化整合相关要素显得十分重要。

六、酒店营销策划必须注意的几个事项

（1）策划前，必须对被策划对象所处的内、外市场环境进行全面调研。

（2）成功的经营策划，必须运用现代大市场营销观念，加以全方位的思考，充分利用和挖掘社会资源，提炼、加工、创造出社会高度关注的主题。

（3）再好的策划，脱离了上级和群众的理解和支持，也是难以实施的。因此，策划在实施前必须赢得上下的理解和支持，而且，在实施过程中，应有计划、有步骤、有组织地进行。

（4）每次策划方案实施后应及时总结，为以后的策划积累经验。

任务2 酒店营销策划的程序

酒店营销策划程序是根据策划本身的规律和需要处理的事务，并综合它们之间的内在逻辑关系而确定的最基本、最常见的程序。营销策划各程序之间存在相互影响和相互联系的逻辑关系。营销策划不是只要形成策划方案就结束了，还包括策划的最后执行，这样才能检验本次策划的效果，否则很难确定营销策划方案是否解决了实际存在的问题。虽然营销策划程序的先后次序有一定的规律性，但在实际策划中，应根据策划的对象、内容等的不同而有所不同。

一、建立酒店营销策划组织机构

酒店通常设立公关销售部来具体负责酒店的营销工作，因此，一个营销项目会由销售部牵头来组织。策划项目的组织机构如图9-1所示。

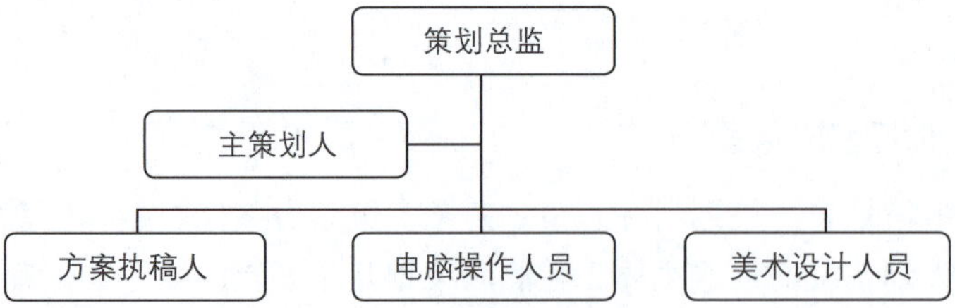

图9-1　策划项目的组织机构

营销策划组织机构设置的原则如下。

（1）明确组织，指挥系统的原则。

（2）统一命令，分层管理的原则。

（3）合理分工，利于沟通的原则。

（4）精简高效，减少成本的原则。

（5）适度弹性，灵活应变的原则。

二、明确策划目标

要对本营销策划所要达到的目标、宗旨树立明确的观点，作为执行本策划的动力或强调其执行的意义所在，以要求全员统一思想，协调行动，共同努力保证策划高质量地完成。酒店进行营销策划有不同的目标，常见的有以下几点。

（1）维持生存。

（2）获取当前最高利润。

（3）提高市场占有率。

（4）获取策划的优异质量。

三、分析营销现状

俗话说："知己知彼，百战不殆"。首先，我们要深刻认识和熟知自己酒店的经营情况，包括产品、价格、销售渠道和促销方式，也就是我们常说的营销4P理论。同时，对同类产品市场状况，竞争状况及宏观环境要有一个清醒的认识。它是为制订相应的营销策略，采取正确的营销手段提供依据的。

（一）掌握酒店现状

酒店的现状如何？是否乐观？应该从以下几个方面进行分析。

（1）资金分析　通过分析酒店资金投放的方向是否合理，可以制订攻进方案及今后几年内我们将有多少流动资金用来扩大与发展我们的酒店，通过这样资金分析将为制订方案提供依据。

（2）员工素质分析　酒店现有员工的服务技能、专业知识、礼节、礼貌是否已经达到了饭店服务的标准要求，员工素质中存在哪些需要解决的问题。通过对员工素质的分析，找出酒店服务质量与同行的差距，与星级标准的差距，以便更好地提高服务质量（可实行员工上岗再培训，或重新选拔招收素质好的员工）。

（3）硬件分析　酒店的有形设施（本身的建筑、内部与装修）是否高于竞争者或是在品位上高于竞争者。如果不是的话，进一步更新，以增加客源吸引力，刺激其消费。

1．了解市场形势

目前正值中国酒店行业大变革、大发展的时代，在当前经济形势下认识局势掌控方向，对酒店行业所受到的影响和未来的发展态势予以翔实的剖析，无论是对中国酒店行业的长远发展，还是对酒店行业在具体工作中的突破都具有积极的指导作用。具体应该通过对国际、国内政治经济形势、本地经济未来发展状况、本地酒店市场成长状况、本地酒店的接待容量、本地酒店的平均出租率、未来新增酒店的数量、质量等因素进行分析，来了解市场的形势，以便通过营销策划来扬长避短，发挥酒店优势，规避各种市场风险。

2．了解酒店产品情况

通过对各有关部门进行访谈，听取他们对市场的看法和评价。制订有针对性的问题答卷，并请各部门的有关人员进行填写。酒店产品目前处于市场生命周期的哪一阶段。对于不同市场阶段的产品，酒店营销侧重点如何，相应营销策略效果怎样，需求变化对产品市场的影响。有形设施和无形服务是否符合市场需求。比如根据美国“饭店工业杂志”报道，未来的餐旅业、商业旅游、会议餐旅、政府团体会议将会增多，那么，面对市场这一变化，作为饭店，就必须分析自身的硬件设施是否具备了召开国际大型商会的场所标准，是否可以提供现代化的会议厅，以及现代通信设备与电脑信息系统是否完备等。从中可以确定我们需要改建和增加哪些具体项目。为了满足客人的享受心理，我们提供的无形服务是否为星级服务。

3. 了解竞争形势

我们就要充分了解和深入分析我们的主要竞争对手，从中找出与对方的差距在哪里，有哪些共同点，而哪些是我们酒店占主导优势的，而我们又有哪些地方是其相对较弱势的。在顾客没有做出选择之前，我们要化被动为主动，在竞争中方能占据有利位置。只有充分认识、了解到自身和业内主要竞争对手后，我们才能在营销策划中游刃有余。因此，在做策划之前，掌握自身酒店的产品和价格特征以及了解主要竞争对手的优劣至关重要。

4. 了解渠道情况

酒店目前销售渠道状况如何，对销售渠道的拓展有何计划，采取一些优惠政策调动中间商、代理商的销售积极性或制定适当的奖励政策；酒店销售人员是否具有销售能力，销售渠道是否正确，竞争对手与销售能力是否很强大，通过这样的分析能看出酒店的不足之处。

5. 了解宏观环境

主要是对影响产品的不可控因素进行分析：如宏观环境、政治环境、居民经济条件（如消费者收入水平、消费结构的变化、消费心理）等。

（二）收集市场信息

所有的市场营销活动都以信息为基础而展开，经营者进行的决策也是基于各种信息，而且经营决策水平越高，外部信息和对将来的预测信息就越重要。其中市场营销信息形成了酒店的战略性经营信息系统的基础。

要收集与酒店的营销策划有关的各种信息资料，这些信息资料将成为进行系统分析与设计的重要依据，它们包括：宏观经济形势、政策与法律环境、目标市场特性、消费者需求特点、市场需求走向、市场竞争状况和酒店自身的特点等。在这个过程当中，最重要的就是要对各种信息资料进行加工处理。要充分利用现代化的媒体手段，以科学原理为指导，大量收集信息资料，并透过现象、去粗取精、去伪存真、由表及里的对其进行分析研究，最终得到需要的资料。对这些信息资料收集完毕后，要以报告书的形式进行总结汇报，成为酒店营销策划活动的重要依据。

信息来源一是来自酒店内部，二是来自酒店外部。酒店内部的信息包括会计记录、统计记录、业务记录、酒店的计划和总结、酒店的营销策略、市场预测决策资料和酒店的经济活动分析资料等。酒店外部的信息包括政府机关有关经济活动的政策和法令、政府发布的经济公报、城市经济信息中心、公用企事业单位以及同行企业、科学技术部门的信息等。

市场信息可分为原始资料和二手资料两种。大部分市场营销调研方案需要收集原始资料，收集原始资料的费用虽大，但比较准确、实用。二手资料是指某处已存放的信息资料或为另一目的已收集的信息，研究人员通常都首先借助二手资料来开展调研，看是否可达到目标，如果可以，就能省去收集原始资料的费用，从而可降低成本、提高效率。因此，一个优秀的调研人员应该善于利用二手资料来达到目的，只有在现存的二手资料已过时、不准确、不完整甚至不可靠的情况下，才花较多的费用和时间去收集原始资料。二手资料的来源包括内部来源、政府刊物、报刊书籍和商业资料等。内部来源包括酒店的报表总结资料、销售数字、销售访问报告、发票、库存记录和以前的研究报告；政府刊物包括《中国统计年鉴》《中国经济年鉴》以及各省、市的统计年鉴和经济年鉴；报刊书籍包括国内外报刊索引以及有关市场营销杂志、图书等。

（三）分析市场

1．市场分析内容

（1）酒店产品的市场性、现实市场及潜在市场状况。

（2）市场成长状况，产品目前处于市场生命周期的哪一阶段　对于不同市场阶段的产品，酒店营销侧重点如何，相应营销策略效果怎样，需求变化对产品市场的影响。

（3）消费者的接受性，这一内容需要策划者凭借已掌握的资料分析产品市场发展前景　任何营销活动的策划都应以顾客的需求为导向，只有充分地了解客人消费需求之后，我们才能更好地、有针对性地采取不同的营销策略，才能更好地做好目标市场的分析。每个客人的消费习惯都不一样，酒店要满足不同类型的客人、不同的消费需求，这时客人的消费动机才能使其转化为消费行为，才能稳定酒店客源。我们提供的服务和现有的营销策略是否能满足客人的所有需求，如果不能怎样才能有针对性的满足呢？这里我们可以根据顾客的消费需求和习惯，将其进行合理的分类管理，将目标市场准确定位。这将为我们制订营销计划提出可靠的依据，也是酒店在激烈市场竞争中立于不败之地的前提和保障。

2．市场分析方法

SWOT分析法又称为态势分析法，其可以分为两部分：第一部分为SW，主要用来分析内部条件；第二部分为OT，主要用来分析外部条件。利用这种方法可以从中找出对自己有利的、值得发扬的因素，以及对自己不利的、要避开的东西，发现存在的问题，找出解决办法，并明确以后的发展方向。根据这个分析，可以将问题按轻重缓急分类，明确哪些是目前急需解决的问题，哪些是可以稍微拖后一点儿的事情，哪些属于战略目标上的障碍，哪些属于战术上的问题，并将这些研究对象列举出来，依照矩阵形式排列，然后用系统分析的思想，把各种因素相互匹配起来加以分析，从中得出一系列相应的结论，而结论通常带有一定的决策性，有利于领导者和管理者做出较正确的决策和规划。

SWOT分析法常常被用于制订集团发展战略和分析竞争对手情况，在战略分析中，它是最常用的方法之一。进行SWOT分析时，主要有以下几个方面的内容。

（1）环境因素分析　运用各种调查研究方法，分析出酒店所处的各种环境因素，即外部环境因素和内部环境因素。外部环境因素包括机会因素和威胁因素，它们是外部环境对酒店的发展直接有影响的有利和不利因素，属于客观因素；内部环境因素包括优势因素和弱点因素，它们是酒店在其发展中自身存在的积极和消极因素，属主动因素，在调查分析这些因素时，不仅要考虑到历史与现状，而且更要考虑未来发展问题。

（2）机会与威胁分析　机会，是组织机构的外部因素，具体包括：新产品、新市场、新需求、外国市场壁垒解除、竞争对手失误等。

威胁，也是组织机构的外部因素，具体包括：新的竞争对手、替代产品增多、市场紧缩、行业政策变化、经济衰退、客户偏好改变、突发事件等。

（3）优势与弱点分析　从问题中找劣势予以克服，从优势中找机会，发掘其市场潜力。分析各目标市场或消费群特点进行市场细分，对不同的消费需求尽量予以满足，抓住主要消费群作为营销重点，找出与竞争对手的差距，把握利用好市场机会。

优势，是组织机构的内部因素，具体包括：有利的竞争态势、充足的财政来源、良好的企业形象、技术力量、规模经济、产品质量、市场份额、成本优势、广告攻势等。

劣势，也是组织机构的内部因素，具体包括：设备老化、管理混乱、缺少关键技术、研究开发落后、资金短缺、经营不善、产品积压、竞争力差等。

很多酒店经理都不断的思考着——面对竞争对手：

①我们有哪些优势，面对市场我们又可以争取到哪些营销机会呢？

· 我们的主要竞争对手有哪些弱点？（抓住弱点，进行反攻击）

· 目前的竞争市场中有哪些是顾客需求的，但还没有被开发出来？（积极开发新产品做到一招先，谁先占领市场，谁就会拥有更多的顾客）

· 面对竞争对手我们的地理位置优越，经营管理人员年富力强（发挥优势，树立形象），酒店应注意挖掘营销机会，大力开发，使其转化成为经济效益

②科学分析营销威胁：尽管经营威胁是任何一个酒店都尽力回避的。但市场竞争中，威胁总是现实存在的。我们必须正确认识威胁并积极采取措施。

• 今年必须解决的问题还没解决

• 我们的产品质量与服务质量不如同行

• 我们是新建企业知名度低

• 与竞争对手比我们的定价过高或过低

• 大的竞争对手有新的营销方案出台

• 我们的营销策略已经不适用，新策略未出名

• 营销经费大大减少

• 竞争激烈同行太多，饭店进行优势与弱点分析，目的就是要充分掌握各种信息，采取相应的措施，有效地利用优势。避免、转化、弱化弱点，战胜对手

因此，在酒店制订战备计划中，对优势与弱点的分析是十分关键的。

四、提出具体创意

（一）创意策划的内涵

创意即创新、创造或创造物。创意作为策划的专业性词汇，可以理解为形象设计，广告、艺术创作，市场营销技巧以及现代文化娱乐活动等创作中的构思。策划创意是指通过非凡的“构思”来体现策划的战略目标。创意，就是刻意创新、灵活多变、不受约束。因此，创意是没有固定形式的，创意的精髓就是“巧”。

（二）营销策划创意的方法

1. 移植创意法

移植创意法是指将某一领域的原理、方法、技术或构思移植到另一领域而形成新创意的方

法。它是人们思维领域的一种嫁接现象。

2．改良创意法

改良创意法是利用符合自身营销策划目的、已经公开的信息，进行修改、提升、加工，从而转化为新的策划创意。这种方法简便而实用。由于这一方法是以现成的情报或策划案加上或减掉一些内容而提出的，因此，这些情报和原策划方案应是公开的、允许采用的，如果未经对方允许则不应该使用。比如，酒店的各种节日策划方案，就可以在其他酒店已有的方案的基础上做某些改变，取长补短、推陈出新，做出本酒店的新的策划案，集中加强某方面的特色，这样同样可以产生新的策划创意。

3．分解创意法

分解创意法就是把一个整体的策划过程分解成若干个步骤或相对独立的策划子过程，或把一个整体的策划内容分解成若干个相对独立的策划子内容。

4．组合创意法

组合创意法就是将积累的各种信息进行有机组合而产生新的创意。例如，要制订一个新产品市场开发的策划方案，可以从以下各种渠道的信息组合中得到启示，产生新的创意。如专业图书、杂志、企业刊物、剪报；有关市场开发成功的策划方案、活动方案、建议方案；有关专家、学者、研究人员拥有的市场开发知识与情报；国内外同行或其他业界所拥有的关于市场开发的策划与情报等。

5．模仿创意法

模仿创意法是指通过模拟仿制已知事物来创意构造未知事物的方法。模仿创意法又分为仿生创意法和仿形创意法。仿生创意法是指被模仿的已知事物是我们熟知的某种生物而进行模仿创意的方法。仿形创意法是指仅仅模仿已知事物的形状而进行模仿创意的方法。

6．转换创意法

转换创意法就是转换、制造或寻找更加有利于策划行为展开的外界背景，使策划行为效果更加显著的创意方法。

7．联想创意法

联想创意法是由此及彼的扩散性思维创意方式。把联想转化为创意进而成为策划方案是较常用的方法。例如处于南方的酒店进行圣诞大餐促销的策划，为了满足客人白色圣诞的愿望，则可以展开“联想”：圣诞树上铺着白色的雪，天花板上时时飘下雪花，让客人一边吃着大餐一边产生美丽的遐想等。

8．逆向创意法

逆向创意法是指按常规思维去解决问题而不见效时，即反其道而行之进行逆向思维以获得意想不到的效果的策划创意方法。逆向创意法实际上是一种顺着原有思路的相反方向进行思考的创意方式。使用逆向思维创意方式常常能获得新奇的策划创意。

9．激荡创意法

激荡创意法是一种刺激大脑、激发思考能力而产生创意的方法。大脑的功能在于思考，这种功能的发挥只有不断训练才能达到最佳状态，安逸懈怠，思考能力就会下降。因此，应经常保持用脑习惯，使自己的思路向各种方向扩展，不断提高用脑能力。激荡法还常常用于多人一起相互启发、激发思维火花，以达到思潮澎湃、创意涌动的境界。

五、制订策划方案

（一）设计方案

1. 准备阶段

准备阶段的主要工作是为方案的正式设计进行信息准备。所有的调研信息都是以文字、表格或图像的形式予以载录的，它必须转录到策划人的头脑之中，才能最终被利用。

2. 酝酿阶段

经过准备阶段的信息、知识和经验准备后，就进入了方案的酝酿阶段。酝酿阶段是借助于信息、知识和经验，在大脑中构思各种可能方案，然后对这些方案进行自我表现考证和自我表现否定的过程。

3. 明朗阶段

各种方案经过比较后，各自的优点和缺点逐渐明朗，从中选择符合酒店实际、比较可行的方案，并将此方案进一步具体化。

4. 论证阶段

（1）经验判断是借助已有经验对已设计好的方案进行的主观评估　一是直接经验判断。这是借助于自身经历的各种直接营销事实，来对营销方案进行直接的评估。这种评估的可靠性取决于评估人自身的直接经验丰富程度。直接经验越丰富，评估就越准确，否则就不准确。因此，那些经常从事营销策划和营销操作的营销大师们，常常能一眼判断出方案的可行性和不可行性；二是间接经验判断。这是借助自身所掌握的他人的营销事实，来对营销方案进行直接的评估。间接经验判断的可靠性取决于间接经验的丰富程度，但其准确性稍次于直接经验判断。

（2）逻辑推理　逻辑推理是借助于逻辑学原理，对需要论证的方案进行恰当的推演，以此来判断方案的可行性。逻辑推理的方式也有很多，但在方案评估中通常采用类比推理法。主要是依据其他类别的成功方案来推论目前正在讨论的方案。采用类比推论时，要对类比原型和类比新型的前提条件进行比较分析，只有当两者基本类似时，这种推论才有科学性，否则就会差之毫厘，谬以千里。

（3）专家论证　专家论证是方案论证中用得最多的一种方法。它是将营销方案交给有丰富营销知识和经验的专家进行论证，借助于专家的知识、经验来判断方案的可行性。

（4）选点试行　有些营销方案，由于涉及面较大、投入多，除了采用上述方式进行论证外，还应当在一定范围内进行试运行，借助试运行的反馈结果来确认方案的可行性。选点时，既不能选择非常近似于方案实施的局部市场，也不能选择非常不近似于方案实施的局部市场，应当选择最能代表目标市场特点的局部市场。这样才可以保证试验具有可推广性。

（二）方案优化

主要是对以下各项内容加以明确：营销目标、实现营销目标所需要的条件、营销战略与战术、营销方案策划的步骤与时间、营销方案策划的人员与经费、营销策划方案的效果与评估、营销策划方案实施的附加条件等。

（三）确定进程

行动方案应注意时间性。各项任务何时开始、何时结束，都要十分具体，应有行动日程表。

（四）经费预算

营销策划的经费预算是企业综合预算的重要内容，是调节和控制经营活动的重要工具，也是营销策划方案顺利实施的具体保障，是营销策划组织的一个重要环节。经费预算应尽可能详尽周密，各项费用应尽可能细化，尽可能真实反映策划方案实施的投入大小，力争将各项费用控制在最低限度，以求获得最优的经济效益。

六、搜集营销策划方案

一项策划，虽然有可能仅仅存在于策划人自己的脑中而不为其他人所知，但是，就大多数策划而言，它们最终要表现为策划书的形式。这是因为一项策划方案从最初的构想到逐步完善、付诸实施，常常不再是个人的力量所能完成的，需要各方面的协调配合。策划书作为策划方案的物质载体，是策划的文字化。它使策划人的策划为他人所知、所接受，使策划思想一步步地变成现实。

七、制定实施细则

完整的营销方案包括主题、内容、地点、时间、缘由、目的、策略、预算、具体执行人等，让人看了这个方案之后脑海中就可以呈现整个活动的画面。酒店包括各部门该做什么，什么时间去做。职责任务划分到部门、班组及个人，只有这样我们才能够更好的将具体工作实施。而每一次的活动唯有塑造出我们的亮点才能够真正打造出我们的卖点，这样才能在真正意义上达到活动的预期目的。一次活动的成功举行，不仅仅代表的是一个组合产品的诞生，同时也是一种艺术的表现。每个人都有一种充满好奇的心理，而独特和新颖的事物最能引发人们的好奇心理，从而将这种好奇心转化成顾客的购买欲望。

当策划方案经过论证认为可行时，就可以将其转变为具体的营销行动，即进行方案实施。这其中要把握两个问题。一是全面贯彻。既然历尽艰辛才策划出一个方案，就应当全面贯彻，不得任意更改。一个好的方案好必须有好的行动来落实，经常有好的方案而未取得一流的效果，就是由于贯彻无力所致。设计一个好的方案已属不易，如果仅因贯彻不到位而前功尽弃，不仅令人遗憾，还将因为局部贯彻造成新的损失。二是反馈调节。任何营销方案在实施过程中，都可能出现与现实情况不相适应的地方，因此，方案贯彻必须随时根据市场的反馈及时对方案作出调整。在营销实践中经常会发现，一个非常普通的营销方案，却取得了非常优秀的营销效果，这就是方案在实施中紧贴市场、进行适时调整并充分反映市场运行规律的结果。

根据策划期内各时间段的特点，推出各项具体行动方案。行动方案要细致、周密，可操作性强又不乏灵活性。还要考虑费用支出，一切量力而行，尽量以较低费用取得良好效果为原则。尤其应该注意季节性产品淡、旺季营销的侧重点，抓住旺季营销优势。

（一）全面贯彻

常规活动至少要提前一周开始做宣传推广，保证在活动开始之前宣传到位。根据活动的内容、规模、大小及性质，我们可以采取不同的宣传途径和推广渠道。总体来说宣传推广工作分为店内和店外，在活动开始之前达到广而告之的效果。店内主要集中在酒店大堂的指示牌、灯箱广告、电子显示屏、宣传单张（手册）等，而店外主要集中在报纸、杂志、电视、广播、户外广告牌等媒体为主的推广宣传方式。而怎样选择合适的媒体？各占多少比率？广告的视听率与接触率有多少？这都是需要我们之前就要进行调查和分析了解的，只有这样我们才能保证投放的媒体广告能够真正达到效果。当然，每个酒店都应根据自身的实际情况，合理地安排活动的宣传推广，宣传推广的成本比例要与活动的整个产出协调，避免由于广告过剩造成不必要的浪费。

（二）反馈调节

任何营销策划方案在实施过程中，都可能出现与现实情况不相适应的地方，因此在贯彻方案时必须随时根据市场的反馈情况对方案进行及时调整。在营销方案实践中经常会发现，一个非常普通的营销方案，却取得了非常优秀的营销效果，这就是方案在实施中紧贴市场，进行适时调整，充分遵循了市场运行规律的结果。

八、控制和应急措施

在这一阶段，营销策划人员的任务是为经过效益预测感到满意的战略和行动方案构思有关的控制和应急措施。设计控制措施的目的是便于操作时对计划的执行过程、进度进行管理。典型的做法是把目标、任务和预算按月或季度分开，使酒店及有关部门能够及时了解各个时期的销售实绩，找出未完成任务的部门、环节，并限期做出解释和提出改进意见。设计应急措施的目的是事先充分考虑到可能出现的各种困难，防患于未然。可以扼要地列举出最有可能发生的某些不利情况，指出有关部门、人员应当采取的对策。

酒店市场营销策划控制，不同于营销方案本身，它既不是对营销活动未来目标的设计，也不是对营销活动结果的考评，而是对营销活动现状的把握，即控制对象是现实营销活动过程本身。其特点是营销策划方案控制与营销活动的开展同时、同步运动。从一定意义上讲，营销策划方案控制，实际上是对企业营销活动过程所实施的同步管理，是由系列调控行为组成的动态过程。

九、实施效果测评

活动的最终效果无非就是看酒店是否产生了社会效益和经济效益，而在活动过程中做好跟踪分析则是一个有效控制的方法。首先我们必须要明确跟踪评估的活动内容主要包括哪些方面，找到发现问题的直接切入点。活动是否已经真正启动，达到预期的效果？是否有效地进行了活动宣传推广？活动是否激发了宾客的需求欲望，从而有效地引导公众产生购买行为，提高了酒店的市场占有率。这些都是对活动进行跟踪分析时所需考虑的内容。通过对正在进行的活动即时跟踪分析，可以在肯定活动进展是否顺利的同时，及时发现活动实施过程中的不足，并根据相应的情况进行即时的调整，这样不仅可以保持活动的正常进行，更加能够提升活动的效果与质量。

“用数据说话”主要是指针对经营类活动以数据的形式进行统计，以活动期间对应的营业部门收入数据为依托，通过历届活动或往年的同期数据进行分析对比，是否达到了经济效益便一目了然。根据活动的性质差异，我们要检查和考评的活动效果方式也各有差异。作为酒店营销活动，其主要目的还是以产生经济效益为主导方向。当然，任何活动的举行都是具有一定的影响力的，从另一个角度来说这个活动是否达到了社会效益，给宾客留下了怎样的印象？这些都是我们必须要考虑的。我们可以通过员工参与调查、宾客信息反馈、营销代表拜访、大堂副理的关注等，深入了解宾客对活动的意见和看法。既要总结成功的方法也要查找失败的原因，总结经验，为下一次活动的营销策划做好充分的准备。

当方案实施后，就应当对其效果进行跟踪测评。一是采取进行性测评。进行性测评就是在方案实施过程中进行的阶段性测评，其测评目的是了解前一阶段方案实施的效果并为下一阶段更好地实施提供反馈指导。二是终结性测评。终结性测评是在方案实施完结后进行的总结性测评，其测评的目的是要了解整个方案的实施效果，为以后制订营销方案提供有效依据。

任务3 酒店营销策划书的编写

策划书是营销策划的反映。营销策划是针对某一类客户开发和某一产品营销而制订的规划，它的任务是为朦胧的“将来时”渐变为有序的“现在进行时”提供行动指南，由此而形成的营销策划方案则是酒店开展市场营销活动的蓝本。

一、酒店营销策划方案

（一）酒店营销策划方案的概念

酒店营销策划方案是酒店在进行产品或服务的市场销售之前，为使销售达到预期目标而进行的各种销售促进活动的整体性策划文书。

（二）营销策划书编制的原则

为了提高策划书撰写的准确性与科学性，应首先把握其编制的几个主要原则。

1. 逻辑思维原则

策划的目的在于解决企业营销中的问题，按照逻辑性思维的构思来编制策划书。首先是设定情况，交代策划背景，分析产品市场现状，再把策划中心目的全盘托出；其次进行具体策划内容详细阐述；三是明确提出解决问题的对策。

2. 简洁朴实原则

要注意突出重点，抓住企业营销中所要解决的核心问题，深入分析，提出可行性的相应对策，针对性强，具有实际操作指导意义。

3. 可操作性原则

编制的策划书是要用于指导营销活动，其指导性涉及营销活动中的每个人的工作及各环节关系的处理。因此其可操作性非常重要。不能操作的方案创意再好也无任何价值。不易于操作也必然要耗费大量的人、财、物，管理复杂、显效低。

4. 创意新颖原则

要求策划的“点子”（创意）新、内容新、表现手法也要新，给人以全新的感受。新颖的创意是策划书的核心内容。

（三）特点

营销策划方案必须具备鲜明的目的性、明显的综合性、强烈的针对性、突出的可操作性、确切的明了性等特点，即体现“围绕主题、目的明确、深入细致、周到具体、一事一策、简易明了”的要求。

（四）营销策划书的基本内容

策划书没有一成不变的格式，它依据产品或营销活动的不同要求，在策划的内容与编制格式上也有变化。但是，从营销策划活动一般规律来看，其中有些要素是共同的。因此，我们可以共同探讨营销策划书的一些基本内容及编制格式。策划书的封面可提供以下信息：①策划书的名称；②被策划的客户；③策划机构或策划人的名称；④策划完成日期及本策划适用时间段。因为营销策划具有一定的时间性，不同时间段上市场的状况不同，营销执行效果也不一样。

（五）结构模式

1．种类

酒店市场营销策划方案因其策划的对象不同可分为开业营销策划方案、节日营销策划方案、市场调查策划方案、产品推介策划方案、品牌营销策划方案等。

2．结构

营销策划方案的基本结构如下。

第一部分：营销策划方案封面

在这部分内容中，策划者需分项简要概述以下内容。

（1）营销策划的全称　基本格式是：××酒店关于××××营销策划书

（2）营销策划的部门与策划人　营销策划：××酒店××部门，主策划人：×××、×××、×××。

（3）营销策划的时间　×年×月×日

第二部分：营销策划主题和项目介绍

根据不同的营销策划对象（即营销策划项目），拟订各自所应围绕的主题。营销策划主题是整个营销策划的基石和内核，是营销策划的基本准绳。在阐述营销策划主题的基础上，要对策划的项目情况作一简要的介绍，包括项目的背景、项目的概况、项目的进展、项目的发展趋势等。

第三部分：营销策划分析

营销策划分析可以是逐项分类分析，也可以做综合分析，视策划的具体情况来定。

（1）项目市场分析

①宏观环境状况：主要包括宏观经济形势、宏观经济政策、金融货币政策、资本市场走势、资金市场情况等。

②项目市场状况：主要包括现有产品或服务的市场销售情况和市场需求情况、客户对酒店新产品或服务的潜在需求、市场占有份额、市场容量、市场拓展空间等。

③同业市场状况：主要包括同业的机构、同业的目标市场、同业的竞争手段、同业的营销方式、同业进入市场的可能与程度等。

各种不同的营销策划所需的市场分析资料是不完全相同的，要根据营销策划需要去搜集，并在营销策划中简要说明。

（2）基本问题分析　营销策划所面临的问题和所要解决的问题，这些问题的生成原因是什么？其中主要原因有哪些？解决这些问题的基本思路如何确定，出发点是什么？通过何种途径，采取什么方式解决等。

（3）主要优、劣势分析

①主要优势分析：围绕营销策划主题，将要开展某一方面的市场营销活动（如市场调查、新产品开发、市场促销、广告宣传等），拥有哪些方面的优势，主要是自身优势（即自身的强项）分析，也应考虑外部的一些有利因素。营销策划就是要利用好有利因素，发挥出自身优势。分析优势应冷静客观，既不能“过”，也不能“不及”，要实事求是。

②主要劣势分析：主要劣势分析就是分析与将要开展的市场营销活动相关联的外部一些不利因素和自身的弱项、短处等。营销策划就是要避免和化解这些不利因素，如何弥补自身的不足，错开自身的弱项。

③主要条件分析：主要条件分析就是分析将要开展的市场营销活动所需要的条件，包括已具备的条件和尚须创造的条件，逐一列出，逐一分析，以求得资源的最佳利用与组合。

第四部分：营销策划目标

不同项目的营销策划，有各自不同的营销策划目标，而营销策划目标大多由一些具体的指标所组成。拟订营销策划目标，要实事求是，经过努力能够达到。

第五部分：营销执行方案（即保障措施）

制订营销执行方案，是营销策划的重头戏，是对市场营销活动各个环节、各个方面工作的精心设计、周密安排和逐一布置与落实，是营销活动组织、开展的脚本。

制订营销执行方案应考虑以下问题：①理顺本次营销活动所涉及的各种关系；②把握本次营销活动的重点和难点；③确定本次营销活动应采取的策略。

二、市场营销策划书撰写大纲

1．执行概要和要领

商标、定价、重要促销手段、目标市场等。

2．目前营销状况

（1）市场状况　目前的产品市场、规模、广告宣传、市场价格、利润空间等。

（2）产品状况　目前市场上的品种、特点、价格、包装等。

（3）竞争状况　目前市场上的主要竞争对手与基本情况。

（4）分销状况　销售渠道等。

（5）宏观环境状况　消费群体与需求状况。

3．SWOT问题分析

优势：销售、经济、技术、管理、政策等方面的优势。

劣势：销售、经济、技术、管理、政策（如行业管制等政策限制）等方面的劣势。

机会：市场机会与把握情况。

威胁：市场竞争上的最大威胁与风险因素。

综上所述，应扬长避短，发挥自己的优势，规避劣势与风险。

4．目标

财务目标：

酒店未来3年或5年的销售收入预测（融资成功情况下）：（单位：万元）

年　份	第1年	第2年	第3年	第4年	第5年
销售收入					
市场份额					

营销目标：销售成本毛利率达到多少。

5．营销战略

目标市场：选择酒店最熟悉、最有优势的顾客群作为目标市场。

定位：明确酒店在目标顾客心目中的位置和形象。

产品线：酒店现有的产品结构情况、是否需要做出调整。

定价：产品销售成本的构成及销售价格制订的依据等。

分销：分销渠道（包括代理渠道等）。

销售队伍：组建与激励机制等情况。

服务：对客服务质量、投诉情况及处理、客史档案、回头客情况等。

广告：宣传广告形式。

促销：促销方式。

市场调研：主要市场调研手段与举措。

6．行动方案

7．预计的损益表及其他重要财务规划表

8．风险控制：风险来源与控制方法

【阅读资料】

—酒店年度营销策划—

根据目前酒店情况，首先树立“以市场为先导，以销售为龙头”的思想；为了更好地开展销售工作，制订营销方案、市场推广计划，并在工作中逐步实施。

第一部分　目标任务

（1）客房目标任务　万元/年。

（2）餐饮目标任务　万元/年。

（3）起止时间　自××年××月—××年××月。

第二部分　形势分析

一、市场形势

（1）20××年全市酒店客房10000余间，预计今年还会增加1～2个酒店相继开业。

（2）竞争形势会相当激烈，“僧多粥少”的现象不会有明显改善，削价竞争仍会持续。

（3）今年与本店竞争团队市场的酒店有：××大酒店、××酒店、××宾馆等。

（4）与本店竞争的散客市场有：××大酒店、××酒店、××宾馆等。

（5）预测新酒店相继开业团队竞争更加激烈；散客市场仍保持平衡；会议市场潜力很大。

二、竞争优、劣势

（1）三星级酒店地理位置好。

（2）老三星酒店知名度高、客房品种全。

（3）餐饮、会务设施全。

（4）四周高星级酒店包围、设施设备虽翻新，但与周围酒店相比还是有差距。

第三部分　市场定位

作为市内中档旅游商务型酒店，充分发挥酒店地理位置优势，餐饮、会务设施优势，瞄准中层次消费群体：①国内标准团队；②境外旅游团队；③中档的商务散客；④各型会议。

一、客源市场分类

（1）团队　本省旅行社及岛外旅行社（北京、上海、广东、东南亚、日、韩等）

（2）散客　首先本市及周边地区，再有北京、上海、广州等大城市的商务公司。

（3）会议　政府各职能部门、驻琼企、事业机构及市内各商务公司。

二、销售季节划分

（1）旺季　1、2、3、4、5、10、11、12月份（其中黄金周月份：10、2、5，三个月）。

（2）平季　7、8月份。

（3）淡季　6、9月份。

三、旅行社分类

1. 按团量大小分成A、B、C三类

（1）A类　省中旅、××国旅、××旅行社等。

（2）B类　××旅行社、××旅、××国旅等。

（3）C类　其他。

按不同分类制定不同旅行社团队价格：稳定A类客户，逐步提高A类价格；大力发展B类、C类客户，扩大B、C类比例。

2. 境外团旅行社：

（1）香港市场　港中旅、中航假期、康辉假期、关键旅游。

地接社：××国旅、××国旅、××国旅。

（2）马来西亚东南亚市场地接社　××国旅。

（3）新加坡　××国旅。

（4）韩国市场　热带浪漫度假之旅地接社：××国旅。

3. 确定重点合作的旅行社

××国旅、××假日、××商务等。

第四部分　不同季节营销策略

根据淡旺季不同月份、各黄金周制定了不同的价格，月日团队、散客比例，每天营业收入，月度完成任务及各月份工作重点。

一、旺季：1、2、3、4、5、10、11、12月份

20××年1月（31天）、3月（31天）、4月（30天）、2001年11月（30天）、12月（31天）：A. 每天团队与散客预定比例：6∶4；B. 房价：团队价：110元/间，散客平均价：180元/间；C. 月平均开房率：90%，即161间/日；D. 每日收入：团队：9666元，散客：10948元；E. 五个月总（153天）收入：315.3942万元，月平均：63.0788万元。

各月工作重点：

1. 20××年1月份。

①加强对春节市场调查，制订春节促销方案和春节团、散预订。

②加强会务促销。

③加强商务促销和协议签订。

④加强婚宴促销。

2. 20××年3月份

①加强会务、商务客人促销。

②加强婚宴促销。

③“五一”黄金周——客房销售3月中下旬完成促销及接待方案。

3. 20××年4月份

①加强会务、商务客人促销。

②加强婚宴促销。

③加强对五一节市场调查，制订五一节促销方案和五一节团、散预订。

④制订“母亲节”活动方案并促销；母亲节（五月第二个星期天）以“献给母亲的爱”为主题进行餐、房组合销售。

4. 20××年11月、12月份

①加强对春节市场调查。

②加强会务促销。

③加强商务促销和协议签订。

④加强婚宴促销。

其中，黄金周月份：10、2、5，三个月各月收入：20××年10月（31天）。

“十一”黄金周：全部七天

①2、3、4、5日，团队∶散客=6∶4，房价：团队：160元/间，散客：280元/间，开房率：95%，即170间/日，每日收入：团：16320元，散：19040元。

②1、6日，团∶散=7∶3，房价：团队：120元/间，散客：220元/间开房率：90%即161间/日每日收入：团队：13524元，散客：10626元

③7日，团队∶散客=7∶3房价：团队：100元/间（含双早），散客：160元/间开房率：80%，即143间/日每日收入：团队：10010元，散客：6864元

④黄金周收入：20.67万元

当月余下24日收入：49.4736万元，预订比例：团∶散=6∶4房价：团队价：100元/间，散客平均价：170元/间，开房率：90%，即161间/日，每日收入：团队：9666元，散客：10948元。

本月总收入：70.1436万元。

本月工作重点：

①加强会议促销。

②加强婚宴促销。

③加强商务促销和协议签订。

④同餐饮部拟订圣诞节促销方案。圣诞节——圣诞大餐。10月上旬餐饮部、销售部完成制作圣诞菜单、广告宣传促销及抽奖游戏设计方案及环境布置方案，各项工作逐步开展。

⑤春节—客房、家宴或年夜饭—元宵节—情人节

（1）餐饮部10月下旬完成制作方案。

（2）销售部、餐饮部10月下旬完成广告宣传促销方案及环境布置方案，由于春节、元宵节、情人节时间相近，可贯穿起来。

春节黄金周：全部七天

①2、3、4、5日，团：散=5：5，房价：团队：180元/间，散客：280元/间，开房率：98%，即175间/日，每日收入：团队：15750元，散客：24500元。

②1、6日，团：散=6：4，房价：团队：150元/间，散客：220元/间，开房率：92%，即165间/日，每日收入：团队：14850元，散客：14520元。

③7日，团：散=7：34，房价：团队：100元/间（含双早），散客：160元/间，开房率：80%，即143间/日，每日收入：团队：10010元，散客：6864元。

④黄金周收入：23.6614万元。

当月余下日收入：43.2894万元（21天），预订比例：团：散=6：4，房价：团队价：100元/间，散客平均价：170元/间，开房率：90%，即161间/日，每日收入：团队：9666元，散客：10948元。

本月总收入：66.9508万元。

本月工作重点：

①加强会议促销。

②加强婚宴促销。

③加强“三八节”活动促销。

20××年5月份（31天）

五一黄金周，全部七天

①2、3、4、5日，团：散=6：4，房价：团队：150元/间，散客：260元/间，开房率：90%，即161间/日，每日收入：团队：14490元，散客：16744元②1、6日，团：散=7：3，房价：团队：120元/间，散客：220元/间，开房率：90%，即161间/日，每日收入：团队：13524元，散客：10626元③7日，团：散=7：3，房价：团队：110元/间（含双早），散客：160元/间，开房率：80%，即143间/日，每日收入：团队：11011元，散客：6864元④黄金周收入：19.1111万元。

当月余下日24天收入：49.4736万元，预订比例：团：散=6：4，房价：团队价：100元/间，散客平均价：170元/间，开房率：90%，即161间/日，每日收入：团队：9666元，散客：10948元。

本月总收入：68.5847万元。

本月工作重点：

①加强对六月份市场调查，六一儿童节以“享受亲情、欢乐无限”为主题推出儿童欢乐节进行餐、娱乐组合销售。父亲节（六月第三个星期天）以“父亲也需要关怀”为主题进行餐、房组合销售。

②加强“六一”儿童节、父亲节活动促销。

③加强商务促销。

二、平季（7、8月份）

20××年7月（31天），20××年8月（31天）：预订比例：团：散=7：3，房价：团队价：90元/间，散客平均价：160元/间，开房率：85%，即152间/日，每日收入：团队：9576元，散客：7296元。两个月总（62天）收入：104.6064万元，月平均：52.3032万元

各月工作重点：

（1）7月份

①加强暑期师生活动促销，加强商务散客促销。

②制订“学生谢师宴”方案、中秋节活动方案和促销——7月中旬餐饮部完成菜谱方案、销售部完成广告宣传促销方案、各项工作逐步开展。

③中秋节——月饼促销，7月中下旬餐饮部完成制作方案、销售部完成广告宣传促销方案、各项工作逐步开展。

（2）8月份

①加强暑期师生活动促销。

②加强“学生谢师宴”促销。

③加强商务散客促销，制订出9月份团、散用房与月饼奖励促销方案。

④国庆节客房、节后婚宴——8月下旬餐饮部完成制作圣诞菜单方案，餐饮、销售部完成接待及促销方案。

三、淡季（6、9月份）

20××年6月（30天），20××年9月（30天）：预订比例：团：散=7：3，房价：团队价：80元/间，散客平均价：150元/间，总开房率：70%，即125间/日，每日收入：团队：7000元，散客：5625元，两个月总（60天）收入：75.75万元，月平均：37.875万元。

各月工作重点：

（1）6月份

①加强对“高考房”市场调查。

②加强暑期师生活动促销。

③加强商务促销。

（2）9月份

①加强会务促销。

②加强商务促销。

③加强对国庆节市场调查，制订国庆节促销方案和国庆节的团、散预订。

④制订“圣诞”活动方案。

四、预算全年客房营业收入

年平均开房率：86.065%，每日可供租房数：179间，计划每日出租房数：154间（其中：

团队96间/日，散客58间/日），平均房价：团队：100元/间，散客：165.8元/间。每天收入：团队：0.96万元，散客：0.9617万元。

五、会务设施和其他代理收入

会务设施和其他代理收入18.5703万元，总计：万元

第五部分　争取客源

一、销售部

1. 旅行社客源

（1）把价格做杠杆，在旺季追求利润最大化，在淡季时追求高的出租率，吸引各社团队。

（2）稳住本市的主要大社，寻访广东、上海、北京各地的旅行社，和国内主要游览地的旅行社合作，力争成为指定酒店，他们的客源是酒店生存的基本客源。旅行社客源市场的开发，主要以价格为杠杆，而价格是竞争对手最容易做到的。怎样在同等的价格或稍高的价格情况下保证较高的开房率，那就必须与旅行社计调部人员维持良好的合作伙伴关系。

（3）积极寻找港澳各地旅行社合作和其他地区旅行社团体客源。

（4）推出“年价团队房”（一年一个价）。

（5）为扩大餐饮消费，团队要求含早餐、正餐。

（6）加强日本团、韩国团、会议团等促销。

2. 会务客源促销

（1）促销时间　上半年1～4月，下半年10～12月。

（2）促销对象　①政府各职能部门；②本地商务公司；③市外商务公司。

（3）以本市企业单位为客源重点和建立外地酒店联盟对接会务。

（4）建全代理制，组织省内外会务客源。策划一些企业经济类的学术研讨、培训班会议和事业单位的会议。

3. 散客客源

散客市场客源的开发，是酒店客房追求的最主要的客源市场，要在有限的房数下提高入住率，散团比例的改变是根本途径。在开拓散客市场时，重点是海口市场，其次是海口岛内其他县市，从战备方向上来讲最后的重点移向广东、上海和北京等地。

（1）参加行业的连锁服务网，加强与各企事业单位的联系，稳定现有客户，大力开发新客户，本地市场客户要逐一登门拜访。

（2）针对散客，客房、餐饮捆绑销售，客户在酒店住房，可同时在餐饮、娱乐方面享受不同程度的优惠。

（3）根据不同客人的需求，设计多种套餐（包价），含客房、餐饮。

（4）大力发展长住客户；制定内部员工合理的客房提成奖励制度。

（5）扩大司机拉客量，对出租车司机促销。建全中介差价规定和订房差价提差方法。

（6）开辟网上订房，加强网络促销，扩大网络订房中心的订房。

二、餐饮部

（1）增加餐饮品种和特色菜，降低价格，提高质量。

（2）举办“美食节”，中西餐培训班。

（3）根据节庆推出相应的团圆宴、长寿宴、婚庆宴等。

（4）开展有奖销售活动，如福寿宴、良缘宴，赠送客房，或免费接送及小礼品、鲜花赠送和在报刊祝贺广告、电视台、电台送歌活动。

（5）增加旅行社指定用餐、给导游折扣，增加团队自点餐和风味餐消费。（每天前台都给餐饮提供一份导游姓名和房号单，以便销售部和餐饮部联系）。

三、内部消费链建立

通过内外促销宣传链完成内部消费链。

1. 外部宣传和促销

（1）市内外新闻媒体的全面合作，除正常的广告播放和栏目的合作，同时抓住时机策划和炒作一些临时性的新闻报道宣传，提高酒店的知名度和美誉度。

（2）交通工具上的宣传　如：飞机上的介绍和代理订房业务，临近市县豪华巴士的宣传和代理订房业务。

（3）人员促销、交易会促销、信函促销，通过旅行社宣传，电子邮件，其他媒体等。通过以上方法和其他宣传促销宣传网，把客人吸引进来。

2. 内部宣传网客人进店要促成每项消费，就必须把每项服务介绍给他们，这样就需要建立内部宣传网。自走进酒店的大厅开始，就能了解酒店的基本设施情况（制作总体设施灯箱和图片），走进电梯，又能进一步看到酒店餐饮及娱乐设施的宣传海报。

3. 内部消费链的促成通过内部交叉宣传网将内部各营业部吸引客人的方法介绍给客人，并制作住房折扣卡赠送等完成内部消费链的构成。

四、提高回头率

通过促销，把客人引进来，留住客人，提高回头率是最关键的，只有留住客人，让客人满意才能提高回头率（当然指在准确的价格定位的前提下），才能提高存量，只有积累，才会有存量的增加，才能保证相对稳定和较高的开房率。留住客人的手段除了硬件配套外，还有软件（包括服务、餐饮出品质量、其他营业部门高标准的服务），同时还可以采用一些赠送和让利——推行“住房消费积分卡”：住房或消费达到一定的金额，享受赠送房，凭此卡享受优惠折扣，住房一定数量后，凭卡可申请VIP金卡、银卡，赠送娱乐消费。

五、改变客源结构

通过市场分析，除留住客人外，改变客源结构是提高效益的重要手段。首选改变团队结构，再是改变团散比例。改变团队结构，提高团队房价。首先增加合作旅行社（中小社），不求每社单量，当求积少成多（中小社因量相对较小，价格相对较高）。其次，提高旅行社接团档次，提高开房客人档次，减少对客房物品的损耗，增加入住后的潜在消费。采用交替更换的方法，达到提高团队房价的目的。

改变团散比例是指散客市场开拓客源稳定增加的情况下，降低团队接待量，力争在一年内为能达到散团各占50%，这是除营业指标外的另一个重要指标，也是酒店后期发展的根本途径。

六、增收节流、强化管理

（1）建全团、散下单程序、复查程序，公开旅游、车、票等代理价格，堵塞销售漏洞。

（2）进一步强化销售员工培训、提高员工素质、业务水平。

（3）调配部门层级设置，定岗定编，降低销售成本。

（4）目标考核，制定内外激励机制，调动全部员工积极性。

第六部分　激励方案

一、销售部

1. 目标考核指标

按方案中淡旺季各月任务标准执行。

2. 工资发放

（1）总监、经理（助理）50%保底，30%按完成部门目标比例发放，20%按酒店完成目标比例发放，每月扣除，半年总评，完成任务补发。

（2）部门员工　按工资总额50%保底，50%浮动（按当月部门完成任务比例发给）每月扣除，半年总评，完成任务补发。

3. 超额完成任务，按超出比例×工资总额奖励，当月兑现超出部分奖金。

4. 给散客销售代表房价提成奖励

（1）每天散客开房数　按方案中标准执行。

（2）散客房达到160元/间或以上奖励　5元/间（给散客销售代表4元，部门1元）当月兑现奖金。

（3）为了便于对代表考核，凡协议单位、销售部下单散客均计散客任务和提成（总公司客人计入任务，但不计提成）。

以此给全部员工压力，也给动力。

5. 给旅行社计调团队用房倒扣

（1）按当月酒店定团队价给旅行社计调部倒扣五间以上　1元/间、散客：5元/间（为了在淡旺季同等的价格或稍高的价格情况下保证较高的开房率，对计调部人员进行公关）。

（2）为防止漏洞、确保倒扣促销费到位，由财务部办理空银行卡、销售部安排两人以上进行记名派发，每月底由销售部统计各社用房数，财务部核对，次月10日前转账至各社银行卡。

6. 销售部编制

6人。

（1）总监　1人。

（2）助理　1人（负责旅行社团队业务）。

（3）主管　2人（负责商务、会务散客）。

（4）文员　1人（负责日常工作、网络订房销售业务）。

（5）美工　1人。

7. 销售费用

通信、交通、招待、办公等费用可按财务现行标准执行；但总监个人交通、通信费盼总经理有明确标准。各项宣传促销费用按促销方案提前另制订方案。

二、前厅部

1. 目标考核指标

15万元/月（在客房销售总任务之内）。

2. 工资发放

（1）经理（助理）50%保底，30%按完成部门目标比例发放，20%按酒店完成目标比例发放，每月扣除，半年总评，完成任务补发。

（2）部门员工　按工资总额50%保底，50%浮动（按当月部门完成任务比例发放）每月扣除，半年总评，完成任务补发。

3. 超额完成任务，按超出比例×工资总额奖励，当月兑现超出部分奖金。

4. 给散客高价房提成奖励

（1）每间普标散客房价达到180元/间、豪标200元/间、套房350元/间以上部分50%奖励，其中给当班人（组）40%，部门10%，当月兑现奖金。

（2）为了便于考核，除协议单位、销售部下单散客外均计入前厅部散客任务和提成。

三、餐饮部

1. 目标考核指标

40万元/月。

2. 工资发放

（1）经理（助理）50%保底，30%按完成部门目标比例发放，20%按酒店完成目标比例发放，每月扣除，半年总评，完成任务补发。

（2）部门员工　按工资总额50%保底，50%浮动（按当月部门完成任务比例发放）每月扣除，半年总评，完成任务补发。

3. 超额完成任务，按超出比例×工资总额奖励，当月兑现超出部分奖金。

4. 成本节约奖励

餐饮成本在财务规定的比例以下节约部分的50%奖励，其中给当班人（组40%，部门10%），当月兑现奖金。

说明：

①提高散客房价、入住率，降低开房率。

②各项活动、会务促销方案，活动卖点只能在提前45天左右制订方案才会有实际意义。

③餐饮销售方案由餐饮部另制订详细方案。

【项目实践应用】

1. 学生分组为某一指定的酒店做春节营销策划方案，并做现场演示。

2. 学生分组为某一指定的酒店做中秋节营销策划方案，并做现场演示。

3. 同学以小组为单位在节日期间到不同的酒店参观，搜集其营销方案，在课堂上进行讨论。

【拓展阅读】

1. 建议阅读书籍

（1）李伟清，等. 酒店市场营销管理与实务［M］. 上海：上海交通大学出版社，2010.

（2）菲利普·科特勒（Phillip Kotler）. 旅游市场营销［M］. 大连：东北财经大学出版社，2006.

（3）刘明会. 饭店营销技巧［M］. 北京：中国劳动社会保障出版社，2005.

（4）郑红. 现代酒店市场营销［M］. 广州：广东旅游出版社，2007.

（5）洪涛．饭店管理实务［M］．南京：东南大学出版社，2007．

2．建议阅读文章

（1）王建军．不这样，又怎样促销？——酒店促销的现状与思考［J］．华糖商情，2002（1）．

（2）蒋定芝．酒店促销面面谈［J］．饭店世界，2007（1）．

（3）陈振东．浅析中高档酒店营销新导向——内部营销［J］．人力资源管理：学术版，2009（9）．

（4）郑向敏，田苗苗．体验营销在饭店经营中的应用［J］．桂林旅游高等专科学校学报，2005（4）．

（5）赵岭梅．整合营销传播的价值定位［J］．学术交流，2007．

3．建议浏览网站

（1）中国旅游饭店网，http：//www.ctha.com.cn/

（2）旅游研究空间站，http：//www.cttr.cn

（3）中国管理营销网，http：//www.chinayx.org

（4）职业餐饮网，http：//www.canyin168.com

参 考 文 献

[1] 于由. 旅游市场营销学 [M]. 杭州：浙江大学出版社，2005.

[2] 菲利普·科特勒（Phillip Kotler）. 旅游市场营销 [M]. 大连：东北财经大学出版社，2006.

[3] 刘德光. 旅游市场营销学 [M]. 北京：旅游教育出版社，2006.

[4] 谢彦君，梁春媚. 旅游营销学 [M]. 北京：中国旅游出版社，2008.

[5] 黄浏英. 旅游市场营销 [M]. 北京：旅游教育出版社，2007.

[6] 弗汉赛·维拉斯，劳尔·贝克勒. 旅游业市场营销 [M]. 北京：中国三峡出版社，2005.

[7] 李鼎新，岳福琴. 旅游市场营销 [M]. 北京：科学出版社，2005.

[8] 刘伟平，陈秋华. 旅游市场营销学 [M]. 北京：中国旅游出版社，2005.

[9] 赵毅，叶红. 新编旅游市场营销学 [M]. 北京：清华大学出版社，2006.

[10] 赵西萍. 旅游市场营销学 [M]. 北京：高等教育出版社，2002.

[11] 韩小芸　汪孝纯. 服务性企业顾客满意感与忠诚感关系 [M]. 北京：清华大学出版社，2003.

[12] 洪涛. 饭店管理实务 [M]. 南京：东南大学出版社，2007.

[13] 郑红. 现代酒店市场营销 [M]. 广州：广东旅游出版社，2007.

[14] 菲利普·科特勒（Phillip Kotler）. 营销管理 [M]. 上海：上海人民出版社，2005.